RD&W 1993

JOSEPH GARNIER

L'ARTILLERIE

DES

DUCS DE BOURGOGNE

D'APRÈS LES DOCUMENTS CONSERVÉS AUX ARCHIVES DE LA CÔTE-D'OR

PARIS
HONORÉ CHAMPION, LIBRAIRE
9, quai Voltaire, 9
1895

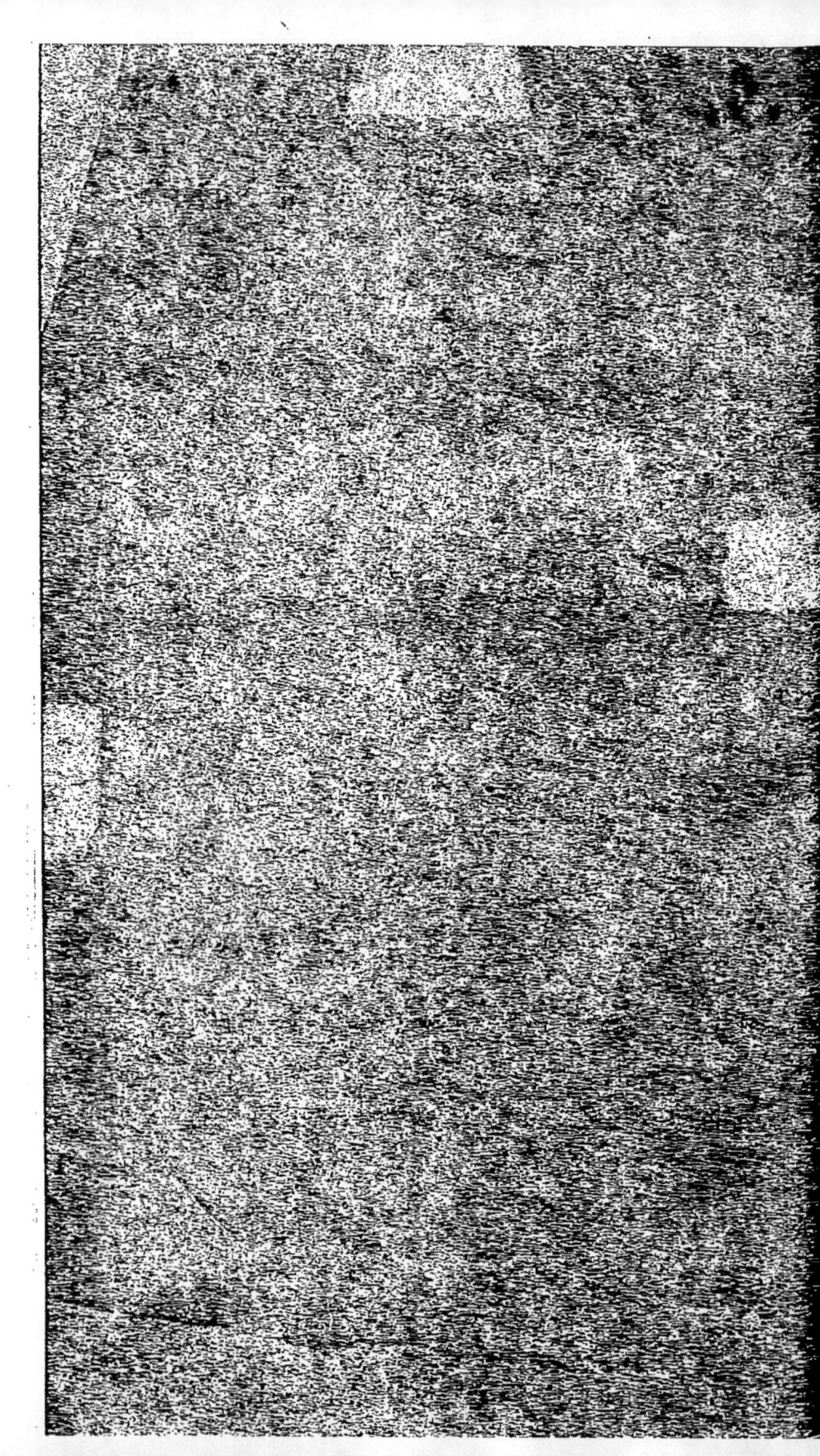

L'ARTILLERIE

DES DUCS DE BOURGOGNE

JOSEPH GARNIER

L'ARTILLERIE

DES

DUCS DE BOURGOGNE

D'APRÈS LES DOCUMENTS CONSERVÉS AUX ARCHIVES DE LA COTE-D'OR

PARIS

HONORÉ CHAMPION, LIBRAIRE

9, quai Voltaire, 9

1895

La plus grande partie des écrivains qui se sont occupés des ducs de Bourgogne, se sont plu à faire ressortir comme autant de témoignages de la puissance de ces princes, les uns, le faste et la magnificence de leur cour, leurs fêtes splendides et les richesses de toute sorte entassées dans leurs palais; les autres cette brillante noblesse qui suivait leur bannière, qui briguait les charges de leur maison et ces belles armées dont les éléments étaient pourtant si hétérogènes. Ces divers sujets offraient d'ailleurs un intérêt si varié, qu'il était difficile de se soustraire à la tentation d'ajouter un nouvel épisode à ces tableaux déjà bien connus. Aussi tous y ont-ils succombé, sans s'apercevoir qu'ils laissaient dans l'ombre une autre preuve cependant bien caractéristique de cette formidable puissance. Je veux parler de cette nombreuse artillerie que nos ducs traînaient à leur suite, qui hérissait leurs forteresses et dont l'emploi, sur une aussi grande échelle, n'était alors possible qu'aux possesseurs de ces riches provinces, dont une partie seule, constitue aujourd'hui deux royaumes.

Cet oubli est d'autant plus remarquable, que les documents relatifs aux uns comme aux autres, ont nécessairement dû passer sous les yeux de ces divers auteurs.

En fait d'histoire militaire on comprend que dans un temps où on ne voyait le moyen âge qu'à travers les hommes d'armes et les tournois, on se soit de préférence occupé de cette ancienne gendarmerie si peu disciplinée, mais toujours si brillante sur les champs de bataille; en laissant au second plan la *piétaille*, c'est-à-dire l'infanterie, née seulement des désastres de la guerre de Cent Ans et surtout l'artillerie considérée comme peu chevaleresque et laissée comme telle aux parvenus. Seulement en ce qui concerne cette dernière arme, on ne s'explique guère comment jusqu'en ces derniers temps, alors que les perfectionnements incessants dont l'artillerie était l'objet, semblaient réclamer une connaissance plus complète de son passé, l'insuffisance des ouvrages qu'on possédait sur la matière, n'ait pas déterminé plus tôt de nouvelles recherches. Sans doute, il dut y avoir des tentatives, car le sujet était à la fois trop neuf et trop attrayant, pour échapper longtemps à cette soif d'investigation, caractère particulier de notre époque; mais à n'en pas douter, quiconque voulut le tenter, recula devant l'immensité des recherches.

Ces difficultés, quelque grandes qu'elles semblassent, n'étaient heureusement point insurmontables : Il le parut bien à la publication d'un livre, conçu et exécuté dans des circonstances tout exceptionnelles (1). Grâce à l'ouvrage remarquable auquel je fais ici allusion, les origines de l'artillerie, ses développements successifs, son emploi dans les sièges ou sur les champs de bataille, ont été présentés sous un jour tout nouveau, avec des appréciations appuyées non seulement de témoignages authentiques, produits par l'auteur, mais que justifient encore d'autres documents ignorés de lui et naguère enfouis dans la poudre des archives.

C'est ce qui ressort en particulier de ceux que j'exhume des Archives de la Côte-d'Or, comme contributions à l'histoire de l'artillerie. Leur lecture confirmera l'opinion que je viens

---

(1) *Études sur le passé et l'avenir de l'artillerie*, par Louis-Napoléon Bonaparte, président de la République. Paris, Dumaine, 1846-1851, 2 vol. in-4º.

d'exprimer et qui, j'en ai la conviction, ressortirait encore bien davantage, si à ces matériaux, tous relatifs à l'artillerie des ducs de Bourgogne, venaient encore s'ajouter tous ceux conservés dans nos autres archives et dans nos bibliothèques.

Ces documents sur l'artillerie bourguignonne proviennent en grande partie des registres de la comptabilité de l'ancienne Chambre des Comptes de Dijon, consultés par D. Plancher, historien de la Bourgogne; où Labarre puisa ses Etats de la maison des ducs, le marquis de Laborde les éléments de son ouvrage sur la cour des mêmes princes, enfin dans ces derniers temps ils ont été largement mis à contribution par M. Jules d'Arbaumont pour son armorial de la Chambre des Comptes; par M. Ernest Petit l'historien des ducs de la première race; par l'abbé Dehaisnes et par M. Bernard Prost pour leur histoire de l'art dans les Flandres, l'Artois, le Hainaut et les deux Bourgognes. Seulement à ces comptes d'argentiers, de trésoriers, de receveurs généraux, auxquels se sont généralement bornés mes devanciers, j'ai ajouté les comptes des receveurs des grands baillages, des comtés adjacents et des châtellenies ducales. Enfin le Trésor des chartes et l'immense collection des titres de cette Chambre des Comptes, m'ont fourni de bien curieux renseignements sur l'objet de ces recherches.

Parmi ces derniers, il en est trois qui ont une importance telle, que leur transcription à peu près complète est devenue nécessaire, ce sont des registres, qui sous le nom de Livre de contrôle d'artillerie, renferment tout ce qui se rattachait au service de l'arme, soit dans les expéditions de terre ou de mer, soit dans les places. La plupart des faits qu'ils mentionnent, figurant aussi dans les comptes et ces mentions se complétant presque toujours l'une par l'autre, je me suis appliqué à les grouper ensemble dans la composition de ce recueil, qu'accompagnent un glossaire explicatif des mots anciens ou d'une acception difficile, ainsi qu'une table des matières destinée à en faciliter l'examen. Heureux si ces investigations d'archiviste, faites sans autre prétention que celle de concourir à la certitude historique, peuvent venir en aide à la science et fournir aux hommes compétents, de nouvelles lumières sur les origines d'une arme qui joue aujourd'hui un si grand rôle dans la destinée des peuples.

ARTILLERIE BOURGUIGNONNE

CHAPITRE I

L'ARTILLERIE SOUS LES DUCS DE BOURGOGNE DE LA PREMIÈRE RACE

C'est seulement à partir du règne de Eudes IV, duc de Bourgogne, que l'on trouve, dans les archives de la Chambre des Comptes de Dijon, la mention de l'emploi de machines de guerre pour l'attaque et la défense des places fortes. Le plus ancien document que j'aie découvert existe dans le compte intitulé : *Registre des arrests des comptes du duc, faits à Dijon, après la Toussaint de l'année 1336, pour les garnisons des chevauchées de la comté de Bourgoigne et pour la venue du Roi.* (Arch. dép., B 11836.)

Il s'agit de l'attaque du bourg de Chaussin (1), occupé par les nobles confédérés du comté de Bourgogne, en révolte contre le duc Eudes IV, et que celui-ci emporte de vive force après un siège de six semaines.

On lit dans ce compte :

« Façon d'engins et charroi desdy engins dois les bois d'Argilly jusques devant la ville de Chaussins.

» Charroi de tonneaux et couches vuides depuis Dole jusques à Chaussins. »

Durant la minorité de Philippe de Rouvres, petit-fils et successeur

---

(1) Chaussin, arrondissement de Dôle, département du Jura.

du duc Eudes IV, sa mère, Jeanne de Boulogne, qui avait épousé en secondes noces. Jean, roi de France, informée des projets des Anglais vainqueurs à Poitiers sur le duché de Bourgogne, convoqua les Etats à Beaune et en obtint l'argent nécessaire pour l'armement des places fortes.

Dimanche de Vitel, receveur général du duché, à qui avait été commis le soin de cet approvisionnement, qu'il continua durant dix ans (1356-1366), en justifia devant la Chambre des Comptes au moyen d'un état. Je transcris ici ce sommaire, comme un curieux spécimen et de ce qu'on appellait alors l'artillerie en Bourgogne, et du modeste rang qu'y occupent les bouches à feu, dont il est, du reste, mémoire pour la première fois. (Arch. dép. Compte de 1362. B 1413) :

SOMME TOUTE DE L'ARTILLERIE DESSUS DITE

PREMIÈREMENT :

Trait à un pié enferré et non empenné	20,000
Trait à un pié empenné et defferré	54,900
Trait à un pié ne ferré, ne empenné	2,800
Trait à un pié empenné et enferré	67,200
Fers de trait pour arbelestes à tour et à II piez	10,167
Trait à tour et à II piez empennez sans fers	4,600
Fers de trait à un pié	40,050
Fers de garroz à espingales	3,200
Garroz pour espingales empennez et enferrez	600
Espingales	6
Arbelestes de corne à tour et à II piez	67
— à un pié	129
Arbelestes de fust à un pié	382
Targes	284
Pavais	202
Lances ferrées	138
Lances defferrées	800
Fers de lances	1,688
Baudrez garnis	124
Tours pour arbelestes	11
Haucepieds	3
Carquois estoffez	4
Ars d'if	9
Teliers pour arbelestes	9

Cles de teliers pour arbelestes 9
Ques fermans 3
Moiches à falez 30
Falez 3
Lanternes 10
Clo à lates 1,500
Grosses arbalestes 30
Deux *quanons* à gitter garroz achetez à Troyes, de Jaquemard le serrurier, trois florins.

Ces différentes munitions furent distribuées dans les forteresses du duché et dans celles appartenant à la reine. Les maîtres des arbalétriers en reçurent aussi une notable part, et tous en donnèrent leur récépissé au comptable qui les produisit dans son état.

Quant aux deux *canons estoffés de broches*, humble échantillon d'une nouvelle arme, dont la capitale du duché possédait déjà depuis huit ans un certain nombre, le duc les fit remettre à Douay, receveur du bailliage de Dijon. Plus tard, ils furent envoyés au château d'Aisey-le-Duc, où nous les voyons figurer ainsi dans le compte du châtelain (1376-1379) (B 2081) :

« Deux canons garnis de broches et de chevilles et un petit soufflet à chauffer lesdites broches » avec la mention par le même d'un achat moyennant 1 franc « d'une livre de poure de canon pour la défense du chastel d'Aisay, pour ce que les Anglois estoient en champ. »

Du reste, si j'en juge par les documents rassemblés sous mes yeux, les commencements de *l'artillerie à feu* furent aussi très modestes dans le comté de Bourgogne, appartenant alors à Marguerite de France, comtesse de Flandres. Les canons y apparaissent pour la première fois en 1368 au siège du château de Rochefort-sur-Doubs, tenu par Louis de Châlon-Auxerre, qui s'était associé aux brigandages des Routiers.

On lit dans le compte de Thévenin Vurry, trésorier dudit comté (1368-1369) (B 1431), au chapitre des *missions* faites pour la prise de ce château :

« Payé à Perrenin du Pont qui dehu lui estoient pour deux canons et cinq livres et demie de poudre, quatorze garroz et douze plombées d'estain qu'il fit avoir et bailla audit siege : 4 livres 10 sols. »

CHAPITRE II

ARTILLERIE DU DUC PHILIPPE LE HARDI

Après la mort de Philippe de Rouvres, le roi Jean, son plus proche héritier, réunit le duché de Bourgogne à la couronne de France. Quelque temps après, il en disposa en faveur de Philippe, son quatrième fils, qui, bientôt, par son mariage avec Marguerite de Flandres, devint un des princes les plus puissants de son temps. Philippe, qui connaissait la formidable artillerie dont disposaient les Flamands, ses futurs sujets, n'était pas homme à vouloir leur paraître inférieur, sinon pour la quantité, ce qui était impossible, mais, tout au moins, pour la puissance de ces nouvelles machines. Dès l'année 1376, c'est-à-dire bien avant que la mort de la douairière Marguerite et celle du comte de Flandres ne l'eussent mis en possession de leurs vastes domaines, il engageait à son service les deux frères, Jacques et Rolant, fondeurs de canon réputés, nés à Mayorque, dont ils portaient le nom, et les envoyait aussitôt à Châlon présider à la fabrication d'une dizaine de pièces d'un très fort calibre.

Simon Lambert, receveur du bailliage de Châlon, chargé d'acquitter les dépenses de cette importante opération, les consigne, en ces termes, dans un chapitre particulier de son compte des années 1376-1377 (B 3577) :

Et premierement pour la fasceon d'ung canon de fer getant le pesant de 60 livres.

A Jehan Pourterat, bourgeois de Chalon, pour la vendue de 320 livres de fer au pois de Chalon, le cent au feur de 2 fr. 10 gros val. 9 t. un gros.

Item de quatre taulles de fer pesant 16 livres et demie, la livre au feur d'un gros, valant 16 gros et demi. Lequel fer a esté employé entièrement en la fasceon dudit canon et es appartenances d'icellui. Pour ce 10 fr. 5 gros et demi.

A Jehan Levrat de la Forest, pour la vendue de certaine quantité de charbon desduit entièrement pour la forge et fasceon dudit canon, 4 f. 3 g.

A Jaquet, de Paris, serrurier et a quatre ouvriers avec lui qui ont fait ledit canon et y ont ouvré continuelment depuis le mercredi 22ᵉ jour d'octobre qu'ils commencèrent à forgier ledit canon jusques au samedi avant la feste de Sᵗ Martin d'yver ensuivant que, il fut fait et assuiz entièrement ou quel terme sont 13 jours touz enclouz au feur de 16 gros par jour; marchié fait audit Jaquet par ledit receveur et les dessuz diz maistres de canons et parmi ce il a administré, hostel, forges, enclumes et touz utils de forge. Pour ce pour les diz 17 jours, 17 f. 4 gros.

Pour une livre et demie de poudre à faire geter ledit canon. Laquelle poudre li diz Jaquet de Maillorques ala achater à Lion quar à Chalon non povoit lon trouver, ne faire aucune qui fut bonne, si comme disoient lesdiz maistres, 2 s. 1/2.

A Guiot Baudot de Chalon pour la vendue d'ung gros plot de bois ou lon (a) enchassez ledit canon, 6 gros.

A Jaquelin le Chapuis pour en châsser ledit plot et ycellui mettre à point et charpente, 6 gros.

A Huet Bordelli pour le loyer de sa charrette a deux chevaux pour mener ledit canon ensemble les estoufes d'icellui, c'est assavoir deux pierres rondes pesant 120 livres, de Chalon à Dijon par devers mondit seigneur, 18 gros.

Somme 38 fr. 10 gros 1/2.

Item autres deniers paiez pour la fasceon de cinq canons de fer dont l'iung gete le pesant de 130 livres,

l'autre le pesant de 100 livres,

l'autre le pesant de 90 livres,

et les autres deux le pesant de 50 livres. C'est assavoir l'un 30 livres, et l'autre 20.

A André Bonin de Lion pour la vendue de 32 quintaulx de fer au pois de Chalon, le quintal au feur de 60 sols tournoi, lequel fer a esté tournez et convertiz en louvrage et fasceon desdiz canons, 97 l.

A Perrenotte Lajolie de Chalon pour la vendue de quatre quintalx et trois livres de fer au pois que dessus, le quintal au même prix, 12 l. 21 d.

A elle pour la vendue d'une pièce de fer de chièvre, 10 s. t.

A Guillaume Chaudot pour la vendue de 3 quintalx 37 livres de fer, le quintal au feur de 60 sols, val. 9. l. 10 s. 9 d.

A lui pour la vendue d'ung carreal d'acier, mis et employé en l'ouvrage desdiz canons, 12 d.

A Guillaume Broé pour la vendue d'ung plot de bois dont lon a fait le mole de l'un desdiz canons.

A Symon le Roy de Dycone et pluseurs autres pour la vendue de certaine quantité de charbon, achetée à raison de 14 deniers le sac, ou 7 sols 6 deniers le charrette, 15 l.

A Jacquet de Paris pour l'achat d'une grosse piece de fer pesant 34 livres au feur, 5 d. tournois la livre, 10 s.

A deux chapuiz pour faire les traitealx sur quoi les sofflez de la forge desdiz canons sont assis, 4 s. 2 d.

A Fulminet le frenier pour la vendue d'une bicorne de fer sur quoi lon forge les poz desdiz canons, 40 s.

Audit Jacquet de Paris pour les journées de lui et de quatre ouvriers, depuis le lundi 15 décembre 1376 jusques au mercredi veille de Noel, ou sont 9 jours ouvrables au feur de 26 sols 8 deniers par jour, marchié fait à lui par lesdiz maistres de canons, 11 l.

A Perrenotte Lajolie pour une certaine quantité de fer, 41 s. 8 d. t.

A. J. Levrat pour charroier et amener à Chalon ung plot pour enchascier et enfuster l'un desdiz canons, 3 s. 4 d.

A Gauchier Remondat pour la vendue dudit plot, 16 s. 8 d.

A Rolant le serrurier, pour ferrer ledit plot en deux morceaux, 20 d. t.

A André de Cusane, charpentier, demourant à Chalon, pour trois journées par lui employées à curier et vuidier ledit plot ou quel est enfustez l'un des diz canons, 6 s. 6 d.

A Jacques de Paris pour les journées de lui et de quatre ouvriers avec lui, qui font 25 jours entiers, la journée au pris de 26 sols 8 deniers, 23 l. 6 s. 3 d.

Au même pour 22 jours entiers que il et sesdiz 4 vallez ont ouvré esdiz canons au mois de mars, 29 l. 6 s. 8 d.

A Philibert le serrurier et à deux autres, ses compaignons, pour ferrer ung gros plot pour enfuster ung autre desdiz canons et pour ferrer certaines autres pièces de bois à ce nécessaires, 5 s.

A Perronet de St-Martin, Philibert Rosset et Michaut Martin, charpentiers, pour 6 journées faites par chacun d'eux, en la charpenterie du bois nécessaire pour emparer les diz canons, la journée au feur de 2 gros, 60 s.

Audit Michaut Martin pour la vendue d'ung tronceon de bois ron pour faire le mole et patron du grant canon, 10 s.

A maistre Robert Michaut, pour 15 journées que il et son vallet ont ouvré à leurs despens, pour faire les chasciz desdiz canons et pour faire et mettre sus avec les autres chapuiz cy dessus nommés, la charpenterie appartenant esdiz canons, la journée d'un chascun au feur de 3 s. 4 d. 100 s.

A lui pour la vendue d'ung gros plot de bois ron, pour faire ung mole pour l'un des diz canons, 20 s.

A Hugonet Larcher pour la vendue d'ung plot de bois à faire les couvertures des diz canons et pour iceulx enchascier, 20 s. t.

A Jehan Frogier pour bois prins de lui pour l'emparement, que dessus, 13 s. 4 d.

A Perronet de St-Martin et à Philibert Roussot, charpentiers, pour 10 journées que il ont vacqué à faire la charpenterie des emparemenz desdiz canons, la journée d'ung chascun au pris de 2 gros, val. 23 s. 4 d.

Audit M. Martin pour une journée faite en l'emparement des diz canons, 3 s. 4 d.

Au Roisseaul, gaignedenier, et à cinq autres, qui ont pourté lesdiz 5 canons dois la forge où ils ont esté faiz jusques en l'une des chambres de l'Espicererie pour les garder en ladite chambre, 5 s.

A Guillaume le Royer, pour la vendue de 4 petites rouez sur quoi le plus grant des diz canons, ensemble l'emparement d'icellui est assis et loigié, pour icellui plus aisiment mener là ou besoing seroit, 22 s. 4 s.

Sur ces entrefaites, le roi Charles V, informé de la mort d'Edouard III, voulut en profiter pour reprendre sur les Anglais quelques places autour de Calais, dont les garnisons ravageaient le pays. Il rassembla une armée et en confia le commandement au duc Philippe le Hardi, son frère. Celui-ci, dont les vassaux grossissaient l'armée royale, voulut encore y joindre les six canons fondus à Châlon. Il ordonna à Jacques de Mayorque de lui fabriquer de la poudre (1) et pressa vivement la fabrication de trois autres, parmi lesquels figurait un qui jetait le pesant de 120 livres, ainsi que le constate la suite du compte.

Pour autres deniers paiez pour la fasceon de trois canons de fer dont les deux getent chascun le pesant de 80 livres, et l'autre le pesant de 120 livres, lesquels canons ont esté faiz audit lieu de Chalon, du commandement dudit mons^r le duc, par ledit Jaquet, de Paris, au dictier et ordonnance que dessus. Et pour faire les diz canons furent faites deux forges es aules de Mon^{gr}, l'une devant l'autre, au debout de l'aule de la detaillerie pour iceulx canons plus tost expédier et délivrer, quar mondit s^r les vouloit avoir avec les autres canons en la chevauchée que il fit pour le Roy, nostre sire, devant Hardre es mois d'aoust et de septembre 1377. Et pour plustost délivrer le canon gestant le pesant de 120 livres, affin que mondit s^r s'en puisse aidier en ladite chevauchée, furent mis avec les autres ouvriers dudit Jaquet trois ouvriers pour férir du martel et à prins pour ce li dis Jaquet deux frans par jour pour lui et sept ouvriers avec lui, depuis le mardi voille de feste saint Pierre entre aoust jusques au venredi voille de la feste N.-D. en septembre 1377, ensemble sont enclouz et par avant c'est assavoir doiz le lundi voille de la feste Dieu, premier jour de juing 1377, jusques audit mardi voille de la St-Pierre; li dis Jaquet n'a prins pour lui et quatre ouvriers de forge que 16 gros viez par jour. Desquels canons les menues parties apperrent par autre escroe et autre certifffication desdiz maistre signées par lesdiz Thibault et Perronnet et scellées des propres seaulx d'iceulx maistres, données ledit 6e jour d'aout 1378. Les dites menues parties ramenées à une somme valant pour tout 276 l. 8 s. 9 d. t.

Mais quelque diligence qu'ils firent, l'expédition marcha plus rapidement qu'eux. Les six canons figurèrent honorablement au siège d'Ardre, puis à ceux d'Arduic et de Vaucling, comme l'atteste ce passage du compte d'Amiot Arnaut, receveur général de toutes les finances du duc, 1377-1378 (Arch. dép. B 1452) :

(1) Compte d'Amiot Arnaut, receveur général des finances du duc, 1376-1377. Arch. dép. B 1451.

F° 73. Payé à Guillaume Blonde, arbelestier de Monseigneur, pour despens par lui faiz pour treize personnes et vingt et un chevaux, par un jour et demy, qu'il amena de l'ordonnance de mondit seigneur de devant Audruit (Arduic), ou Monseigneur estait es guerres du Roy six des canons de Mgr devers lui à Werchin, en Picardie, 4 l. 14 s.

Jacques et Rolant de Mayorque terminèrent l'opération par le dictier et ordonnance de la forge et fasceon d'ung gros canon getant le pesant de 450 livres, lequel fut également fait sous leur direction par ledit Jacquet de Paris et par huit ouvriers de forge. Lequel canon, dit le compte que nous transcrivons, fut commencié le lundi après la feste de St-Denis, 12e jour d'octobre 1377 et fut parfait et assuiz le samedi après la feste de l'Apparicion N.-S. ensuigvant 9e jour de janvier ensuigvant.

Auquel terme lediz Jacquet a ouvré continuelment oudit canon et tenu lesdy huit ouvriers de forge avec lui par 61 jours ouvrables et incluz et a voillié compètement de nuist, pour cause des jours qui estoient briefs. Marché fait à lui, à 2 florins par jour pour lui et sesdiz ouvriers. Duquel canon les menues parties des missions pour ce faites apperent par certiffication desdiz maistres, donnée le 6 aout 1378 à la somme de 223 l. 8 d. t.

Malheureusement cette monstrueuse pièce ne résista point à une première épreuve, il fallut la remettre sur le chantier et la renforcer de cinq quintaux de fer (1).

Jacques et Rolant de Mayorque, qui restaient désormais attachés à la maison du duc, en qualité de maîtres des canons, aux gages chacun de 10 fr. par mois (2), et tout à fait indépendants de l'artilleur ducal, ne purent point assister à cette *reffection* de leur grosse pièce, l'opération fut terminée sous la direction d'Aymery de Traisnel, autre maître des canons (3). Le duc Philippe les avait mandés en toute hâte pour le servir en la chevauchée qu'il allait faire devant Cherbourg à l'encontre du roi de Navarre. Jacques en revint seul et continua de résider à Châlon, où il s'établit définitivement (4) et qu'il ne quitta désormais que pour suivre le duc dans ses expéditions.

(1) Compte d'Odot Douay, receveur du bailliage de Châlon, 1378-1379. B 3580.
(2) Compte de S. Lambert, receveur du bailliage de Châlon, 1376-1377. B 3577.
(3) Il touchait les mêmes gages.
(4) Quand il résidait à Châlon, ses gages lui étaient payés par le receveur du bailliage. Partout ailleurs, il les recevait du trésorier ducal.

On lit, en effet, dans le compte d'André Justot, receveur du bailliage de Châlon, 1381-1382 (B 3583) :

Jaques de Maillorgues retenu ouvrier et maître des canons du duc aux gages de 80 fr. par an.

A li que mondit s^r li a donné de grace espécial pour aidier à supporter les despens qu'il a fay en deux voïages, pour aler de Bourgoingne au royaulme de Maillorgues querre sa femme ou il a vacqué par trois mois ou environ. Et pour les gaiges desservis en la chevauchée que Mgr fist en poursivent les Anglois, où il vacqua longuement et lui estoient deux par 30 jours ou environ, 20 fr. Il s'agit ici de l'invasion des Anglais en Champagne (mai 1379).

Il était encore avec lui à Rosebecque, le 29 novembre 1383. L'année suivante on le voit revenir à Dijon et à Châlon, chercher six des canons du duc et les diriger en toute hâte sur Paris, aux environs duquel le duc de Bourgogne rassemblait l'armée qui devait repousser l'invasion de l'évêque de Norwich (1).

Le duc le manda encore en 1386, pour le servir de son office dans l'expédition qu'il préparait contre l'Angleterre et que le duc de Berry fit échouer. On voit encore dans le compte d'André Justot, receveur du bailliage de Châlon (1386-1387), et dans celui d'Oudot Douay, receveur général du duché et du comté de Bourgogne (1388-1389) B 1473 :

A Jacques de Maillorgues que Mgr lui a donnez de grace espécial pour soy monter en mer, pour aler avec mondit s^r et lui servir de son office ou passaige que ou mois de septembre 1386 il devoit faire en Angleterre, 30 fr.

Il continue à figurer dans les comptes jusqu'en 1391.

Outre Jean de Maillorgues, le duc avait encore en Bourgogne un autre canonnier, mais celui-ci, plus ouvrier que soldat. C'était Joseph Colard de Dinant, habile fondeur qu'il avait fait venir demourer à Dijon, dit le compte de J. d'Auxonne, receveur général du duché (1389), pour faire certaines choses de cuvre, de loton et d'autres matières pour le fait du couvent des Chartreux et aussi pour faire plusieurs autres choses nécessaires et convenables pour la garnison de ses chasteaux, villes et forteresses, aux gages de 10 fr.

(1) Compte d'Amiot Arnaut, receveur général de toutes les finances du duc de Bourgogne, 1383-1384. B 1461.

par mois portés à 15, veu qu'il n'en povoit bonnement vivre en 1389. B 1474 (1).

Le compte de Guillaume Bataille, receveur général du duché (1392-1393) B 1494, mentionne encore :

Perrenot Briffaut, aide de canonnerie du duc, pour don à lui fait pour une fois de grâce espécial, 30 fr.

Néanmoins, si vif que fut le désir du duc Philippe le Hardi de créer une artillerie à feu respectable, sa prodigalité, ses dépenses sans mesure ne le lui permirent pas. Aussi comme ses guerres continuelles avec l'Anglais ou le Flamand nécessitaient l'emploi de tous les canons dont on pouvait disposer, il arrivait souvent que les Bourgognes s'en trouvaient tout à fait dépourvues. Ainsi quand, en 1394, il fallut repousser les courses du sire de Beaujeu dans le midi du comté, la duchesse fut obligée d'emprunter à la ville de Dijon deux de ses canons, qui, avec un gros canon appartenant au duc, furent dirigés sur le château de Montmorot, où le maréchal de Bourgogne assemblait ses hommes d'armes et contribuèrent puissamment à la soumission de ce seigneur.

Guillaume Chenilly, receveur du bailliage de Dijon, mentionne ainsi ce convoi d'artillerie dans son compte de 1393-1394 (B 4441) :

Livré à Huguenin, le bastard de Salins, escuier chastellains de Montmorot (au comté de Bourgogne) les chouses et parties qui s'ensuivent. C'est assavoir ung gros canon qu'estoit en garnison en la Chambre des Comptes, garni de toute sa ferrure tant en barres, chevilles et coing de fer, comme en autre ferrure appartenant audit canon. La menue ferrure en un petit coffre. Item deux grosses pierres pour ledit canon.

Item deux aultres canons de cuivre moyen, prestés par les bourgeois et habitans de la ville de Dijon à mondit s^r le duc.

Item ung poinson plain de pouldre de canon tenant environ 9 sextiers.

Payé a trois charretons qui ont mené de Dijon au chastel de Montmorot, le 19 mai 1394, le gros canon que mondit s^r fist faire dernièrement, toutes les ferrures appartenant audit canon. Deux autres canons et les autres munitions detaillées plus haut, 20 fr.

(1) Le duc lui accorde une gratification de 100 fr. pour ses travaux dans l'église des Chartreux. Compte de Pierre du Celier, receveur général des finances (1387-1388). B 1469.

CHAPITRE III

ARTILLERIE DU DUC JEAN-SANS-PEUR

Le duc Jean-sans-Peur, qui dès les premières années de son règne, s'était vu dans la nécessité de repousser l'agression des Anglais et qui après les avoir renfermés dans Calais, les en aurait certainement chassés, si ses desseins n'eussent été traversés par la Cour de France; le duc Jean, comme le témoignent les documents rassemblés sous nos yeux, ne négligea rien pour augmenter et améliorer le matériel d'artillerie que lui avait légué le duc Philippe, son père.

Si les archives de Dijon ne nous donnent d'autres renseignements sur les immenses préparatifs qu'il fit en 1406 pour reprendre cette ville de Calais, que l'achat de plusieurs canons (1); sur la bataille de Tongres (23 février 1408), qu'un approvisionnement de fusées en prévision d'un siège (2); en revanche, elles nous fournissent à propos

---

(1) 1405, 1ᵉʳ septembre. Certificat de Girart de Bourbon, escuier du duc, constatant « que Simon de la Fosse, canonnier, demeurant a Paris, à delivré en l'hôtel du duc à Paris une douzaine de canons à plombées prez et enfustez du pris de 4 escus la pièce et huit faloz enfustez. » (Orig. Tit. de la Ch. des Comptes.) B. 370.
Compte de Jehan de Pressy, receveur général des finances du duc (1406-1407) B 1547, f° 203 :
Payé 400 ecus à M. de Sᵗ-George « que Mgʳ lui devoit pour prest à lui fait pour ung grand canon acheté du sire de Montfort, en Hollande, et mené à Sᵗ-Omer pour le fait de l'armée réunie audit lieu pour le renforcement de l'armée de Picardie. »
(2) Compte du même J. de Pressy (1408) B 1556 :
Payé à J. Manus, canonnier de M. le duc, la somme de 75 l. 5 s. « pour la vendut

du siège de Vellexon, des détails précieux sur le rôle de l'artillerie dans l'attaque des places fortes au commencement du xv⁰ siècle.

Le château de Vellexon, situé dans la plaine de la Saône (1), à 25 kilomètres de Gray (Franche-Comté), appartenant alors à Henri de Blamont, puissant seigneur du pays de Lorraine. Au mois de septembre 1409, le duc Jean, irrité des courses que ce gentilhomme s'était permis de faire sur ses domaines, enjoignit à Jean de Vergy, maréchal de Bourgogne, de s'emparer, à quelque prix que ce fut, de tout ce que ce seigneur possédait dans la *comté*. Jaloux d'exécuter promptement les ordres de son souverain, le maréchal, quoique convaincu de l'impossibilité d'entreprendre rien de sérieux, vu la pénurie des finances, n'en rassembla pas moins des troupes à la tête desquelles il arriva brusquement devant Vellexon, qu'il espérait enlever (22 septembre) B 11878. Mais il trouva devant lui un château bien armé et pourvu d'une garnison dévouée et disposée à se bien défendre. La bannière de Bourgogne s'était trop avancée pour reculer devant un simple pennon, il fallut la planter devant ces murailles. Alors, rapporte Jehan Perrot, commis par le duc pour payer les frais, dépens et missions du siège et du compte duquel (2) nous extrayons tous les détails qui suivent :

« Alors après ce que MM. le Maréschal et baillis d'Amont et d'Aval
» ou conté de Bourgoingne et autres nobles dudit conté qui l'avoient
» suivi, eurent advisez ledit chastel de Valexon, fut dit par eulx qu'il
» n'estoit point prenable d'assault, et pour ce fut délibéré par eulx
» qu'il conviendroit avoir des angins, canons, bombardes et autres
» choses nécessaires pour batre, desrouchier ledit chastel et aussi
» qu'il conviendroit faire les loigiz et maisons des nobles et autres
» gens de communes, estant pour mondit s⁰ audit siège. Et mesme-
» ment que quant lesdiz angins, canons et bombardes seroient

de 300 fusées de souffre salepestre et caufis que M. a fait prendre au mois de septembre 1408 pour le voiage qu'il fit au païs de Liège. » F⁰ 163 v⁰.

(1) Département de la Haute-Saône, arrondissement de Gray, canton de Fresne-sur-Mammès.

(2) Ce compte est intitulé : *S'ensuivent les parties des despens et missions faites pour le fait du siège que presentement est de par M. le duc de Bgne devant le chastel de Vallexon et payés par J. Perrot, de Dijon, demourant à Dôle, commis par mondit s⁰ et par ses lettres patentes, à payer icelles missions.* Il est de format grand in-4⁰, en papier et contient 104 feuillets non paginés. B 11877.

» prestz, il conviendroit faire bons gros manteaulx fors pour mettre
» et asseoir au plus près du chastel que bonnement faire se pourroit
» pour estre lesdiz gentilhommes et autres gens de communes
» dessoubs et à l'endroit desdits manteaux pour faire le guect de
» jour et de nuit, affin que nul n'yssit de la forteresse qu'il ne fut
» incontinent par eulx reboutez ou prins. Lesquelz manteaulx il conve-
» noit faire de gros trez jointis tels et si fors que ceulx questoient
» en garnison oudit chastel ne peussent grever ou blecier les gens
» de mondit seigneur, des canons, bombardes ou autres traiz dudit
» chastel. Pour lesquels abillemens faire de bonne charpenterie de
» bois et aussi pour traire et effeictier pierres de canons, angins et
» bombardes, estoit nécessaire demander de par mondit seigneur et
» faire venir audit siège tous les chappuis et maçons que l'on pour-
» roit finer ou conté de Bourgoingne, pour faire les choses dessus
» dites. Et pour ce que lesdiz ouvriers ne se pourroient passer de
» ferrures tant pour refaire leurs aisemens, saucuns en y devoient
» avoir, comme aussi pour refaire et rasserrer les pointes des mar-
» teaulx desdiz maçons, mesmement pour lier et embluchier en gros
» plots de bois les canons et bombardes, qu'il convenoit avoir pour
» le fait dudit siège et pour refaire icelles si mestier estoit et aussi
» pour faire plusieurs ferrures questoient nécessaires pour lesdiz
» angins, fut advisié par les dessus diz qu'il convenoit avoir néces-
» sairement deux forges ouvrans oudit siège et huit bons ouvriers de
» fevrerie. Ou quel siège les diz chappuis, maçons et fevres arrivè-
» rent le 29 septembre 1409. Et fut advisé aussi que pour ce que
» l'on n'avoit point d'argent pour païer les journées desdiz ouvriers
» et qu'ilz ne pourroient aler aucune part en foraige, fuer que estre
» continuelment en levure, convenoit nécessairement administrer
» vivres esdiz ouvriers et leur faire livrée chacun jour. C'est assavoir
» à chacun ouvrier par jour pour le diner, soupper, une pinte de vin et
» deux pains et pour le boire du matin et en surrejour demie pinte
» de vin et un pain, et trois engrognes pour pidance.

Les chappuis furent mandés au nombre de 61 (1).

(1) Dans l'article consacré au paiement des maréchaux et des chappuis engagés pour les travaux du siège, le comptable mande que comme on n'avait point fait dans le principe de compte avec eux et que l'argent faisait défaut, on ne régla jamais avec chacun d'eux, « seulement on leur baillait souventesfois, 3 gros, 4 gros, demi franc au plus pour les appaisier, afin qu'ils ne se departissent. »

Les maçons également au nombre de 18 « qui ouvrèrent continuelment de leur mestier pour affectier et arondir pierres pour les angins et les diminuer selon le mole des canons et bombardes. »

Huit autres maçons furent envoyés dans les carrières de Mailly, pour sous la conduite d'un maçon de Rochefort, chargé de leur administrer vivres, pour traire pierres pour lesdiz angins, canons et bombardes.

Sept autres à celles de Fouvans et Ferretes.

Aux huit maréchaux, on adjoignit un valet « pour les servir d'aigue et de charbon » ainsi qu'un serrurier.

Douze charretons ayant chacun un char à quatre chevaux demeurèrent dans l'*ost* jusqu'au 18 novembre (1).

Quatre cordiers, en tout 121 personnes, dont le nombre resta constamment le même durant tout le siège (30 septembre — 22 janvier), les ouvriers qui désiraient se retirer étant immédiatement remplacés, « affin de entretenir les ouvrages qu'il convenoit faire pour ledit siège. »

L'important était de pourvoir à tant de dépenses, aussi le maréchal, en informant le duc de l'état des choses, le supplia de lui envoyer « brièvement une personne bien garnie d'argent (2). » Puis, sans perte de temps, il convoqua la noblesse du comté, manda les hommes des communes et en grossit le nombre de travailleurs requis dans les localités voisines et commença aussitôt ses approches. La noblesse et les villes du comté accoururent à cet appel. Celles du duché et en particulier de Dijon, Châlon, Beaune, fournirent leur contingent d'arbalétriers et de pionniers, et de plus, les Bisontins amenèrent avec eux trois bombardes, dont ils jouèrent si bien qu'il fallut les refaire (3).

A ces pièces d'un faible calibre, le maréchal, outre les deux bombardes en fer et en cuivre qu'il traînait à sa suite, fit venir la grosse bombarde de Dijon restée à Montréal depuis 1401 (4), trois autres

(1) Un des premiers soins de Jacques de Cortiambles, en prenant possession du commandement du siège après le départ du maréchal, fut de requérir tous les chars ferrés à quatre chevaux qui se trouvaient dans les alentours. Compte de Perret.

(2) Lettre datée du 22 septembre. Compte de Perret.

(3) Simon, maréchal de Ray, refait de son fer, moyennant 4 francs, trois petites bombardes de ceux de Besançon, qui avaient été despéciées audit siège.

(4) Mandement du 22 septembre.

petites qui furent prêtées par le sʳ de Saint-Aubin (1). Il y joignit plus tard la grosse bombarde de M. de Châlon Arlay (2).

Ces préparatifs si formidables, la présence de nombreux assaillants n'intimidèrent point les assiégés. Ils n'étaient cependant que trente, mais bien déterminés à vendre chèrement leur vie. Aussi, si l'attaque fut vive, la défense ne fut pas moins vigoureuse et l'avantage resta longtemps aux assiégés. Des approches mal combinées, la mauvaise construction des bombardes, le peu de justesse de leur tir, résultant autant de la difficulté de les manier que de l'inhabileté des canonniers novices, la poudre qui faisait constamment défaut prolongèrent la lutte au-delà de toutes prévisions. Bientôt les hommes d'armes, mal payés, menacèrent de déserter le poste, et les gens des communes, qui aspiraient aussi à rentrer chez eux, attribuaient ces retards à l'ignorance des gentilshommes, les appelaient chiens et ne parlaient rien moins que de les exterminer. Le maréchal, dont l'honneur de soldat était engagé dans la lutte, s'efforçait, tant par promesses que par menaces, de maintenir tout son monde dans le devoir; il multipliait ses lettres au duc, aux gens du conseil et des comptes, à Dijon, aux receveurs du comté, il demandait toujours de l'argent, sans lequel, disait-il, on ne peut tenir gens d'armes. Il réclamait aussi Manus, le maître canonnier du duc, ainsi qu'un maître d'engins, et sollicitait la ville de Chaumont de lui prêter le grand engin qu'elle appelait J. de Villers, du nom de celui qui l'avait établi. Le conseil, de son côté, répondait au maréchal que, ni lui ni les baillis d'Amont et d'Aval, ses deux lieutenants, n'ignoraient, dès le début de l'expédition, l'épuisement des finances des Bourgognes, et dans l'impuissance où il se trouvait de l'assister, il l'invitait à recourir directement au duc. Il écrivait aussi dans ce sens à la duchesse. Lettre du 12 octobre 1409, B 11878.

Le duc, qui sentait les difficultés de la position du maréchal, tenu ainsi en échec, et qui d'ailleurs tenait à se venger du sire de Blamont, rappella J. de Vergy et commit la direction du siège à Jacques de Courtiambles, capitaine expérimenté, qui portait sa bannière à la bataille de Tongres. Il lui donna pour lieutenant le sire de Montaigu et leur adjoignit pour l'administration du siège, son conseiller,

---

(1) Compte de Perret. Voir plus loin.
(2) Lettre du 12 octobre. *Id.*

J. Chousat, maître des Comptes à Dijon. Un mandement spécial convoqua de nouveau toute la noblesse des deux Bourgognes à se rendre devant Vellexon, et des instructions furent envoyées aux gens des finances, pour que leur paie, les vivres, munitions, fussent assurées. B 11878.

Le premier soin de Jacques de Courtiambles, en arrivant devant la place, fut d'informer le duc de la réelle situation des choses et de presser l'envoi de l'argent qu'on lui avait promis (1). Il fut souvent dans le cas de renouveler cette demande (2), car les moyens indiqués par le duc n'ayant pas eu tout le succès qu'on en attendait, il fallut, pour mener l'affaire à terme, recourir à des expédients dont le Trésor ducal se ressentit longtemps. Quoiqu'il en soit, le nouveau commandant ne voulant rien livrer au hasard, suspendit toute attaque de vive force, avant que ses troupes ne fussent réunies et bien approvisionnées. Il rappela les gens des communes (3), arbalétriers et les travailleurs, leur donna deux écuyers pour chefs (4), un taborin et des menetriers (5). Comme il reconnut bientôt que « par le fait de ces arbalétriers improvisés, plusieurs dommages arrivaient audit siège »; que d'un autre côté, si les bombardes rompaient, c'était souvent par la faute de canonniers inexpérimentés, il envoya secrètement recruter des uns et des autres aux environs de Bâle et sur les bords

(1) Lettre envoyée du 11 novembre.
(2) Lettres des 22, 27 et 28 novembre, du 17 décembre, du 5 janvier 1410.
(3) B 11878. — Corresp. de la mairie de Dijon. Introd. IVxx et pages 5, 7.
(4) Jacques de Courtiambles et le sire de Montagu accordent à Aimé de Baudoncourt, écuyer, une gratification de huit francs « pour avoir pris la charge d'être continuellement avec les maîtres qui faisaient traire les angins pour leur faire provision de pierres et de toutes autres choses nécessaires et aussi de ce qu'il prenoit garde aux bombardes, pour ce qu'il avoit grant cognoissance audit fait. » Compte de Perret.

Une gratification de sept francs fut également accordée à Estevenin de Saigney, écuyer, pour sa peine « d'avoir commandé le guayt toutes les nuyts aux gens de commune et les faire venir ouvrer là où nécessaire estoit, tant à drecier par nuit les manteaux et abillements devant ledit chastel. » (Ibid.)

(5) Autre de quatre gros donnée à Jaquet un taborin pour sa peine et salaire « d'avoir servy continuelment audit siege de mener ledit taborin jour et nuit pour ravoillier les compagnons à qui il prenoit voluté de dormir et pour les resjoïr et affin que ceux questoient au chastel sceussent que l'on faisoit bon guayt. » (Ibid.),

Gratification de trois francs « aux menestriers estant au logis de M. de Montagu pour leur peine d'avoir esté continuelment audit siege pour esjoïr les compagnons de jour et de nuit. »

du Rhin (1). Les trois bombardes des Bisontins, la grosse bombarde de M. de Châlon étaient brisées, il s'occupa aussitôt de les réparer ou de les remplacer (2) et comme si ces machines ne lui suffisaient pas, il fit construire sur place deux *engins* et se fit également amener le *chat* déposé au château de Gray (3). De son côté, le duc seconda de

---

(1) 12 et 13 décembre. Ce commissaire devait aussi recruter des maîtres d'engin, que le comte de Savoie, auquel on s'était aussi adressé (16 novembre), n'avait pu procurer, non plus que des canonniers.

(2) Le 28 novembre, Jacques de Courtiambles envoya Jehan le canonnier et Guillaume de la Loye, écuyer, depuis Vallexon à Choiz « veoir une bombarde que M. de Pagny faisait faire et qu'on disait qui gettoit une pierre pesant 800 à 950 livres, et savoir si elle seroit prouffitable à Mgr le duc pour ledit siege ». Elle jetait en réalité un boulet de 600 livres de pierre, mais, dit le compte, ladite bombarde essayée il ne demora piece ensemble. Jacques de Courtiambles pria alors le duc de lui en envoyer de la garnison de Saint-Omer et envoya en attendant quérir celle du sire de Villars, seigneur bressan, qui en fit généreusement l'abandon au duc.

Achat de 500 livres de fer de Lyon pour reffaire la bombarde de M. le Maréchal.

Achat de 1,200 livres de fer ployant en bandes — de 200 livres d'autre fer en bandes — de 1,208 livres de fer de Lyon — de 42 querreaulx d'acier — de 400 livres de fer d'Espagne — de 400 livres de fer en deux gros billes querrées.

Tout lequel fer a esté employé aux mareschaux et gouverneurs desdites deux forges, et aussi par Manus (maître canonnier du duc) ses valets Jehan Lebrun et Hanequin, canonniers :

A refaire la grosse bombarde de fer de M. de Vergey, ou lon a refait quatre gros cercles chascun d'un tour d'esquerre et y employé grant quantité de fer.

A refaire deux grans cercles en la bombarde de M. de Chalon.

A relier de cercles tout à neuf deux moyennes bombarbes à M. de Montagu et trois petites bombardes de M. Simon de St-Aubin, fait grans et gros layons, ragoz, crampons, pivoz platennes pour icelles bombardes, enchasser, emblouchier en groz plots de bois pour les contregarder et plus justement traire.

(3) Ont esté faiz audit siege deux grans angins ; retaillié le chat que l'on avoit amené de Gray, fait en icellui tout à neuf une aguille devant, par manière de deux esles de bois, clouans et ouvrans ; icellui redressié et rassemblé par trois fois es premiers logis, ou il demora jusques à la voille de la reddition, que l'on l'avoit mené en la vigne pour le mener et asscoir au plus prest dudit chastel.

Pour eslongir et accroistre les gros axis et chevilles qui portent la perche et arche du grant angin.

Pour quatre gros paulx de fer mis et engravez en un gros axis de bois qui porte l'axis du petit angin, pour ce que auctrement il n'eust peu soustenir la charge de ladite arche qui pesoit environ trente queues de vin.

Faire esdiz angins plusieurs grosses et larges platennes de fer appellées arondelles mises et assises es pertux des perches et gemelles desdiz angins et es pendans des arches d'iceulx. Faire plusieurs grans et longues chevilles de fer, pour ce qu'ils

tout son pouvoir les efforts de son lieutenant. Il lui expédia de Paris vingt milliers de traits, sous la conduite de Jean Manus, son maître canonnier. La noblesse était aussi revenue en plus grand nombre que sous le maréchal. La montre qu'en fit alors le bailli d'Amont, accuse 36 chevaliers, 350 écuyers, leur suite, sans compter les gens des communes, parmi lesquels figuraient 55 arbaletriers, envoyés et entretenus par la ville de Dijon, 2 chirurgiens et 1 trompette (1).

n'eussent peu à tenir à chevilles de bois. Faire plusieurs grans loyeurs pour loyer plusieurs assemblemens de bois desdiz angins et aussi des arches d'iceux et plusieurs petites chevilles de fer dont lesdites arches desdiz deux angins sont entièrement chevillées, les clers, les ragoz desdiz angins.

Faire en fer plusieurs granz et grosses chevilles et loyens, dont sont chevilliez et loyez les manteaulx faiz audit siege, tant pour la garde des gens d'armes que des bombardes et engins.

Faire aussi une grant quantité de gros angons, pamelles, platennes, pivoz, crampons, boucles, aneaulx à queuhe, plantez et enclavez en plusieurs lieux du chat amené de Gray. Faire fer d'aixis de quoy sont ferrez les aixis dudit chat que l'on mène sur royes à force de gens. Faire loyens et harpes de fer dont sont loyées et acouplées plusieurs grosses pieces de bois dudit chat, pour les tenir fermes et jointes ensemble.

Achat de chenefve femelle dont les cordiers ont fait cordes moyennes pour ennorrer et lier autour des perches des angins et asseoir sur icelles à crampons et arpes de fer pour lier et tenir jointes lesdites perches et les fillez qui sont deçà delà d'icelles.

Et de ladite corde délié 14 pieces, contenant chacune piece l'une parmi l'autre cinquante toises.

Une grosse corde à bourse appellée frandelle pour le petit angin, contenant 14 toises.

Deux grosses cordes avaleures pour les deux engins contenant chacune trente-huit toises.

Façon d'une grosse corde appellée frandelle pour le grant engin contenant environ 18 toises.

Neuf pieces de cordes de la grosseur des cordes à prendre cerfs, contenant chacune piece 50 toises.

Une piece de sambeaul.

50 toises de délies cordes à tendre tentes et paveillons.

Deux cordes avaleures pareilles aux précédentes.

Une grosse bride de corde de 2,000 toises.

Cinquante toises de délie corde appelée Tranchefille, de quoy l'on a tranchefillé et enveloppé la ou il appartenoit les frandelles et avaleures desdits deux engins.

(1) Achat de deux livres de cire blanche « baillées à deux cirurgiens qui garissoient pluseurs malades questoient audit siege. »

Gratification de cinq francs accordée à un trompette de Rochefort « pour sa peine

Toutes ses forces étant rassemblées, Jacques de Courtiambles reprit le siège avec vigueur. Il resserra davantage la place et l'entoura d'une circonvallation palissadée et fossoyée d'une lieue d'étendue.

« Le 15 décembre 1409, dit le compte de J. Perret, les gens du con-
» seil du duc étant audit siège, ayant délibéré que l'on feroit inconti-
» nant les approuchements et se logeroient toutes manières de gens
» au plus près que l'on pourroit bonnement dudit chastel et feroit
» lon une clouson qui panroit tout autour dudit chastel et des loigis
» que l'on feroit esdiz approchemens, affin que ceulx qui estoient en
» garnison oudit chastel ne s'en puissent aler en aucune manière.
» Pour lesquels clouson et approuchements, furent mandez tous chap-
» puis, maçons, terroillons et gens d'ayde que l'on peust prestement
» finer ou conté de Bourgoingne, pour tantost faire ladite clouson et
» approchement tant de logis, de manteaulx, comme d'autres choses
» et d'ouvraiges de charpenterie (1). »

Jacques de Courtiambles rapprocha son camp des murailles en prenant la précaution de manteler « de gros trets jointis » les loges en claies les plus rapprochées des coups des assiégés. Abrités derrière leurs pavais de sapin, ses arbalétriers tiraillèrent avec moins de désavantage, pendant que les pionniers, poussant devant eux leurs manteaux montés sur roues, souvent renversés par les boulets, se frayaient un chemin souterrain vers la plus grosse tour du château.

---

d'avoir été continuelment au siege, fait tous bans et commandements par la manière qui lui estoit ordonnée; ordonné tant aux nobles qu'aux gens de commune de faire le guayt.

(1) Fait aussi la clouson tout autour dudit chastel et des logis contenant environ une lieue à la ronde de groz paliz esquarrez plantés en terre semortaisiez à traversains fichiez pardedans contre les quelz traversains sont fichiez lesdiz palis à une pamée près l'un de l'autre. Fait les barrières et portes en icelle clouson. (Compte de Perret.)

Paiement des vingt-deux charretiers qui ont charroyé du premier au second logis du siège, tout le bois des loges, engins, bombardes, etc., manteaux, traits de la cloison, etc. (Id.)

Paiement des quarante-huit hommes d'ayde mandés des bailliages, lesquels ont :
Coupé et descombré le bois autour du chastel par lequel les hommes de la garnison venoient couvertement dommaiger les gens du siège. Aidé les chappuis à dresser les paulx de la clouson et les armer d'épines, dresser et lever les engins, manteaux et logis.

Paiement de quatorze terroillons qui depuis le 1ᵉʳ au 22 janvier ont travaillé à faire un terreau de quatre piez de parfont et cinq piez de large en dehors de la clouson. (Id.)

Le feu des bombardes, dirigé par Manus en personne, avait recommencé de plus belle et tout semblait présager un succès prochain, quand la grosse bombarde de Dijon, venant à éclater en tuant un canonnier (1), apporta encore de nouveaux retards auxquels Jacques de Courtiambles para autant qu'il put. Le jour même de l'accident (17 décembre), marché fut passé pour la refondre dans le délai de trois semaines. Ce qui fut accompli avec tant de diligence que la pièce n'était pas refroidie, lorsque le 9 janvier elle revenait prendre sa place dans la batterie (2), côte à côte avec la batterie de Châlon, refondue

(1) Paiement des huit ouvriers de bras qui les 16, 17 et 18 décembre ont aidé Manus le canonnier à asseoir, affuter et adrecier la bombarde de coivre de Dijon, pour la faire traire contre le chastel; pour la remectre à point après chacun cop à la force d'un angin de bois fait devant icelle; et qui l'ont gardée de nuit (Le 17 décembre, cette bombarde fut despeciée et un des hommes tué).

(2) A Huguenin de Besançon, Girard de la Monnoye, Jehan tapissier d'Auxonne, Gilet le plombier demeurant à Dijon et Martin de Cornuaille demeurant à Seurre, ouvriers de bombardes et canons fust marchandé et donné en taiche le 17 décembre 1409 de faire en la ville d'Auxonne une grosse bombarde d'arain gectant une pierre pesant 320 livres, laquelle ils rendroient parfaite et assovie dedans trois sepmaines suigvant, sur l'obligacion de leurs corps et biens, laquelle mondit sr le duc fera mener à ses dépens devant ladite forteresse de Valexon et illec essayer par ses canonniers quatre cops, c'est assavoir deux cops à ses frais et despens et deux cops à ceux desdiz ouvriers et tout aux périlz et charges d'iceulx. Et on cas quelle rompre desdiz quatre cops, ils seront amendables pour et parmi la somme de cent écus d'or. Parmi ce que lon leur doit livrer toute matière en place, telle et si grant quantité qu'ils en demanderont place et despens pour le fondre. Laquelle a esté faite et assovie au temps et par le manière dessus dite et essayée devant ladite forteresse lesdiz quatre cops. Pour ce 112 fr. 1/2.

Achat de 5,200 de mitaille d'arain employée en ladite bombarde avec la matière de la bombarde de Dijon qui fut rompue devant Valexon; laquelle pesoit environ 1,700.

Paiement de 24 journées d'ouvriers qui par force de marteau et de grant feul, ont mis ladite bombarde en pièce et rompu egalement toute l'autre mitaille pour la mettre en la fournaise.

Paiement fait aux quatre fondeurs et à cent vingt-huit personnes avec eux, lesquelles ont fondu en deux fournaises, esquelles avoient quatorze paires de soflez et sur chacune paire quatre personnes à rechange, à grant diligence le 4 janvier 1409. Aidé à éteindre le feu qu'i s'étoit pris dans le toit de la maison, 9 fr.

Achat d'un gros chert de bois ferré à quatre rouhes, pour chargier et mener ladite bombarde.

Façon d'un engin et d'un manteau pour asseoir devant ladite bombarde. L'un et l'autre sont munis de corde et il y en a, dit le compte, une très grosse pour l'engin pour monter et avaler ladite bombarde, deux grandes pour estaichier les habillements de la bombarde.

également à Auxonne, dans le même temps et avec la même célérité (1).

Jacques de Courtiambles, dont les munitions avaient singulièrement diminué, s'était, dans l'intervalle, adressé directement au duc (2) qui lui avait envoyé de Paris une quantité considérable de matières que J. Manus convertit aussitôt en poudre (3).

Il avait acheté une énorme bombarde qui lançait une pierre de

Deux cents personnes furent mises en requisition le 6 janvier à Auxonne pour traire la bombarde du *crost* ou elle était, seulement debarassée de la terre mise autour de son mole et la charrier à force de bras et de chevaux jusques aux deux bateaux de Saone qui la menerent avec tous ses habillements jusqu'au plus près de Valexon, en trois jours et trois nuits, nonobstant tout obstacle, c'est-à-dire que pour aller plus vite on rompit toutes les écluses. (Elle était encore si chaude quand on la chargea, qu'il fallut envoyer à Valexon deux ouvriers pour la nettoyer à son arrivée.) (Compte.)

Paiement de trois chappuis qui ont employé neuf journées à sarrer et esboicher 82 tampons de chesne pour ladite bombarde et du tourneux qui les mit à point au tour affin qu'ils fussent justes au bouter ou pertuis de ladite bombarde ou se boute le tampon.

Paiement de la façon et du charroi de douze pierres pour ladite bombarde pesant chacune 320 livres, 5 fr. 4 gr. 9 eng.

(1) Le 22 décembre 1409 il fut donné en tâche aux cinq fondeurs désignés plus haut, de reffaire de bon mittaille d'airain une bonne quchue en la bombarde de M. d'Arlay, de laquelle bombarde n'y avoit que la boîte qu'est de fer. Faire ladite quchue si fort que en icelle l'on puisse mettre 25 livres de pouldre et que icelle quchue soit bien fondue avec le fer. Le tout dans le terme du 10 janvier, sous peine d'amende à la volonté du duc et moy. le prix de 40 francs et aux mêmes conditions que la précédente, conditions qui furent remplies par les fondeurs.

1,700 livres de mitaille furent employées. — 68 personnes aidèrent à la fournaise. — 36 chevaux et nombre de gens la charrièrent au bateau. — Seize pierres rondes au mole de cette bombarde et batues à la lée pour être plus justes, furent embarquées avec elle.

(2) Compte de J. de Noident, receveur général de toutes les finances du duc, 1409-1410, f° 13, v° 16. B 1560.

Payé 168 fr. 10 s. par. à Barth. de Pietre, espicier à Paris, pour 800 livres de salepestre et 500 livres de souffre achetées en décembre et menées au siège devant Valexon.

(3) Depens de J. Manus, canonnier, de son valet et de dix compagnons, envoyés le 6 janvier à Gray faire et quarrer deux quaques de poudre avec la matière envoyée de Paris par le duc pour faire traire la bombarde neuve. Par ce qu'on se doubtoit que la pouldre envoyée toute faite de Paris ne feist rompre lesdites bombardes. Ces dix compagnons furent employés durant quatre jours à battre la matière et le charbon y appartenant la sassèrent et firent plusieurs autres choses.

Achat de 2,150 livres de souffre et salpestre.

700 à 850 livres (1). Enfin, toujours prévoyant, il avait demandé à la duchesse d'Autriche, sœur du duc Jean, la bombarde gardée au château de Maison-Vault (2). Sur ces entrefaites, un convoi de quatorze chevaux amena au camp la bombarde de M. de Villars (3), et de nombreux arbalétriers et canonniers arrivèrent des frontières d'Allemagne (4). L'attaque fut donc reprise avec d'autant plus d'acharnement qu'on sentait le besoin d'en finir. Canons, engins, bombardes,

(1) Le 9 janvier 1409, Perrot Apparoilliée, bourgeois de Modon, vend au duc es mains de Jacques de Courtiambles (commandant du siège), une grosse bombarde de fer gettant pierre pesant de 7 à 850 livres pour la somme de 600 écus. « Laquelle bom- » barde, il promet rendre le 16 à ses frais et missions en la ville de Pontarlier et la » recevoir, 300 écus. Et doiz ledit lieu, le duc la doit faire amener à ses dépens audit » siège. Et là doit venir ledit Perrot qui traira de ladite bombarde durant ledit siège » encontre ladite forteresse. Et si les gens de mondit seigneur vuelent, ils la feront » à traire par l'un des canonniers de mondit seigneur au péril dudit marchant. Et » on cas que durant ledit siège elle brise ou casse, il la doit reffaire à ses frais. » Laquelle bombarde ayant été rendue le 17 à Pontarlier aux officiers du duc, ceux-ci la firent charger sur un gros char ferré fabriqué tout exprès et se préparaient à l'amener devant Valexon, quand ils reçurent le 22 janvier, de Jacques de Courtiambles, l'avis de la reddition de la place et l'ordre de conduire cette bombarde devant Varre, laquelle fut menée sans péril jusques à Aubonne, à deux lieues près d'Ornans.

Façon d'un gros char de bois ferré de grosses bandes de fer de Lyon, chacune bande pesant douze livres, garnies de granz cloux doubles. — Ferré les assis de grands fers prenans tout autour, affin qu'ils soient plus forts. Fait en iceulx quatre gros esses de fer. — Fait au char une grosse cheville de fer appellée le symosour. — Deux grandes chevilles de fer traversaines. — Fait es quatre bouts huit gros lyens de fer, affin qu'ils ne fandissent. — Fait en icellui chert quatre chevilles de fer appellées les quatre ortours, deux chevilles en la longe, quatre grosses escaleures pour aployer les chevaulx et toutes autres choses nécessaires à la force d'icellui.

Ce char était destiné à la bombarde de P. Apparoilliée. Il avait été amené de Modon à Pontarlier sur un char de bois attelé de 32 bœufs et 31 chevaux qui ne pouvaient faire plus d'une lieue par jour (il y en avait huit entre les deux localités), par ce que ladite bombarde pesait 7,700.

Achat de deux grosses cordes chacune de 20 toises de long pour conforter les trahans des quinze premiers chevaux des 36 aployez audit char, et conduits par 25 personnes qui menèrent la bombarde de Pontarlier à Aubonne.

Voyage fait par Jean le canonnier et son valet à Aubonne avec de la poudre pour essayer ladite bombarde des quatre cops. Pour ce qu'il sembloit à Jacques de Courtiambles et aux gens du conseil, que ladite bombarde ne pouvait geter pierre tant pesant.

(2) Lettre du 15 décembre. Elle arriva le 31 avec son canonnier.
(3) Elle arriva le 12 janvier. (Compte de Perret.)
(4) Ils furent rendus au camp les 9 et 13 janvier. (Compte.)

fusées incendiaires, recommencèrent à tonner contre la forteresse, mais, en réalité, sans bien grands résultats (1). Les blocs énormes

(1) Fait pluseurs fosses en terre pour asseoir les canons et bombardes du siege et les emblochemens d'icelles.

Achat de quarante-deux aulnes de grosse toile, la quelle a été delivrée par porcion à touz les canonniers pour en faire des devantiers pour garder leurs jambes de feul quand ils trahoient des bombardes et canons.

Paiement de neuf autres ouvriers de bras qui ont servi jour et nuit à la grosse bombarde de Bourgogne faite à Auxonne, pour icelle aider à asseoir, gouverner et mettre à point pour traire; mettre au crot ou elle estoit assise, gros plots de bois comme arbres de truil, pour la affuter, assuper et tenir ferme dedans ladite fosse, aidier, oster et remettre lesdiz plots quant ils estoient fenduz et despeciez.

Raliner, redrecier souventeffois le manteaul assis devant ladite bombarde, lequel par la force du vent d'icelle, chesoit tous les cops quelle trayoit, le tout durant douze jours du 11 au 22 janvier.

Paiement de trois chappuis qui durant le même temps ont ouvré à ladite bombarde, redrecié le manteau qui étoit tellement foible qu'il chesoit du vent d'icelle et qu'après qu'il fut rompu du trait de la bombarde du chastel, il le conveint doubler et renforcer.

Paiement des huit ouvriers de bras qui du 15 au 22 janvier ont aidé a gouverner la grosse bombarde de Chalon.

Paiement de deux charpentiers qui ont gouverné cette bombarde, et avant que ces grosses bombardes ne fussent venues, avaient pendant les première et seconde semaine de janvier aidé à gouverner les bombardes de MM. de Montagu, de St-Aubin et Passevolant.

Charroi de quatre perches d'angins esquelles quatre perches avoient douze granz pieces de bois, dont chacune avait 62 piez de long et 1 pié 1/2 le compte de gros.

Faire quatre gros cercles querrelx de fer ayans chacun une palme desquerre que l'on a mis en deux gros plots de bois de la grosseur d'arbres de treul que estoient à la queuhe de la bombarde de Bourgoingne pour ce que touz les plots que on y mectroit estoient incontinent fendus.

Faire deux grans palx de fer pesant environ 30 livres dont on nectioit et gouvernoit les grosses bombardes, pour ce que l'en ny povoit riens faire a perches de bois....

Achat de trois cent douze vans de charbon tant pour les deux forges que pour faire feu par nuit entour les bombardes et dessoubs les manteaux pour ceux qui gardoient lesdites bombardes et faisaient le guet.

Paiement de l'ouvrage d'avoir repercié le pertuis de la bombarde de Chalon par ou l'on boute le feu en icelle, lequel pertuis estoit estoupé d'une broiche de fer qui estoit rompue dedans. 13 janvier.

Taillié au bois grant quantité de gros plots, comme arbres de truil pour faire d'iceulx les enfûtemens et assumpemens des bombardes et canons qui ne savoient estre si gros qu'ils ne fendissent tous les cops que lesdites bombardes getoient. Et pour ce y convenoit chacun jour sept ou huit desdits plots esquerrez et effaitiez pour les prestement asseoir, affin que les bombardes ne se journassent point de traire.

vomis par les bombardes écrasaient bien les bâtiments intérieurs quand ils étaient bien dirigés, mais les remparts restaient toujours

Achat de douze peaux de mouton pour tenir la poudre vers les bombardes.

Toutes les delies cordes ont été employées tant à lever les angins, manteaulx et autres habillemens dudit siège de jour et de nuit, et aussi à lier plusieurs gros trets joinctis de bois autour des grosses bombardes et manteaulx d'icelles, pour ce que du vent desdites bombardes, yceulx trez chesoient chascun cop que lesdites bombardes trayoient.

Dix-huit maçons furent continuelment employés pour taillier, effaitier et afflorer les pierres des bombardes, canons et engins, amenées des carrières voisines et qui n'étaient seulement qu'ébauchées en billes longues, les diminuer et battre à l'allée bien et nettement, affin que au partir desdites bombardes, elles ne les rompissent. Et en ont affaitié depuis le 2 octobre au 2 janvier, 1,600 pierres, dont les trois parts étaient tailliées aux patrons des grosses bombardes de Bourgogne et de Chalon, des deux grosses bombardes de Vergy qui furent despeciez, dont l'une estoit de fer et l'autre du cuivre; de la bombarde de Dijon et de Villars qui furent semblablement rompues, de celles de Modon, de Pagny et d'autres petites bombardes.

Achat de deux charretées de foing, de quoy l'on a fait des chapeaux devant et entour des pierres des bombardes et canons, affin que icelles pierres ne peussent casser les boîtes devant lesdites bombardes. Et aussi pour faire des chappeaux autour des pierres des angins, affin qu'ils n'alassent point loquant par dedans les bourses des frandelles.

Achat de deux fassours pour nettoyer la place ou lon a assis les angins au premier logis pour les drecier et assaïer.

Paiement de P. de Choiz, chappuis, maistre gouverneur du grant engin, assis devers la ville de Valexon et de vingt-quatre ouvriers de bras, qui ont servi audit angin pour abaisser à force de cordes à tours la perche dudit angin touz les cops que l'on le fassoit gecter. Et n'ont été paiez que pour le temps de cinq jours.

Autre de Perrenet de Sendrecourt, chappuis, maître gouverneur du petit engin et de vingt-quatre ouvriers qui ont servi audit engin. Ils furent payés un jour de plus par ce qu'il trayt plus que le grant, pour cause de l'arche d'icellui grant engin, laquelle fut effondrié.

Achat de 48 livres de suip marry employées à aussirer et oindre les perches aissis, touheres, gemelles, pouces, cordes, pandoillars, arches, lisour desdits engins, affin qu'ils descendissent et virassent plus gaiement. Plus 12 livres d'oingt meslé avec le suip pour estre plus doulx.

Achat de quatre cuyrs de cheval affaities, desquels l'on a fait les bources des angins en lesquelles on met les pierres.

Achat de trois peaulx de veau blanches corroiés, desquelles l'on a fait des courgeons de quoy l'on a cosnez les bources.

Achat à maître Manus, canonnier, moyennant le prix de 15 fr. de 160 fusées pour gecter feul au chastel.

Le 13 janvier on écrivit du siège à J. Chousat, alors à Dijon, de s'enquérir chez tous les apothicaires, s'ils pourraient finer du canfre dont vouloit se servir pour faire des fusées à getter feu dans ledit chastel.

debout, et si le canon les ébranla, un mur élevé derrière par les assiégés à l'endroit le plus faible, rendit vain tout espoir d'escalade. La sape encore une fois l'emporta sur le boulet, la mine pratiquée sous la grosse tour en détermina la chute, fraya le chemin aux assiégeants, l'assaut fut donné, la forteresse emportée et bientôt rasée (22 janvier 14$\frac{22}{15}$) (1).

L'année suivante, Louis de Châlon, comte de Tonnerre, dont le duc Jean avait fait saisir les domaines de comté pour crime de forfaiture, s'allia avec les Armagnacs, s'empara, avec leur secours, du château de Rougemont, sur la frontière du duché. La duchesse Marguerite de Bavière, à qui Jean-sans-Peur avait confié le gouvernement des Bourgognes, ne perdit point de temps pour repousser cette attaque. Une armée, commandée par le comte de Nevers, frère du duc, envahit bientôt le Tonnerrois, reprit Rougemont, balaya les Armagnacs et marcha à la rencontre du duc Jean qui, à la tête d'une armée considérable, avait brusquement levé son camp d'Arras pour s'avancer sur Paris (2).

Ici encore, comme à Vellexon, il y eut un grand déploiement d'artillerie, toutes les bombardes du duché furent dirigées sur ce point sous la conduite de Manus et de son second J. Lebrun. Ces faits résultent des comptes dont nous transcrivons ici les extraits.

Compte de J. Vurry, trésorier du bailliage d'Aval. B 1567.

Frais et missions pour le charroy de certaines bombardes qui estoient à Gray, Auxonne et Besançon, à Dijon et de Dijon au siège mis par le duc devant le château de Rougemont, appartenant au comte de Tonnerre.

---

(1) Perret consigne à la page 44 de son compte que quand on eut bouté le feu en la mine et que les ouvriers virent que la forteresse desrochoit, la plus grande partie décampa sans demander salaire, emportant leurs livrées et touts les outils qui leur tombèrent sous la main. Il ajoute : la maçonnerie de la tour du château était si forte que pour en compléter le démantèlement, on fut obligé de descendre des maçons au fond, pour l'attaquer par l'intérieur.

(2) Payé 379 l. 13 s. 1 d. t. pour différentes réparations faites aux tentes et pavillons, ainsi qu'aux deux gros canons demeurés en la ville d'Arras avec les poudres, hottes, louches, pelles et esquipars, lors du hatif departement du duc de Arras à Paris. (Compte de Robert de Bailleux, receveur général de toutes les finances du duc, 1411-1412.) B 1570.

Premierement : A Chrétien Jouet, charretier, demourant à Auxonne, pour sa peine d'avoir charroyé de la ville d'Auxonne jusques à Dijon la grosse bombarde qui fut au seigneur de Villars, laquelle on avoit reffaicté oudit lieu pour ce quelle avoit esté rompue au siège de Valexon, 9 fr.

A J. Perrenin, marchant, demourant à Besançon, pour sa peine d'avoir charroyé à ses chevaulx et varles des Besançon jusques à Dijon ou il y a environ 18 lieues, la grosse bombarde de M. d'Arlay, laquelle il presta à Mgr pour mener au siège de Rougemont, 27 fr.

Pour 22 journées de huit bons compaignons de bras. C'est à savoir pour quatre journées que l'on meist à mener ladite bombarde, chacun jour huit ouvriers qui continuelment furent avec ledit voiturier pour lui aidier à conduire et garder icelle, la traire des mauvais chemins quant besoing estoit, pour ce que en pluseurs lieux l'on ne povoit eschaper ne partir, 5 fr. 4 gr.

Achat à Besançon d'un gros char ferré a quatre grosses roes sur lequel on a mené ladite bombarde, 15 fr. 9 gr.

Au même Perrenin, pour avoir aidé à charroyer dez Gray jusques à Dijon avec 12 de ses chevaux et 3 varles, la grosse bombarde de Bourgoingne, sur le même char ferré, le commis de la duchesse ayant fourni le surplus des hommes et des chevaux, 13 fr. 1/2.

Au commis pour le salaire de six varlés garniz et atelez de douze chevaulx les meilleurs que l'on peust finer à Gray, qui aidèrent à mener à Dijon la grosse bombarde de Bourgogne, 3 fr.

Pour 24 journées de six compaignons chappuis et autres qui outre les autres varlez ont aidé à mener ladite bombarde par bons chemins et fait iceulx nouveaulx ou il appartenoit, pour ce que bonnement l'on ne povoit mener pour la pesanteur d'icelle, 4 fr.

Remise à neuf de l'un des anneaux d'une roe du char, efrasé et rompu à la descente du chasteau de Gray. — Bandes de fer rassises à ladite roe avec liens et clous. — Achat d'un gros branquart de bois sur lequel on a charroyé la bombarde. — Achat de grosses cordes desquelles on branla ledit char et lyé la bombarde — de suif marry pour oindre les roes, 2 fr. 5 gros 3 eng.

Depense de 15 gros pour vin donné aux 80 hommes de Gray qui le 15 aout 1411 traiirent à cordes et à grant force ladite bombarde des bas celiers du chastel jusques devant icellui et aiderent à la charger.

A Chrétien Jouet pour le charroi à Dijon d'une bombarde de couyvre pesant environ 500 livres.

Compte de J. de Noident, receveur général des finances (1410-1411).
B 1562.

F° 101. Frais de menaige de trois canons avec un coffre de bois pour lesdits canons — d'un petit coffret plein de chevilles et de coings pour lesdits canons — de trois canons et de trois quaques de pouldre, de trois rouets, un canon et un petit coffre — de deux queues de pierre.

Compte de J. Morel, receveur général de Bourgogne (1410-1411).
B 1563.

Payé à J. Lebrun, canonnier, la somme de 6 fr. sur ce qui puet lui être deu, à cause de son service fait au siège devant Rougemont, depuis le 18 aout 1411 pour traire de la bombarde de Villars jusques au 20 sept. ensuivant.

Payé à J. Manus, canonnier de mondit seigneur, la somme de 25 gros, pour plusieurs missions faites pour les affaires du duc au siège dudit Rougemont.

Payé 30 fr., savoir 12 fr. au même, pour façon de 1,240 livres de poudre des matières amenées de Paris et 18 fr. sur ce qui peut lui être deu de ses gages et de ceulx de ses valets au siège de Rougemont et ailleurs.

Reparation des roues des deux chars, sur lesquels on a mené de Dijon à Montbard, la bombarde de M. d'Arlay et la grosse bombarde de Bourgogne.

Le capitaine de Chateauvilain ne voulut livrer sa grosse bombarde qu'à la condition qu'elle fût accompagnée par cinq ou six gentilshommes. (Compte de Guiot Fournier, commis à la recette du Chatillonnais, 1410-1411.) B 4035.

A partir de 1412, les comptes des receveurs sont muets en qui concerne le rôle joué par l'artillerie dans les campagnes du duc Jean, aussi bien contre les Armagnacs que contre le roi d'Angleterre. Quelques détails isolés relatifs aux sièges de Bourges (1412), de Château-Chinon (1412), de Nogent-le-Roi (1417), sont mentionnés dans le livre d'artillerie rapporté plus loin. Seulement Jean Fraignot, receveur général de Bourgogne, nous apprend par son compte de

1418-1419, B 1598, que le duc Jean, lors de l'entrevue qu'il eut à Meulan avec le roi d'Angleterre, se fit amener de Dijon ses tentes et pavillons et qu'il profita de la circonstance pour renvoyer à Dijon plusieurs canons et bombardes demeurés à Chartres.

Payé à J. Rolier, voiturier par terre, la somme de 180 fr. 1/2 pour le charroi sur deux charriots par lui trois varlez et quinze chevaux qui sont 19 bouches, depuis Chartres à Dijon, de la grosse bombarde appelée la bombarde de *Cambray,* auquel voyage ils vaquerent 38 jours en partant de Pontoise.

Payé à J. Rolant, voiturier, la somme de 186 fr., reste de 396 fr. à lui dus pour avoir avec trois varlez et 14 chevaux amené de Dijon à Meulan les tentes du duc et estre allé de là à Chartres charger l'un des canons du duc, appelé *Bestune,* et l'avoir ramené à Dijon.

Payé à Luquot de Jacquenay, aussi voiturier, la somme de 186 fr., reste de même somme que dessus pour la même cause, et avoir ramené avec un même attelage de Chartres à Dijon le canon appelé *Brabant.*

Payé à Regnaut le Baut, voiturier à Dijon, la somme de 233 fr. 4 gr. reste de 440 pour la même cause et pour avoir ramené de Chartres à Dijon avec son attelage de lui trois varlets et 16 chevaux le canon appelé *Brucelles.*

Payé 71 fr. 2 gr. à J. Guenier, voiturier, pour les mêmes causes et pour avoir son attelage de deux hommes et huit chevaux, aidé à ramener le canon de Brabant.

Payé 220 fr. à J. Le Roi, charretier, pour les mêmes causes et pour avoir avec lui, deux valets et huit chevaux, aidé à amener ce canon.

Quatorze autres charretiers qui avaient également amené les tentes du duc à Meulan, se rendirent à Chartres pour ramener à Dijon les habillements de guerre qui s'y trouvaient.

CHAPITRE IV

LIVRES D'ARTILLERIE SOUS LES DUCS JEAN SANS PEUR, PHILIPPE LE BON ET CHARLES LE TÉMÉRAIRE (1411-1475).

Durant la domination des ducs de Bourgogne, et avant comme après l'institution du maître de l'artillerie, la gestion de tout ce qui constituait le matériel de cette arme, considérée alors comme partie intégrante du domaine, resta soumise au contrôle de la Chambre des Comptes de Dijon pour les pays de Bourgogne et à celle de Lille pour les autres possessions de ces ducs.

Ce contrôle qui dans le principe s'exerçait facilement au moyen des rares indications inscrites aux comptes des receveurs, prit, sous le duc Jean et par suite de l'usage de plus en plus marqué de l'artillerie à feu, des proportions telles que l'intérêt du trésor nécessita bientôt l'emploi d'un registre spécial.

Telle est l'origine des deux *livres d'artillerie* conservés aux archives de Dijon. Véritables mémorandums où les clercs de la Chambre des Comptes inscrivirent confusément et sans grand respect pour l'ordre chronologique :

Les marchés de fabrication des canons, bombardes, armes, charriots, ustensiles, poudres, munitions, etc.

La mention des achats faits aussi bien par la Chambre que par le maître de l'artillerie.

Celle des objets donnés en charge à cet officier.

Celle également des achats faits dans des circonstances pressantes par les châtelains ou les capitaines des places, avec le détail des objets, qui la dépense validée dans leurs comptes demeuraient aussi à leur charge.

Le nombre ou la quantité des pièces, des armes ou des munitions sortis de l'arsenal de Dijon et envoyés par le maître de l'artillerie suivant les ordres du duc ou de la Chambre, soit dans les places fortes, soit à certains seigneurs qui en obtenaient à titre de prêt. Cette mention servait de décharge au maître, qui d'ailleurs était tenu d'en prendre note sur son registre particulier.

Les états du matériel demandé par le duc ou ses capitaines, pour tel siège ou telle expédition.

Les états de ce même matériel au retour de l'expédition.

Enfin les inventaires de l'arsenal de Dijon.

Chacun de ces livres était accompagné comme d'autant de pièces justificatives :

Des lettres des différents personnages qui réclamaient de l'artillerie.

Des lettres du duc ou de la duchesse qui statuaient sur ces demandes.

Des lettres des destinataires qui accusaient réception.

Des inventaires de l'artillerie dressés à Dijon à chaque mutation des maîtres et partout ailleurs à celles des capitaines ou des châtelains.

Malheureusement la presque totalité de ces pièces a disparu avec tant d'autres documents précieux, sortis de nos archives.

Quoiqu'il en soit, je n'ai pas cru devoir grossir la transcription de ces deux livres d'une foule de documents, relatifs aux arcs, aux arbalètes, lances, traits, targes, pavais, etc., tous étrangers à l'artillerie à feu proprement dite. Je n'ai fait d'exception à cette règle que quand il s'est agi de siège ou d'expédition. Par cette raison que la présence et l'emploi simultané de moyens empruntés aux deux systèmes d'artillerie pouvait alors offrir de l'intérêt au point de vue de la prédominance de plus en plus marquée qu'on voit acquérir à l'artillerie moderne.

1er REGISTRE (1411-1445). (B 11865.)

C'est le livre de l'artillerie et autres garnisons délivrées en la Chambre des Comptes pour mettre es forteresses de Monseigneur de Bourgoingne (1).

Folio 1.

Cy après sensuit la délivrance par MM. des Comptes de M. le duc de Bourgoingne à Dijon à plusieurs capitains chastellains et autres officiers de Bourgoingne cy après nommez tant de l'artillerie qui de pieça estoit en garnison en la Chambre desdiz Comptes, comme de la poudre de canon et matières, de quoy lon la fait, vendues et admenées par François Pastorel, marchant, demorant à Paris le 1er mai 1413 et des canons et arbelestes que a fait admener en ladite Chambre Jacot Vurry, trésorier de Dôle comme aussi des canons que furent nagaires achetés de Jehan Manus, canonnier (2).

Et est assavoir que desdites matières et poudres achetées dudit F. Pastourel une partie en a esté vendue et distribuée à pluseurs habitans des bonnes villes des Bourgoingnes pour la seurté d'icelles par l'ordonnance de Mme la duchesse (Marguerite de Bavière) pour faire le paiement dudit marchant.

---

(1) Un volume petit in-folio relié, contenant 120 feuillets de papier dans un état de conservation parfait.

(2) Extrait du compte de Jacquot Vurry, trésorier du bailliage d'Aval au comté de Bourgogne (1411-1412). B 1567.

Les ennemis du duc se parforcant de venir et entrer oudit comté pour le dommaigier, la duchesse fit acheter des bombardes, canons, plombées de fer et de cuivre pour en garnir les forteresses. En voici le détail :

A Regnier de Mailley, demourant à Dôle, pour l'achat de quatorze canons de fer portans l'un parmi l'autre une pierre pesant 15 livres, la livre un franc, 210 fr.

A Huguenin le Potier, canonnier, demourant à Besançon, pour l'achat et façon de deux bombardes, vingt-cinq canons et trente plombées de fondue de mitaille, tant grandes que petites, pesans ensemble 1,648 livres, achetés le 21 avril 1411 au pris de 16 fr. le cent, 263 fr. 8 gr.

Le derrier jour de septembre 1411 fut deschargée en la Chambre des Comptes à Dijon que M. J. Chousat, conseiller de Mgr y envoya de Paris en trois poinceons 1,126 livres de salepestre et 380 livres de soffre, lesquelles furent délivrées à Manus, canonnier de Mgr pour en faire poudre de canon.

Item ont esté achetées de J. Manus, canonnier (1411), 27 canons de fer, c'est assavoir 4 canons chascun gectant 20 livres pierre. Item 4 autres canons gectant chascun 12 livres pierre. Item 12 canons gectant 5 livres pierre et 7 canons à plombée.

Item au mois d'aout 1413 Jacot Vurry, trésorier de Dôle, envoya à la Chambre des Comptes, 23 canons de fer gectans pierres que grans que petis; le plus petit gectant pierres de 26 livres 1/2, le plus grant de 20 livres (1).

Il envoya au mois de novembre suivant 24 canons de fer gectans pierres ainsi qu'ils estoient soingniez (2). C'est assavoir : 4 gectant 10 livres 1/2 de pierre, les 12 de 8 livres 1/2 et les 8 de 7 livres 1/2.

Le 8 décembre 1414, Jehan d'Ormoy, écuyer d'écurie du duc, fit admener de Villaines et deschargier en l'hostel de la chambre des comptes, les bombardes, canons et autres abillemens de guerre, par l'ordonnance de mondit seigneur le duc.

Premièrement la grosse bombarde de coivre ou arain, dite la bom-

---

(1) Extrait du compte de Jaquot Vurry, trésorier du comté de Bourgogne (1412-1413). B 1575.

Achat d'artillerie fait par ordonnance de Mme la duchesse de Bourgoingne pour la seurté et déffense des chasteaulx et forteresses de M. en ses pays de Bourgoingne et de Charollois.

A Estevenin Amidey, de Dole, mareschal et faiseur de canons pour la vendue de vingt-trois canons tant grans comme petiz gettans pierre pesans ensemble 249 livres, des trente-deux canons à lui marchandés par M. Jaques de Courtiambles, chevalier chambellan du duc. C'est assavoir pour chacune livre de pierre que lesdits canons getloient un franc qui est pour lesdites 249 livres de pierre que lesdits vingt-trois canons portent, 249 fr.

Charroi de ces vingt-trois canons sur trois chars, de Dôle à la Chambre des Comptes, à Dijon (août 1413), 15 fr.

(2) Compte de Jaquot Vurry, trésorier du comté de Bourgogne (1413-1414). B 1579.

Payé à Estevenin Amidey, de Dôle, fevre, la somme de 201 fr. pour vingt-quatre canons de fer forgéz audit lieu, aux mois d'octobre et de novembre 1413 par ordre de la duchesse, lesquels gectent pierres de diverses moisons pesans ensemble 201 livres, à 1 fr. la livre.

barde de Dijon, qui fut refaite à Auxonne, pour mener devant Valexon, laquelle est liée de liens combleau sur son cher.

Item une autre bombarde apellée *Cenelle*, avec ung gros cher ferré sur lequel elle est chargée.

Item deux autres bombardes appellées *Liete* et sa *compaigne*, chargées sur un gros char ferré.

Item deux quaques de poudre de canon.

Item ung engin de bois pour charger lesdites bombardes.

Item deux aissiz ferrés.

Item il fit admener de la garnison que le duc avait fait venir avec lui du pays d'Artois :

Quatre petiz canons de coyvre pour ribeaudequins et une kaque de poudre de canon (1).

Une partie de cette artillerie fut, comme on va le voir, distribuée dans les forteresses ducales, l'autre fut réservée pour les expéditions ou bien prêtée à plusieurs seigneurs qui s'obligèrent à la renvoyer à la Chambre des Comptes, au cas quelle ne seroit employée ou distribuée pour le fait de la guerre.

(1) Mandement de Jean sans Peur, duc de Bourgogne, adressé de Rouvres, le 10 janvier 1414, à la Chambre des Comptes, par lequel il valide la dépense d'une somme de 95 fr. 19 s. 2 d. t., payée par le receveur général des finances, savoir :

A Simon Chapper de Masière, charretier, pour avoir esté lui, son vallet et quinze de ses chevaux, de Dijon à Villaines au mois de décembre, querre la bombarde appellée Cenelle, qui avoit esté menée audit lieu par ordonnance de la duchesse, après le siège de Rougemont, ou il a vacqué par cinq jours entiers à 2 gros par jour pour chacun homme et par chacun cheval 14 fr. 2 gros.

Au même pour le charroi du même lieu, de la bombarde appellée Liecte, à deux charretiers et neuf chevaulx, 9 fr. 2 gros.

A Guiot Riffort, pour quatre charretiers et huit chevaulx qui ont charroyé une autre bombarde, compaigne de ladite Liecte, 6 fr. 2 gros.

A Thiébaut Noblement, pour son chair à quatre chevaulx et un sien valet charretier pour semblablement admener de Villaines à Dijon trois milliers de trait et deux quaques de pouldre, 4 fr. 2 gros.

A Piétre Vernier, pour huit charretiers et seize chevaulx, qui font quatre charriot de Flandres pour avoir amené la bombarde de Valeçon, 20 fr.

A Girard Morelot, pour avoir amené l'engin de bois à drecier ces canons sur son char à trois chevaulx et son charretier, outre deux chevaux et un autre charretier, 2 fr. 1/2.

Le reste s'applique au charroi d'autres munitions. (Original, Chambre des Comptes de Dijon.) B 11868.

Folio 3.

S'ensuit la déclaration sur la délivrance et distribution faite de l'artillerie, canons et poudre de canons de la garnison de la chambre des Comptes, pour les mettre en ses forteresses de Bourgogne, pour la seurthé d'icelles.

Duesme.

1411, 26 juillet.	Ung canon à plombée.
10 août.	Ung canon à pierre gectant 5 livres.
1414, 6 août.	Quarante livres de poudre.

Folio 101, v°.

1445, 5 juin.   Deux couleuvrines de fer et six livres de poudre.

Folio 3, v°. — *Maisey.*

1411, 2 septembre. Ung canon de fer gectant 5 livres.

Folio 10. — *Aisey.*

1415, 16 juillet.   Deux canons à plombée, 15 livres de pouldre à canon, et 26 livres de plomb pour faire plombées.

1419, 5 février.   Deux canons à plombée.

Folio 16.

1430.   Quatre petites couleuvres.

Folio 4. — *Salmaise.*

1411, 6 août.   Trois canons de fer, deux à plombée, un gectant pierre de 5 livres.

1414, 10 juillet.   Vingt-cinq livres de pouldre.

Folio 34.

1429, 8 février.   Trente-six livres de poudre, un canon de fer à geter pierres.

Folio 4, v°. — *Vielchastel.*

1411, 22 juillet.   Ung canon de fer à plombée.

3 novembre.   Six livres de pouldre.

1426, 22 octobre.   Ung canon à plombée et vingt-cinq livres de poudre.

1429, 6 avril. Ung vinglaire ou canon de fer gectant pierre.

FOLIO 5. — *Argilly*.

1411, 29 août. Ung canon à pierre gectant 5 livres.

FOLIO 5, v°. — *Montbar*.

1411, 9 novembre. Deux canons de fer gectant chacun 5 livres de pierre et cinquante livres de poudre de canon.

1413, 16 septembre. Trois petiz canons de fer, l'ung gectant pierre de 17 livres, l'autre de 10 livres et demie, l'autre de 7 livres et demie.

Une kaque pesant 200 livres de poudre de canon.

1417, 20 juillet. Une autre semblable.

Un canon de fer de fondue, gectant pierre pesant environ 20 livres. (Il fut mené au siège de St-Florentin.)

FOLIO 6, v°. — *Montréal*.

1411, 14 août. Deux canons de fer à pierre gectant chacun 5 livres.

1417, 3 septembre. Une quaque de poudre de canon pesant 205 livres.

FOLIO 37.

1420, 8 mars. Six couleuvrines à jeter plombées.

Chastelgirard.

1411, 21 juillet. Un canon de fer à plombée.

1413, 21 mars. Un canon portant pierres de 8 livres et demie.

FOLIO 6, v°. — *Semur en Brionnois*.

1410, 5 mars. Une quaque de poudre pesant 188 livres.

1413, 17 juillet. Deux canons de fer gectant pierre chacun de 12 livres.

Montot en Charollois.

1410, 10 juillet. Cinquante livres de poudre. Un canon.

Folio 7. — *Montcenis.*

1410, 6 août.	Seize livres de poudre.
1413, 30 septembre.	Soixante livres de poudre de canon.
	Deux canons de fer, l'ung gectant pierres pesant l'un 17 et l'autre 11 livres.
1420, 18 novembre.	Un canon appellé Weghelaire.

Brancion.

1413, 13 août.	Un canon de fer getant pierre pesant de 10 à 11 livres. 26 livres de salepestre et 14 livres de soffre, matière à faire pouldre de canon.
1411, 12 août.	Ung canon de fer gectant 5 livres.
	Ung canon de fer à plombée.

Folio 7, v° — *Sagy.*

1413, 13 août.	Deux canons de fer gectant pierre de 10 à 12 livres.
	Quatre vingt livres de mictions pour faire poudre, savoir 54 livres de salepestre et 26 livres de soffre.
1420, 3 février.	Trois coulevres.

Cuisery.

1422, 9 août.	Deux canons de mitaille portant de 6 et 7 livres de pierre et 50 livres de poudre.
— 15 novembre.	Deux canons de fer pesant ensemble 120 livres, gectant chacun trois livres de pierre et qui ont couté 30 francs.
1412, 31 décembre,	Une grant bombarde gectant pierre de 84 livres pesant,
	Dix autres bombardes.
	Six canons.
1412 et 1413.	Nᵃ. Il est dit dans le compte de Jacot Thoillon, receveur du Charollois (B 3916), que ces dix bombardes et les six canons furent achetées par ordre de la duchesse et moyennant la somme de 121 écus de J. des Terreaulx de Langres, frère et héritier de feu Regnaut de Lan-

gres y compris la grant bombarde faite par ledit feu Regnaut à douelle portant pierre pesant 84 livres, laquelle bombarde fut menée par ledit Regnaut devant Chastel Chignon, auquel lieu ledit Regnaut fut tué par cop de bombarde.

Folio 13.

1410,	6 août.	Trois canons, trente-huit livres de poudre.
1410,	6 avril.	Quatre canons, cent vingt-six livres de poudre.

Folio 8. — *Places du Charollais.*

1413,	17 août.	Dix canons de fer vernissiez gectans pierre de 7 à 20 livres, 2 cent de salepestre, 1 cent de souffre.
1419,	26 février.	Deux poinçons de poudre pesant 406 livres.
1433.		Le chatelain acheta moyennant 5 fr., quatre colovrines pesant environ 202 livres et 84 pierres rondons pour les canons et bombardes, lesquelles lui coutèrent 15 gros.

Folio 8, v°. — *La Clayette.* (Prêt fait au seigneur.)

1413, 30 juillet.   Un cent de matière à faire poudre.

Vergy.

1443, 30 décembre.   Deux couleuvrines àchetées deux francs et demi.

Folio 69.

1437, 8 février.   Les escorcheurs estans au pays de Bourgongne et loigiés à Gemeaux, Pichanges, Trichastel, Ys, il fut délessé au chatelain de Vergy entre autre munition, ung petit canon de cuivre enmanché de bois et six livres de poudre.

Folio 9. — *Siège de Château-Chinon.*

Par vertu des lettres de la duchesse Marguerite données les 11, 28 juin et 5 juillet 1412, on envoya par Jacot de Roches, artilleur du duc au siège de Chastel Chignon, avec des arbaletes, grosses et menues, des traiz, des faloz, pics, pioches, pavois; 25 fusées à geter le feu grioiz huit kaques et 300 livres de poudre de canon, qui furent menés audit siège par les chers et charrettes des abbayes de Citeaux et de St-Bénigne de Dijon sous la direction de Manus, canonnier du duc et distribuées par l'ordonnance et M. de Montagu, capitain général (1).

FOLIO 10, v°. — *Châtillon-sur-Seine.*

1411, 2 novembre. Deux canons de fer chacun gectant 5 livres.
Trente livres de poudre de canon.

1430, 6 septembre. Six couleuvres.

1411, juillet, 1412, 12 octobre. Un canon à plombée et une caque de poudre menez au chateau de Tonnerre.

1414, 16 avril. Ung canon de fer vernissié gectant pierre pesant 16 livres et 50 livres de poudre menés à la Motte de Bar-sur-Aube pour la défendre contre les ennemis du roi et du duc.

1414, 14 août. Ung cent de poudre de canon prêté aux habitans de Chatillon et estimé 25 francs.

FOLIO 11, v°. — *Noyers.*

1419, 6 janvier. Quatre bombardes que grandes que petites, une quaque contenant 188 livres de poudre de canon.

FOLIO 12. — *La Colonne.*

1413, 16 mars. Deux canons de fer gectant pierres de 7 et 8 livres et demie.
Cinquante livres de poudre de canon.

1430, 30 décembre. Deux coleuvres de fer et 6 livres de plomb.

FOLIO 12, v°. — *Rouvre.*

1417, 15 décembre. Deux canons de plombée.
Un canon de fer et 60 livres de poudre.

FOLIO 98, v°. — *Le Riveaul d'Autun.*

1431. Deux couleuvres.

(1) La place était défendue par Baquin Beul, capitaine Armagnac, qui durant plus d'un mois soutint avec succès les efforts des assiégeants et n'en sortit que par composition le 20 juillet 1412.

1433, 23 septembre. Deux couleuvres garnies de broiches qui coustent 60 sols t.

Six livres de pouldre en un sac de cuir blanc qui coutent 43 sols 9 d.

FOLIO 101. — *Pontailler-sur-Saône.*

1445, 12 avril. Trois grosses couleuvrines de fer et 4 livres de poudre de canon à 4 gros la livre.

FOLIO 14. — *Cherlieu.*

1420, 29 septembre. Un canon de fer gectant pierre de vingt livres. Cent cinquante livres de poudre.

FOLIO 14. — *Saulx-le-Duc.*

1421, 6 avril. Deux canons de métal appelez Weghelaire.

Un petit poinçon contenant 825 livres de poudre.

FOLIO 15.

1430, 26 novembre. Quatre couleuvres de fer.

FOLIO 14, v°. — *Lanthenay.*

1430, 9 février. Deux couleuvres et douze livres de poudre de canon.

FOLIO 15. — *Chaussins.*

1430, 30 mai. Ung canon de fer gectant pierre pesant 8 livres et demie.

1438. Le chatelain achète à Bellevesvre trois colovrines de fer qu'il paya 4 francs.

FOLIO 15, v°. — *Saint-Seine-sur-Vingeanne.*

1420, 10 novembre. Cent cinquante livres de poudre de canon, un canon appellé Weughelaire et un petit canon à plombée.

FOLIO 87.

1431, 16 avril. Un petit Weughelaire.

FOLIO 16. — *Aignay.*

1414, 15 juillet. Deux canons à plombée, 25 livres de poudre.

Un canon de fer de fondue gectant pierre de environ 12 livres et 25 livres de poudre.

FOLIO 16, v°. — *Villaines*.

1414, 24 octobre. Deux canons de fer à plombée et 10 livres de poudre et 20 autres renfermées dans un sac de mégis.

Deux canons de fer gectant pierres l'un de 10 et l'autre de 8 livres et demie.

1430, 15 février. Quinze livres de poudre.

FOLIO 17, v°. — *Talant*.

1430, 30 juin. Six couleuvres de fer a getter plombées (1).

---

(1) Extrait du compte de Jean de Visen, receveur général de Bourgogne (1440-1441) B 1677.

Payé à Jacot de Roches, artilleur à Dijon, la somme de 21 fr. 3 gros, pour 50 livres de pouldre de canon à 4 gros la livre.

Pour trois colovrines, 4 fr.

Pour ung tour à vifs à arbaletes, 2 fr.

Payé à N. Duban, potier d'étain, 22 gros pour 50 livres de plomb et 2 gros pour la façon des plombées qu'il en a fait.

Cette artillerie fut envoyée au chastel de Talant pour la sûreté d'icellui.

Nous transcrivons ici comme spécimen de l'armement d'un château des ducs de Bourgogne, l'inventaire de l'artillerie du château de Talant, dressé après le décès du capitaine de la place. C'est, du reste, la seule pièce qui ait survécu de toutes celles qui, comme on l'a dit plus haut, étaient annexées aux livres de l'artillerie.

Inventaire fait au lieu et chastel de Talant, le 3e jour de février 1445, par J. Russeaul et Gérart Margotel, clercs des comptes de M. le duc à Dijon, commis ad ce par MM. les gens desdits comptes, de l'artillerie, que feu messire J. Chappelain, jadis chevalier et capitaine dudit chastel avait à sa charge et que jà pieça lui a esté délivrée par les gens de Mgr, pour la deffense et sureté dudit Talant et aussi de toute autre artillerie, qui a esté trouvée estre et appartenir à mondit sr, tant en l'ostel du sieur Chevalier, que ailleurs oudit chastel, présens ad ce Philippe de Courcelles, aprésent capitain dudit Talent et P. Lesvoley, procureur de Monseigneur.

En l'hostel dudit chevalier ou quel il avoit retrait l'artillerie qui sensuit :
Et premièrement, dix arbelestes, etc.
Six grans colovrines de fer enmanchées de bois, avec quatre canons à plombée.

En la Tour des arbelestiers :

Ung veuglaire de fondue de fer sans boite, enchassé en bois sur deux rouelles, gectant pierres de cinq à six livres.

Item ung autre plus petit veuglaire, gectant pierre de trois livres ou environ, enchassé comme dessus.

Folio 18.

1431, 12 août. Il a esté baillé à Germain de Givry, huissier d'armes du duc et maître de son artillerie 57 canons de fer, chacun pesant de 31 à 32 livres.

Folio 18, v°.

Item que ledit Germain réponde d'une fornaise pour faire les ferreures des charioz à bombardes de l'artillerie du duc qui coute 6 francs.

Folio 18, v°. — *Chastel Vilain*. (Prêt au seigneur.)

1417, 4 mai. Ung grant canon bombarde, dicte la petite Liete, gectant pierre pesant de 90 à 100 livres.

Ung petit canon de fer gectant pierre de 7 livres 1/2, deux cent quatre-vingt livres de poudre en deux petits quevelez (2).

Item neuf pavaix.
Item sept grosses arbelestes à dondainnes et leurs gros engins à tendre.
Item dix-neuf autres arbelestes.
Item seize lances.
Item 200 dondainnes — 2000 de trait et des fers de trait.
Item ung petit viulglaire de fondue de métail garny de tout ce qui y appartient
Item ung viulglaire garny et enchassé comme il appartient.
Item ung autre gros veulglaire de fondue.

En l'hôtel du duc :

Premièrement deux grants coffres de bois fermés de plusieurs bandes de fer, contenant des armures de tournois, des vieilles armures de cuir bouis et des chauffraints de chevaux.

Trois casses de traits.

Ung cuvelet contenant 20 livres de poudre.

Toute laquelle artillerie et autres choses dessus dite, a esté laissée es lieux ou l'on les a trouvées en la garde de noble homme et saige Philippe de Courcelles, conseiller de M. le duc, son bailli de Dijon et nouvellement institué par mondit s^r son cappitain dudit Talent, au lieu de feu messire Jehan, chappellain naguère trespassé. Lequel à présent cappitain a juré et promis d'en rendre bon et loyal compte et relique, toutefois que requis en sera soubs l'obligation de tous ses biens (B 11864).

(2) Les dépenses de cet envoi figurent au compte de J. Fraignot, receveur général de Bourgogne (1415-1417). Toutefois cette artillerie ne demeura pas longtemps en la possession du sire de Châteauvilain. Trois après la duchesse la lui réclamait pour la joindre au convoi qu'elle envoyait en Flandre au duc Jean son mari.

Folio 19. — *Vignory.* (Prêt au s^r de Vergy.)

1416, 18 juin.
Deux grans canons de fer chacun en une pièce gettant pierre pesant 15 livres.
Trois plombées de fer à grant queue.
Une caque de poudre contenant environ 250 livres.

Folio 19. — *Mirebeau.* (Prêt à M. de Bauffremont.)

1430, 16 novembre.
Ung Wlglaire gettant pierre de 25 livres.
Deux couleuvres de fer.

Folio 20. — *Siège de Saint-Florentin.*

1417, 16 juin.
Une quaque de poudre delivrée a Cl. de Chastellux.

Folio 20. — *Campagne du duc en Flandre* (1).

1417, 16 juin.
A. André de Thoulongeon, escuier, auquel fut baillié par l'ordonnance de la duchesse, la bombarde appellée la fille Griete, deux petiz canons appellez veuglaires, une caque de poudre, trois casses de viretons, cinquante pavais et un des charriotz de l'artillerie, sur lequel a été chargé ladite bombarde pour les mener devers mondit seigneur (2).

(1) Le duc Jean rassemblait une armée à la tête de laquelle il partit d'Arras au mois d'août pour venir en France où l'avaient précédé ses manifestes pour la reformation du royaume. C'est dans cette campagne qu'il prit Montlhéry, assiégea Corbeil et délivra la reine à Tours du joug des Armagnacs.

(2) Un chapitre tout entier du compte de J. Fraignot, receveur général de Bourgogne (1415-1417), (B 1588) est consacré aux deniers payés pour la conduite d'une certaine quantité de finance, armes et artillerie, envoyée au duc de Flandre aux mois de juin et juillet 1417 pour le fait de la guerre et armée.
Le convoi se composait de quinze charriots à quatre roues, attelés de 3, 4, 5, 6 et même 7 chevaux. Trois portaient la finance envoyée au duc pour le fait de la guerre. La bombarde dite la fille Griette prise sur la route à Nogent-le-Roi où elle était restée depuis le siège, occupait deux chars.
La nouvelle bombarde fondue par Manus fut placée sur un seul charriot, la poudre, les pavois, les lances, etc., occupaient le reste de l'attelage, placé sous la conduite de Jacques de Bourbon, écuyer d'écurie, auquel le duc accorda 118 l. pour le couvrir de ses dépenses.

FOLIO 21. — *Siège de Nogent-le-Roi* (1).

1417, 23 juin, 4 juillet A. Girard de Bourbon, escuyer d'écurie du duc, entre autre artillerie pour mener au siège devant Nogent-le-Roi, deux caques de poudre, un petit canon de fer.

Plus furent menées à Langres pour faire poudre de canon 200 livres de salepestre achetées par Jacot de Roches, artilleur, et Manus, canonnier du duc.

1417, 10 août. Deux vueilglaires appellés canons et deux petiz canons de plombée, sont baillés de l'ordonnance de la duchesse à Robert de Longchamp, bailli de Langres, capitain de la ville de Nogent-le-Roi, pour la garnison du chastel dudit Nogent.

FOLIO 21, v°. — *Siège de Beaufort-en-Champagne* (2).

1417, 4 octobre. Trois cent livres de poudre sont menées par

---

(1) Ce siège fut mis par les seigneurs de Bourgogne qui allaient rejoindre le duc à Arras et la ville, ainsi que le château pris par capitulation le 18 juillet. La place évacuée, les seigneurs y mirent une garnison et continuèrent leur route.

Le même compte de J. Fraignot, ajoute encore à ces renseignements sur le rôle qu'y joua l'artillerie.

Payé 13 l. 11 g. 1/2 à P. Midault maître des œuvres de maçonnerie du duc, pour la fourniture de 21 pierres toutes prestes pour la grosse bombarde menée au siège devant Nogent.

Charroi de ces pièces audit siège sur deux charriots à cinq chevaux, 8 fr.

Payé à J. Legier, canonnier du duc, deux charpentiers et six maçons, demourans à Châteauvilain, la somme de 55 fr. Assavoir audit Legier pour ce qui peut lui être deu depuis le 3 juillet 1417, qu'il partist de Bourgogne par l'ordonnance du duc pour aller au siège de Nogent, illec tirer canons et bombardes et d'illec être alé au partir dudit siège devers le duc en Flandres pour servir audit voyage, 35 fr.

Aux deux charpentiers, pour avoir aidé ledit J. Legier, à faire les affutaiges et autres choses qu'il convenoit pour tirer canons et bombardes, 8 fr.

Aux maçons, 12 fr. pour avoir maçonné pierres de canons et bombardes.

(2) L'*Histoire de Bourgogne*, par dom Plancher, garde le silence sur ce siège, qui eut lieu en même temps que ceux de Corbeil et de Saint-Florentin et vraisemblablement par ceux qui emportèrent Nogent-le-Roi.

F° 278 du même compte de J. Fraignot. Charroi sur une voiture à trois chevaux, de Dijon à Beaufort, de 300 livres de poudre et d'une caque de trait pour le siège de ce château fait par le sire de Thil.

ordre de la duchesse, au s^r de Thil, au siège qu'il tient devant Belfort-en-Champagne.

Folio 91. — *Germoles.*

1430. Deux coleuvres et 4 livres de poudre achetés par le chatelain.

Le conté de Bourgoigne.

Folio 22. — *Rochefort.*

1413, 18 août. Cent quatre livres de poudre restant de la kaque envoyée à Auxonne pour assaier la grosse bombarde d'Auxonne.

Folio 22, v°. — *Châtillon-les-Besançon.*

1413, 25 octobre. Deux canons de fer, l'un gectant pierre pesant 24 lib., l'autre 7 lib. et demie. Cent livres de poudre.

Folio 22, v°. — *Chastel Girard.*

1430, 18 février. Deux couleuvres.

Folio 23. — *Orgelet.*

1413, 8 août. Deux cent quatre-vingt livres de poudre.

Folio 23, v°. — *Saint-Aubin.*

1413, 11 août. Une bombarde de fer gectant 12 livres de pierre, neuf livres de poudre.

Folio 25. — *Apremont.*

1420. Deux bombardes de fer, ung petit vaissel de pouldre ou il y a environ 22 livres.

Folio 26. — *Gray, siège de Valexon.*

1410, 7 novembre. On mentionne plusieurs canons, poudre de canon, engins et autres habillemens de guerre qui y furent admenez du siège qui fut mis devant le chastel de Valexon et dont inventoire fut fait.

FOLIO 27. — *Jussey, Faucogney et Montjustin.*

1414, 10 juillet.	Six canons de fer a plombée, six autres canons dont trois gettans chacun environ dix livres et trois huit livres. Trois cent livres de poudre.
1430, 30 septembre.	Deux couleuvres de fer, cinquante-cinq livres de poudre.
1444, 18 juin.	Deux Weuguelaires de fer d'environ quatre piez de long garnis de quatre chambres portans deux livres de plomb.
	Quatre grosses couleuvrines de fer et douze livres de poudre (1).

FOLIO 28. — *Poligny.*

1413, 23 août.	Une kaque de poudre pesant 211 livres (2).

(1) Compte de Jehan de Visen, receveur général de Bourgogne (1444-1445) B 1694.
F° 132. Achat de J. Quenot de 200 de salepetre à 18 livres le cent, d'un millier de souffre à 8 l. 6 s. 8 d. le cent.
Jehan Quenot delivre quatre colovrines de fer, dont deux à deux chambres et les deux autres à une seule pour le prix de 16 1/2.
Item ung bon Wglaire de fer, garni de deux chambres portant et gettant pierre pesant huit livres, 18 l.
Cette artillerie est envoyée pour la défense du château de Faucoigney.
Ces préparatifs de défense furent faits à l'occasion du passage de l'armée française qui marchait sous la conduite du Dauphin Louis, contre les Suisses qu'elle vainquit à la sanglante bataille de St-Jacques.
Compte du même receveur général de Bourgogne (1448-1449) B 1713.
F° 134. Payé à J. Quenot, valet de chambre du duc et canonnier à Dijon, la somme de 30 l.
Pour la vendue de deux veuglaires de fer, chacun de quatre à cinq piez de long, garnis de quatre chambres portant deux livres de plomb. De quatre grans colovrines de fer et douze livres de poudre. Le tout envoyé au chateau de Jussey.

(2) Le compte de J. Vurry, trésorier du comté de Bourgogne (1412-1413) B 1579, mentionne en outre:
F° 920. A Jehan Ferdeal Chappuis, demourant à Poligny pour son salaire d'avoir enfusté cinq canons de coyvre ou chastel de Poligny, iceulx emboités et enclavez dedans cinq pièces de bois de chesne lyez de bons liens de fer comme il appartenoit, 2 fr. 1/2.
A Estevenin Cuisse serrurier, pour avoir lyé chacun canon, en trois lieux de trois liens afretiz bien chevillez à toroz de fer pour oster et remettre lesdiz canons en leurs boistes touteffois que l'on voudra ainsi qu'il appartient. La ferreure pesant tout ensemble 90 livres, la livre val. 10 engrognes, 6 fr. 3 gr.

FOLIO 28. — *Bracon.*

1431, 24 décembre. Onze colevrines de fer garnies de 12 broiches et 6 pierres achetées au mois de décembre 1431, de H. Petit, serrurier, demourant à Salins, pour le prix de 12 francs, mis audit chastel pour sa deffense, mesmement que le duc de Bar y estoit prisonnier.

Cette dépense est aussi portée dans le compte de Bernard Noijeux, chatelain (1430-1431).

FOLIO 28, v°. — *Belfort,* au comte de Ferrette.

1415, 6 novembre. Deux canons de fer de fondue, deux autres canons de fer, gectans pierre pesant 8 livres et demie ; une quaque de poudre pesant 267 livres, quatre canons à plombée.

FOLIO 29, v°. — *Pontarlier.*

Ung poinceon tenant environ deux setiers de salepestre, 25 livres de poudre en deux saices de cuir, 18 livres de souppre, 50 livres de salepestre en deux sacs, item onze canons emplotez, desquels il y a deux gettans chacun 15 livres pesant et les autres 18 livres.

FOLIO 30. — *Mont-Mirey.*

Deux plombées de couvre et un gros canon de fer.

FOLIO 102, v°. — *Mont-Morot.*

1444, 6 janvier. Quatre grosses colovrines et une crapaudine de fer garnie de deux chassis emplotées et ferrées comme il appartient.

FOLIO 93, v°. — *Bar-sur-Seine.*

1429, 11 septembre. Six coleuvres de fer qui coutent 26 francs, six veuglaires chacun à deux chasses qui coutent trente francs et 200 livres de poudre (1).

(1) Compte de Mah. Regnaut, receveur général de Bourgogne (1428-1429) B 1643 : Payé à Me Evrard de Vandœuvre, canonnier, demourant à Troyes, la somme de 26 l. pour la vendue de six veuglaires, mis en garnison au château de Bar-sur-Seine.

FOLIO 30, v°.

1429, 1ᵉʳ décembre. Deux cent vingt livres de poudre.
1430, 4 mai. Un petit poinçon contenant cinquante livres de poudre (1).

Siège de Sancenay.

Au commencement de l'année 1431, le comte de Clermont, fils du duc de Bourbon, s'étant réuni aux troupes sous les ordres du bailli de Lyon et de Villandrandro, capitaine routier, ils envahirent le Charollais et s'emparèrent de plusieurs places, notamment de la petite ville de Marcigny-les-Nonnains. A cette nouvelle, Louis de Chalon, prince d'Orange, accourut à Chalon et y prit, en absence du maréchal de Bourgogne, le commandement de l'armée qu'on y rassemblait pour couvrir le duché. Il en pressa les préparatifs, emprunta les canons qui lui manquaient et, jaloux de venger sa défaite d'Authon, marcha résolument à l'ennemi qu'il culbuta de toutes ses positions et contraignit de repasser la Loire. Le seul château de Sancenay, situé entre Charolles et Marcigny, ayant résisté à toutes les attaques, il fallut l'assiéger dans les règles. Le prince manda en toute hâte sa grosse bombarde. On lui envoya de Dijon la bombarde de Prusse, avec les munitions nécessaires. Il fit préparer en toute hâte à Chalon le matériel usité en pareille circonstance et mena le siège avec une vigueur telle que la place fut bientôt emportée et ses défenseurs exterminés. Le Prieur du lieu, principal instigateur de la résistance, ayant été pris les armes à la main, périt sur un bûcher.

Les dépenses de ce siège figurèrent au compte de Mahieu Regnaut, 1430-1431, B 1647. En voici des extraits :

Fol. 106 et suiv. Payé à Girardin de Coussy, de Chalon, la sᵉ de 14 fr. pour la vendue de 17 pièces de bois de chesne de 26 pieds de long, fendues par le milieu, employées à faire la couverture de deux

---

(1) J'ai cru devoir consigner ici un extrait du compte de Mahieu Regnaut, receveur général de Bourgogne (1429-1430) B 1645, qui contient sur la fortification des places, un document qui m'a paru offrir quelque intérêt.

F° 137. Payé la sᵉ de 80 fr. à M. de Dinteville, capitaine et bailli de Bar-s.-S. pour le rembourser des missions qu'il a faites en construisant au chateau de Bar « ung bollevart de bois contenant environ 200 piez de long, seize pieds de haut, en faisant rateler à doubles rateaux ledit chastel tout à l'environ, avec une haie despines hirconnée de quatre pieds d'épais et de 8 pieds de haut.

manteaux, l'un servant à la bombarde, l'autre sur quatre roes pour mener devant gens d'armes.

Achat à Chalon de cinq pièces de bois de sept toises de long pour faire un autre mantel de bombarde, 8 fr. 4 gr.

Achat de quinze pièces de bois d'orme, employées en deux plates-formes à soustenir manteaux et en quatre aissiz de quatorze pieds de long, 3 fr. 1/2.

Achat de trois plots d'ais et 26 ais de sapin convertis à faire pavais, 5 fr. 6 gr.

Achat moy' 18 gros de deux petites roues servans au manteau de bois pour mener devant gens d'armes.

Achat de deux gros plots de noyer, chacun de six piez de long et de deux piez 1/2 de gros pour faire deux culées de bombardes, 2 fr. 3 gros.

Achat de bois de noyer pour faire rouelles d'eschielles, et de bois de tremble pour faire barres à soustenir taudis, 1 fr.

Achat de huit eschielles de bois sanglés, 23 gros.

Ferrure des pavais doubles, 200 de clous employés à clouer les pieds des pavais, 3 gros.

Tous ces habillements furent préparés à Chalon d'où on les charria devant Sancenay.

Payé 21 gros 16 d. à Jehannet le serrurier, de Chalon, pour façon de trois gros liens de fer pesans 43 livres, servans à lier ung vuglaire de fer, emprunté de Guillemin Imbert de Serrebourg.

Trois autres veuglaires furent aussi empruntés.

La bombarde de Prusse, ses munitions, les pics, pioches, etc., furent menés de Dijon à St-Jean-de-Losne et embarquées sur la Saône pour Chalon. Le transport coûta par terre 20 fr. 4 gros et par eau, 9 fr. 4 gros.

On mena de Dijon à Lons-le-Saulnier un charriot de bombarde pour y placer la bombarde du prince d'Orange et l'amener à Tournus (le charroi couta 20 fr. 2 gros) et de Tournus, par bateau, à Chalon, d'où un charriot attelé de 15 chevaux l'amena devant Sancenay.

Paiement de 17 gros 1/2 à J. Mignot, royer à Dijon, pour 27 frotez de bois, ung harmont et quatre esperonnes mises à deux charriots des bombardes.

A J. d'Orleans, cordier, 30 paires de trayans servant aux timon et esperonnes desdits charriots pesant 199 livres, 6 fr. 10 g. 18 d.

2 gros pour sept liecols servans à l'engin de la bombarde.

A Jehan, maréchal, 2 fr. 4 g. 4 d., pour deux liens de fer, 30 chevilles de liens, 12 grans cloux par terre, la bagueline, quatre heusses, deux gros fers et aissis pour ces deux charriots le tout pesant 46 l.

Façon de la grosse cheville de l'engin et agrandissement des pertuis de la polie dudit engin.

Achat de fil de fer pour curer les pertuis de la chasse des bombardes et veuglaires, 10 d. t.

Façon de 44 pierres pour les quatre veuglaires, 24 gr. 1/2.

Jehan Mareschal et son valet Jehan Chambart, canonniers, demeurant à Dijon, Jehan du Mex, canonnier du pays d'Allemagne, Pierre Fraichart et Philibert de Bourmont, canonniers de Chalon, besognèrent de leur metier devant la forteresse et recurent, le premier, 20 fr., le second, 10, le 3°, 6, et les deux autres, quatre francs seulement.

Trois maçons de Chalon travaillèrent pendant trois jours à tailler les pierres des veuglaires et des bombardes, au prix de 10 blancs chacun par jour.

Jehan Marechal refait un cercle en fer à la grosse bombarde de M. de Chalon, laquel a été rompu devant Sancenay.

Folio 35.

Déclaration de l'artillerie despensée gastée et perdue ou siège qui fut mis devant le chastel de Sanceney par M. le Prince d'Orange au mois de mars 1430, comme il appert par certification dudit M. le Prince, rendue par le compte de Mathieu Regnaut, receveur général de Bourgoingne, fini au dernier jour de decembre 1431 f° CLI et par une autre certiffication de M. le Prince rendue par icellui compte f° C. XIX.

Ung caque de pouldre.
Six pierres de bombarde de 240 livres la pierre.
Dix-huit pierres de Wiglaires chacune pesant 10 livres.
Quinze livres de plombées à couleuvres.
Douze pailles de bois ferrus rompues.
Sept piez que pioches.
Ung piez de chievre perdu.
Une coleuvre à main dérobée.
Huit pavaiz fenduz et despissiez.

Vingt-cinq fusées despensées.
Une casse de trait commun despensé.
Douze lances baillées aux gens de Philibert de Vauldrey.
Douze piez de chièvre et 86 piez de fer.

Folio 35, v°.

Déclaration de l'artillerie dudit siège, mise en garde à Chalon par J. de Rochefort, écuyer commis au gouvernement de l'artillerie.

Une grosse bombarde de cuivre appelée Prusse, garnie de son cher et de son engin.

Ung grand manteau de bombarde, garni de son tour et de son essil contenant dix pieces de bois de 36 piez de long.

Unes approuches de bois sur cinq roes de douze piez de haut et de quatorze piez de large, armée des deux costés de traveillons d'un pie d'espez garnie comme il appartient.

Ung autre manteau de bois de chesne de 26 piez de long et de 12 piez de large et de cinq posses despez, assis sur quatre roes garni de deux essils et autre bois nécessaire audit manteau, pour approucher pieces contre murailles.

Ung autre manteau de bombarde, de bois de chesne de 26 piez de long et de treze piez de large, sept posses de gros et de deux plates formes appellées chievres, garni de son essil, barres, chevilles et autres choses appartenant audit manteau.

70 pavaiz tant doubles que sangles.
Trois eschielles doubles à rouelles.
Huit eschielles seingles à rouelles.
Six grans trestaulx de taudiz.
Deux gros ploz de bois de noyer, chacun de six piez de long et de deux piez et demi de gros pour faire deux culées pour bombarde.
Six pierres de bombardes appartenant à la bombarde de Prusse.
Vingt-quatre piez de chievre.
Deux caques de poudre pesant environ 400 livres.
La polie de cuivre ensemble le cheville avec le fer appartenant à l'engin de la grosse bombarde.
La grosse cheville et les eusses de fer servant au grant charriot d'icelle bombarde.
Une corde appellée chable servant à monter la bombarde et l'engin.

Une autre corde appellée le grant chable de environ vingt toises de long.

Huit sarpes.

Quatre coigniés.

Vingt-quatre paires de gros trays.

Quatorze lances defferrées sans arrest.

Quatorze paelles tant ferrées que defferrées.

Dix loiches.

Vingt picz.

Neuf pioiches.

Une cueillier de fer blanc à chargier bombarde sans manche.

Seize fusées neuves et des vieilles.

Trois coleuvres de fer.

Deux arbelestes garnies de doubles guindaulx.

Une casse de traiz.

Deux livres d'oing.

La ferrure de l'engin de la bombarde de M. le Prince d'Orange excepté la polye qui a esté perdue.

La corde dudit engin et la cheville de fer.

Un gros marteau et ung petit, baillés en garde à J. Marechal, canonnier demourant à Dijon.

FOLIO 38, v°.

Mémoire que Germain de Givry, maistre de l'artillerie du duc, responde de quarante-huit coleuvrines pesant 669 livres, achetées de J. Marechal; chacune coleuvre pour le prix de 18 gros, par Math. Regnaut, receveur général du duché, compte de 1431, B 1647 (1).

FOLIO 43.

Sensuit l'artillerie et autres habillemenz de guerre bailliez et delivrez par F. Pastoureaul, marchant, demorant à Paris, les quelz

(1) Compte de Mahieu Regnault, receveur général de Bourgogne (1430-1431).

F° 133. Paiement à J. Mareschal, canonnier demeurant à Dijon, de la somme de 64 francs, savoir :

12 fr. pour la façon de huit coleuvres de fer pesant ensemble 117 livres, à 18 gros chaque.

12 fr. pour huit autres coleuvres pesant ensemble 105 l. au même prix.

24 fr. pour seize autres pesans ensemble 239 livres.

12 fr. pour huit autres coleuvres pesant ensemble 108.

4 pour reste de façon de huit autres.

ont esté mis en garnison en la chambre des Comptes, à Dijon, le 1er mai 1413 (1).

Primo. Onze kaques de poudre de canon variant entre 206 et 289 livres pesant ensemble 2,659 livres et demie, dont il chiest pour le fust desdites kagues pour lesquelles on a desduit et rabattu au marchant pour cent livres du pesant dix livres qui font 265 livres demourant 2,394 livres et demie vendues à 25 francs pour le cent, 598 fr. 12 s. 6 d. t.

Huit kagues de soffre pesant ensemble 2,683 livres.

Onze queveaulx que grans que petiz plains de salepestre pesans avec les queveaulx ainsi qu'ils gisent, 6,868 livres.

Somme toute souffre et salepestre 9,651 livres, dont il chiez pour le vaisseaul ou la tarre par chacun cent 10 livres montant 955, demoure 8,596 livres à 25 francs le cent, valent 2,149 francs.

Folio 47.

Ces matières qui avaient été achetées à Bruges, ayant été converties en poudre à canon, la duchesse la fit délivrer moyennant 25 francs le cent aux habitans des villes et des places fortes de Bourgogne pour la provision et garnison d'icelles. Savoir : Chalon, Nuits, Baume-les-Nonains, Vesoul, Arnay, Arbois, Dole, Montbozon, Autun, Auxonne, Rochefort, Orgelet, Beaune, Semur, Salins, Montmirey, Montbard, Flavigny, Gray.

Folio 51, v°.

Le 24 octobre 1413. Il fut délivré à Germain de Givry, gouverneur de l'artillerie du duc, une caque de poudre, pesant 216 livres pour icelle mener à Auxonne, pour assaier les canons et bombardes nouvellement menées audit lieu et que Monseigneur le duc avait mandé à J. Chousat, son conseiller, de faire traire. C'est assavoir :

Pour la bombarde de Valecon (Dijon), 36 livres.

Pour Gueriette, 28 livres.

---

(1) Compte de Robert de Bailleux, recevveur général de toutes les finances du duc (1411-1412) B 1570.

Payé à F. Pastoureau, espicier, demourant à Paris, pour 1,200 livres de salpêtre, au pris de 3 fr. 4 s. la livre . . . . 250 fr.
Au même pour 400 livres de souffre, au pris de 16 s. la livre. 33
Au même pour trois gros poinçons à mettre lesdites matières 24

Pour Liete, 24 livres.

Pour la bombarde dite : Fille Gueriete et pour sa compaigne, chacune 18 livres.

Pour Senelle, 36 livres.

Pour dix canons à trois chambres, 30 livres.

FOLIO 52.

Jehan Guienot délivre par l'ordonnance de MM. des Comptes et de R. de Chancey, bailli de Dijon, 6 livres de poudre à J. de Roiches, pour essaïer par deux fois les deux bombardes faites pour le duc par Martin de Cornuaille (1).

(1) Ces deux bombardes fondues par Martin de Cornuailles étaient la grosse bombarde dite d'Auxonne et une autre de moins forte dimension appellée la bombarde de Prusse.

La première fut fondue à Auxonne en 1412 et les missions pour la façon et mitaille d'icelle figurèrent dans un chapitre spécial f° 103 du compte de Jaquot Vurry, trésorier de Dole au comté de Bourgogne (1411-1412) B 1567.

Le même receveur inscrivit dans son compte de l'année 1412-1413, B 1579, la dépense de la facon de l'engin et du charriot de cette bombarde, ainsi que celle de l'essai qui en fut fait.

Voici l'extrait de ce compte :

A Perrin de Clairvaux, charpentier demorant à Salins, 85 fr. pour la façon sous la direction de maître Pierre de Villers, maître des œuvres de charpenterie du duc, d'un engin de bois bien ferré et cordé pour charger sur charriot ou autrement et deschargier quand besoing sera, ladite grande et grosse bombarde, pesant environ 16,000 livres, moyennant lequel engin une personne ou deux peuvent gouverner, charger et descharger ladite bombarde, qui autrement ne se povoit faire sans grant nombre de gens et à très grans frais. Fait aussi une grosse charete de bois pour asseoir ladite bombarde et icelle conduire et approuchier par terre contre chasteaulx et forteresses, à l'aide de 6 ou 7 personnes seulement, et trois gros charrioz ferrez chacun à quatre rouhes c'est assavoir deux bien gros et fors pour porter et charroier ladite bombarde qui est de deux pièces et l'autre pour porter ledit engin et charette. Et en ouctre pour avoir mené et charroyé hors de ladite ville d'Auxonne par dessus le pont de Soone et jusques devant la chapelle qui est sur la chaussée dudit lieu ladite bombarde, pour illec la faire getter et essayer : fait le siege ou elle est assise et livré les gros plots de bois mis derriers icelle bombarde et la faire getter, affin quelle ne peust reculer. Et après ce quelle a esté essayée, la ramener par dessus ledit pont de Soone audit lieu d'Auxonne. Et avoir pour ceste cause enforcié ledit pont, admené et ramené icelle bombarde. Pour toutes ces choses, 85 fr.

La seconde dite la bombarde de Prusse ayant été brisée au siège de Bourges

Le 12 mai 1414, le même délivre à Jacot de Roiches, artilleur, et à Martin de Cornuaille, canonnier, 10 livres de poudre, pour assaier

(mai 1412), les débris en furent ramenés en Bourgogne avec ordre de la refondre et d'augmenter son calibre.
C'est ce qui résulte de l'examen de ces deux pièces :
1413 21 mars Jacot de Roches, artilleur du duc, certifie la vente d'un millier de mitaille livré à Martin de Cornuailles pour la fonte du canon appellé Bombarde de Perusse. (Original, Titres de la Chambre des Comptes. B 11863)
Payé à Perrenot le Biergel, Md d'Auxonne, et à Martin de Cornuailles, faiseur de cloches et canons de fonduc, 157 fr. 1/2 savoir à Perrenot pour le vendue d'un millier de mitaille rendu à Dijon au mois de décembre 1413 pour convertir avec autres matières de viez canons rompus en la façon de la grosse bombarde de Prusse 90 fr. et à Martin pour la façon d'icelle 77 fr. 1/2. Compte de J. Vurry, tresorier de Dole, 1413-1414. B 1579.
Toutefois, si on en juge par une note inscrite au Compte de J. Fraignot, receveur général de Bourgogne (1418-1419) B 1598, la bombarde amenée à Dijon pour l'essayer ayant rompu au 2e coup, il convint de recommencer l'opération qui, comme le constatent l'extrait du compte et le certificat de réception du Maitre de l'artillerie qui suivent, réussit cette fois parfaitement.
Payé 207 fr. 1/2 à Martin de Cornuaille de Seurre, faiseur de canons et de cloches, savoir 67 fr. 1/2 pour avoir fondu et refait une des grosses bombardes du duc appellée la bombarde de Prusse qui avoit ete dispeciée au siège devant Bourges. 90 fr. pour un millier de mitaille converti en cette fonduc et 50 fr. à quoi il avait convenu avec le conseil ducal, pour despécier cette bombarde après la fonte par ce quelle n'estoit point d'oneste façon ne assez seure ne grosse pour gecter et pour la refondre en y employant outre ce millier de mitail deux autres milliers de la garnison du duc. Ainsi que le tout est constaté par la certification donnée en dec. 1418 par Germain de Givry, ecuyer, huissier d'armes maître de l'artillerie, f° 11 r° 11 v° du Compte de J. Fraignot, receveur général de Bourgogne (1418-1419).
F° 11-29 du même compte.
Payé à Denis Juliot, gouverneur de la Maladière de Dijon la somme de 8 fr. pour dommage fait tant aux murs des maisons de la Maladière comme à des champs enblavés estans devant lesdiz murs, par occasion de l'essay par Germain de Givry maître de l'artillerie, de la bombarde nouvellement faite à Dijon.
Je Germain de Givry escuier, huissier d'armes de M. le duc de Bourgogne et garde de son artillerie, certifie à tous que Martin de Cornuaille de Seurre, faceur de canons et de cloiches par l'advis et conseil de Me Jacques de Courtyambles, chevalier, sr de Commarien. le bailli de Dijon et des gens des comptes a fait à Dijon par deux fois par le commandement de mondit seigneur, une de ses grosses bombardes appellée la bombarde de Prusse qui avoit été despeciée devant Bourges et que à refaire ycelle à la première fois, il a mis du sien ung millier à mitaille qui fut pesez en ma présence et employé en ladite bombarde. En outre deux autres milliers de mitaille qui par l'ordonnance que dessus lui ont esté baillez des matières, de la garnison de mondit seigneur mis et employé en ladite bombarde, pour être plus

6 canons de fer de fondue, achetés d'un marchand estranger pour la ville de Dijon (1).

FOLIO 56, v°.

Le 12ᵉ jour d'octobre 1413, fut fait marchié par MM. des Comptes, à Dijon, à Jacot des Roiches, artilleur de M. le duc, de faire de la poudre de canon des matières que lon li a délivré et délivrera en la Chambre. C'est assavoir que ledit Jacot délivrera desdites matières qui lui ont esté et seront bailliées, c'est assavoir salepestre et soffre seullement. Le cent de ladite poudre pour treize gros et demi et soingnera charbon et la rendra toute preste, ledit Jacot senz li bailler ni soingner autre chose et M. soingnera vaisseaulx pour la mectre. Et ainsi la accordé ledit Jacot present etc., tant pour celle qu'il a jà faite et délivrée en la Chambre, comme pour celle qu'il fera doresnavant desdites matières qui lui seront baillées et la doit faire bonne et souffisant.

La livre audit pris vaut 2 s. obole et 1/5 de denier tournois.

Ledit Jacot a dit et rapporté que pour faire poudre de canon il convient mettre en cent livres de salpestre, trente livres de soffre et dix livres de charbon de saulce. Et est assavoir que quant le sale-

grosse et forte à la seconde fois quelle fut refaite. Lequel millier fut acheté de lui au pris de 90 francs et que pour la facon dicelle bombarde esdites deux fois fut convenancée et promis payer audit Martin 117 francs et demi. C'est assavoir pour la première fois 60 écus et pour la darrenière facon 50 francs. Font ces parties deues audit Martin 207 francs et demi. Et que ladite bombarde a esté par li faite et assovie et si a esté getée et bien appréciée et par l'approuve faite d'icelle trouvée bonne et seure. En tesmoing de ce jay mis mon scel en ceste présente certifffication et avec ce ay requis cy estre mis le saing manuel de Jacot Boisot de Dijon, clerc notaire publique le 22ᵉ jour de février 1418, J. Boisot. B 11863.

(1) Extrait des comptes de Maciot Estibourt, grenetier du grenier à sel de Dijon, receveur de l'octroi imposé sur le sel pour la fortification de cette ville (1411-1412) B 10846.

A Manus le canonnier demourant à Dijon, 4 fr. pour avoir forgié et mis à point plusieurs canons de la ville, les envoizer et enfuter, pour les gouverner et mettre sur chevales, pour les mettre sur les tours de la ville (1413-1414).

A Jehan de Bale sur le Ryn, arbelestier, 27 fr. pour la vandue de cincq bonbardes de fer de fondue, achetées de lui par M. le Maire pour la défense de la fortification.

A Jacot de Roches, artilleur de M. le duc, et à Martin de Cornuailles, canonnier, six gros pour leurs peines et salaires d'avoir fait plusieurs tampons et chargiés six canons de fondue achetés nouvellement par l'avis du bailli de Dijon, de MM. des Comptes et du maïeur et pour avoir iceulx getés et essayés, l'un desquels canons fut rompu dudit essay.

pestre est bon et friant que l'on met par cent de salpestre outre lesdites trente livres de soffre, quatre ou cinq livres dudit soffre. Et quant il n'est pas bon et friant, l'on n'y doit mettre que lesdites trente livres.

Et soit demandé à autre, se ceste recette est vraye.

Suit le détail des quantités de soffre et de salpêtre fournies audit Jacot par la Chambre des Comptes, et des quantités de poudre fabriquée que celui-ci verse à son tour.

Chaque quantité est pesée avant la livraison et inscrite au régistre. Une pesée faite à la date du 5 septembre 1413 est ainsi conçue :

Baillié audit Jacot ung cuvel de salpestre qui estoit escryt et soingné peser 705 livres, lequel a esté ouvert et fut pesé le salpestre qui estoit deans en la présence de J. Guienot, clerc des comptes, et de Guguenod, le postier, et ny fut trouvé que 514 livres de salpestre et le fust du cuvel pesa 72 livres. Ainsi y avoit de déchéance 119 livres. Si soit sur ce advisé. Et soit approuvé l'autre cuvel qui est en la Chambre qui est soingné pesant 724 livres se mestiers est, pour savoir dont vient cette faute. Combien que aucuns dient que pour ce que ledit salpestre est moite et quil s'est fonduy en eaue, que lon a trouvé dessouls les cuveaulx, que ladite déchéance y pourroit estre. Et dient aussi que lon a mis du sel de mer oudit salpestre, si soit veu, etc., et en soit parlé au marchant qui l'a vendu.

L'opération terminée, Jacot, tout compte fait, fut trouvé redevable envers la Chambre des Comptes de 26 livres de souffre. En vain il dit et exposa que ces 26 livres avaient été mises et converties en ladite poudre et que pour ce qu'il y avoit eu du salpestre meilleur l'un que l'autre il y avait mis de tant plus de soffre et affermait en sa conscience qu'il n'avoit riens retenu desdites matières. Vainement il requit avoir provision pour la déchéance qu'il avait eu à faire cette poudre esdites matières, car elles s'étaient bien décheues de cinq livres pour cent. La Chambre passa outre et fit escripre ceste memoire pour y avoir advis.

Folio 61.

1433, 18 septembre. Guiot Wurry, receveur du bailliage d'Aval au comté de Bourgogne, amene à la Chambre des Comptes sept canons de fer portans pierre de dix livres faits par Estevenin Amide, de Dole.

1433, 18 novembre. Il envoie également sur un char à trois chevaux cinq gros canons de fer, l'un portant pierre de 24 livres, deux de seize livres et les autres de douze livres.

Nª. Ces dix canons furent envoyés par la duchesse pour servir au siège du chateau de Grancey, f° 69.

Folio 61, v°.

142 1/2, 8 avril. Marché fait à Guillemin de Mantoche, fevre, demorant à Dijon, par MM. des Comptes, en la présence de Germain de Givry, garde de l'artillerie de Mgr, de faire le ferrure de cinq charrioz pour mener bombardes. C'est assavoir que ledit Guillemin aura pour chacune livre de son fer qu'il livrera ouvré le pris de 12 s. t. et avant qu'il les ferre il fera peser ladite ferrure en la présence dudit Germain qui en fera la certiffication.

Ledit jour fut marchandé à J. Mignot et G. Laurens, rouhiers, demeurans à Dijon, de faire les diz cinq charrios bons et fors et bien asseuvis et tout faire de leur bois pour le pris de 38 francs.

Les cinq charrioz dessus diz, ont esté faiz et parfaiz par lesdiz rouhiers et les quatre diceulx ferrés par ledit Guillemin et y a entré 1,972 livres de fer (1).

Folio 62.

1417, 18 juillet. Par vertu des lettres patentes de Madame la duchesse, il a esté baillié à Jaquinet Tirant (2) des matières qui sont

---

(1) Le compte de M. Regnaut, receveur général de Bourgogne (1429-1430) B 1645, mentionne des réparations faites à ces charriots qu'il m'a paru devoir être reproduites.

F° 133, v°. — Payé à Guillemin de Mantoche, maréchal, 48 fr. 11 s. pour réparation aux charriots des bombardes, savoir façon de 22 bandes de fer, 48 liens sous bande, 264 cloux par ferre, 8 frestres pour la ferrure des quatre roues d'un char neuf, deux chevilles, l'une pendant et l'autre traversaine pour la limonnière, une petite cheville à bracheler pour la longue, quatre esquignons pour les aissils et huit grans fers pour ferrer les aissils sur les esquignons dudit charriot. — Item trois grandes bandes de fer chacune de cinq piez de long pour lier la limonnière, quatre frestres mis aux deux roues neuves d'un vieux charriot. Le tout pesant 931 livres à douze deniers la livre.

Payé à Guillein Laurent, rouyer, plus pour avoir fait deux roues neuves, une paire de gros banquars et une sellette de bois sur l'un des charriots, 4 fr. 1/2.

(2) Compte de Fraignot, receveur gl de Bourgogne (1417-1418) B 1594.

Achat de 2,392 livres et demie de salepestre pour la garnison de l'artillerie du duc, fait à G. Courretier, de Besançon, moyt 538 l., 6 s., 3 d.

Achat d'un millier de salepêtre chez J. de Bar-sur-Aube, épicier à Dijon, moyt en garnison à l'artillerie de Mgr pour faire poudre de canon. C'est assavoir 575 livres de salpestre et 8^{20} 15 livres de soffre qui est la quantité que l'on doit mectre et mesler l'un avec l'autre pour faire ladite poudre. C'est assavoir de 30 livres de soffre par cent de salpestre. Et sur ce esté marchandé audit Jaquinet que il fera ladite poudre à ses frais et despens et soignera charbon de sauce pour le pris le cent de 16 gros viez tournois d'argent et ne lui desduise lon riens du charbon qu'il baillera ou il peut avoir en chacun cent de poudre dix livres de charbon outre la quantité desdites matières pour cause de la déchéance desdites matières qui se pevent d'autant décheoir commil dit, mais se pour la mains déchéance il y a plus, il baillera le surplus qui y pourra estre de la poudre faite.

Le 30 juillet. Il rend 735 livres de poudre de canon qui est mise en garnison en l'artillerie du duc (1).

250 fr. Compte de J. Fraignot, receveur général de Bourgogne (1418-1419) B 1598. F° 11, r°, 10, v°.

Payé 29 fr. 9 g. 15 d. à Jaquemet Tirant, apothicaire à Dijon, et à plusieurs autres pour journées employées à affiner salepestre en l'artillerie du duc. Compte de J. Fraignot, receveur général de Bourgogne (1418-1419). Juill. f° 9, r°, 14.

Payé à Jacot des Roiches et J. Tirant, la somme de 167 fr. 2 g. 16 d. pour la façon de 10,239 livres de poudre au prix de 2 fr. le cent, suivant leur marché, passé devant la Chambre des Comptes. Compte du même.

(1) Jean Fraignot receveur général de Bourgogne inscrivit dans son compte de 1418-1419 B 1598, fol. 1220.18 et suivans un chapitre consacré tout entier à l'affinage de dix milliers de salpêtre, que nous reproduisons ici.

Parties payées pour le fait de l'affinement de 10,573 livres de salpêtre amenées de Paris au mois d'août 1419 par ordre du duc, et remises à Germain de Givry naguères huissier d'armes, et Maître de l'artillerie. Extrait.

Payé à trois tonneliers pour achat de quatre petitz tonoz de bois pour mettre les *eaux* fors dudit salepetre — avoir relié trois grandes cuves et vendu quatre soilloz de bois pour poisier et porter ladite eaue.

Achat de deux rondeaux de bois pour reffroidier et mettre à point ledit salepetre.

Payé à Jaquot de Roches artilleur et à Jaquenet Tirant m^d et deux de leurs valets pour 89 jours employés audit affinement depuis le 10 sept. 1419 au 6 février suivant, à 5 gros chacun, 74 f. 2 gros.

Achat de 95 chars de bois moy^t 52 f. 1 gros pour cuire et chauffer les eaues dudit salepetre.

Achat de 45 sacs de charbon employés audit affinement pour le prix 3 fr. 9 gros 1/2.

Achat de 25 livres de chandelles prises chez Guguenin Joly est assonnier moyennant 2 fr. 1 gros. Converties et employées à allumer et donner clarté aux affineurs à plusieurs nuits des 89 jours, quant la nuit surprenoit ledit ouvrage tellement que

Folio 64.

1420, 1ᵉʳ octobre. Germain de Givry, maître de l'artillerie, prend en charge 614 livres de salpestre achetées à Besancon le pris de 16 fr. le cent, pour mettre en garnison en l'artillerie.

Folio 64, v°.

1430. Il prend egalement en charge :

Une grosse bombarde appellée la bombarde de Prusse qui fut reffaite au mois de septembre 1430 par Martin de Cornuaille (1).

Item de 6 coleuvres de cuivre que fit ledit Martin.

Item de 26 coleuvres de fer pesant 372 livres 1/2 faites par Jehan Mareschal (2).

à la clarté desdites chandelles il leur convenoit oster ledit salpestre dessus le feu pour reffroidier comme il appartenoit.

Achat d'une douzaine et demie de balais de rayme de bois employées en remassant les cuves et autres places dudit salpestre, 1 g. 1/2.

Achat de quatre beruchons de bois pour porter ledit salpestre, 3 gros.

Achat d'une grant chaudière d'arain pesant 60 livres pour afiner ledit salpestre, 30 fr.

Reparation de l'une des grandes chaudières où l'on affinoit qui couloit par dessous. Elle avait été empruntée à la cuisine de l'hôtel ducal. 3 gros.

(1) Compte de Mah. Regnaut, receveur général de Bourgogne (1429-1430) B 1645.

F° 138. — Payé à Martin de Cornuaille, canonnier, fondeur à Dijon, la somme de 40 fr. pour avoir refait la bombarde Prusse qui était rompue.

378 livres. Et aussi pour avoir fait six coleuvres de métail.

Payé à Jehan Mareschal canonnier à Dijon, la sᵉ de 40 fr. pour les dépens de lui et de deux compagnons, qui durant deux mois ont forgé 27 coleuvres de fer pesant Et employé 94 livres de fer dans la ferrure de la bombarde.

Achat d'un gros plot de bois pour affuter la bombarde 16 g. 1/2, d'une autre piece de bois pour mettre derrière ledit plot.

Achat de quatre petites chainnes de fer servant à l'engin d'icelle bombarde.

Facon de l'engin de bois, 5 fr.

Achat d'une corde servant à l'engin, pesant 38 livres à 12 d. la livre, valant 24 gros 15 d., et d'une polie de cuivre servant à ladite corde, pesant 41 l., 2 fr. 1/2.

Paiement de 4 gros pour les deux journées du pionnier qui a fait la fosse aux champs pour asseoir ladite bombarde.

Facon de deux pierres et de deux tampons pour ledit essai.

Achat d'une feuille de fer pour mettre la poudre dans ladite bombarde.

(2) Même compte.

Payé 3 gros à Moreau l'orfevre, pour la gravure du poinçon aux armes de M. le duc, dont on a marqué les coleuvres, arbaletes et autres choses appartenant à l'artillerie.

Item neuf vingt une livres un quart de fer qui demeurent de 764 livres achetées de J. Marriot et de Colin de Monsterandet pour faire coleuvres.

Depuis ont esté faites 5 coleuvres pesant 75 livres et pour le deschiez 30 livres pour tout 105 livres. Reste 76 livres un quart.

Item un gros plot de bois qui costa 16 gros 1/2 et une piece de bois qui costa 3 gros, pour apuier ladite bombarde quant elle fut essayée.

Item de deux grosses pierres qui furent faites pour essayer ladite bombarde.

Item de quatre petites chesnes de fer servans pour l'engin de ladite bombarde.

Item dudit engin de bois servant à ladite bombarde qui costa 5 francs.

Item d'une grosse corde pesant 28 livres pour ladite bombarde.

Item d'une polye de cuivre servant à l'engin de ladite bombarde qui costa 2 francs 1/2.

Item des cinq coleuvres mentionnées ci-dessus.

Item de douze grosses pierres pour les bombardes du duc.

Item de seize coleuvres achetées de J. Mareschal, la piece 18 gros (1).

Folio 67.

1433, 19 juillet. Jean de Rochefort, maître de l'artillerie ducale, répond de dix mille livres de poudre achetée de F. Pastoureau (2)

---

(1) Payé à J. Mareschal, canonnier, 8 fr. pour la facon de cinq coleuvres et 24 fr. pour la facon de seize autres, pesant ensemble 234 livres au prix de 18 gros chacune en fournissant toute matière. D'après le marché, huit doivent peser cent livres.

Compte de Mah. Regnaut, recev. g¹ de Bourgogne (1429-1430) B 1645.

(2) Compte du même (1432-1433) B 1651.

Payé à F. Pastoreau, md à Paris, la somme de 2,812 fr. savoir 2,500 pour 10 milliers de poudre de canon au prix de 25 fr. le cent.

Pour 1,500 livres de plomb au prix de 4 fr. le cent, 60.

Pour des guindaux d'arbalete.

Pour deux milliers de potis destinés à assouvir la grosse bombarde appellée Bourgogne, à 8 fr. le cent, 160 fr.

Et pour 5 balons de cloux de plusieurs sortes, 38 fr.

Achat à Auxerre d'un millier de potiz pour mettre en la bombarde, parce que la matiere était trop aigre.

Achat à J. Barbe, Md à Chalon, moy. 85 fr. 1/2, de quatre Wiglaires, deux grans et deux petiz.

Quinze cent livres de plomb.

Deux milliers de metal ou potiz pour assouvir la grosse bombarde.

Cinq balons de cloz de plusieurs sortes.

Quatre Wiglaires achetés à J. Barbe, marchant à Chalon, le pris de 85 f. 1/2.

Ung gros vinglaire qui est en la forge de l'artillerie du duc, acheté de J. Marechal la somme de 80 francs, rendu tout enchassé et enfusté.

Trente-trois pierres pour la bombarde de Prusse.

Vingt-deux pierres pour la bombarde Griette.

Cinquante pierres de gros Willaires.

Quatre-vingt-dix pierres pour plusieurs petis Willaires.

Tous achetés de Michel Jarrot et de J. Janglerre, macons, demeurans à Dijon, pour le pris de 37 f. 11 gros.

Un cent de hottes acheté 6 f. à Dijon.

Un engin de bois à lever les grosses bombardes, acheté 6 f. à J. Courtillem, charpentier à Dijon, lequel a été ferré par J. Quenot et pese la ferrure six vingt livres de fer qui a costé 6 francs.

Une grosse corde servant à l'engin ci-dessus pesant cinquante livres.

Quatorze paires de gros traiz pour les charrioz desdites bombardes pesans huit vingt-une livres.

Quatre pièces de menues cordes de provisions à mettre sur lesdiz charrioz.

Trois lieures de cordes pour une bombarde et deux Wiglaires pesant 28 livres.

Vingt-deux livres de cordes pour braler et mectre à poinct un cher desdites bombardes.

Treize ferrures et un grant gresillon pour fermer les tonneaux de l'artillerie, pour mener en l'ost de Monseigneur devant Lesigne.

Payé à J. Mareschal, canonnier, la s^e de 80 fr. pour la facon suivant marché, d'ung gros vinglaire rendu tout enchassé et enfusté.

Payé à Michel Jarrot et J. Janglerre, maçons, la somme de 37 fr. pour la facon de 33 pierres pour la bombarde de Prusse, 32 pour celle de Griete à 4 gros pièce, 50 pierres de gros wiglaires à 1 g. 1/2 pièce et 90 pierres pour plus petiz wiglaires.

Payé 6 fr. à J. Courtilleur, charpentier, pour la facon d'un engin à lever les grosses bombardes.

Payé 6 fr. à J. Quenot pour la ferrure dudit engin, laquelle pese 120 livres.

Payé 3 fr. à J. d'Orléans, cordier, pour une grosse corde servant audit engin.

Deux charrioz achetés 15 francs et remis à M. de Charny pour mener avec lui chargés d'artillerie en son armée allant au devant de Monseigneur devant Troyes.

Folio 86, v°.

1419, 5 juillet. MM. des Comptes achetent pour mettre en garnison en la Chambre à Dijon, de Perrin de Blancfosses, marchant a Besançon :

Une petite bombarde de métal portant environ 7 livres de poudre.

Deux autres petites bombardes de mesme matière, pourtant l'une quatre livres et l'autre trois livres.

Cinq petiz baudequins de metal enfustés de bois, pourtant chacun une livre (1).

Folio 88, v°.

1422, 20 septembre. Memoire que on a acheté de Jacot de Roches, artilleur du duc, six canons de mitaille de fondue, pour le pris de soixante-six écus, lesquels ont esté mis en garnison en la Chambre des Comptes.

Folio 89, v°.

1422, 23 septembre. Un messager ayant apporté à Dijon la nouvelle de la prinse de la ville de Tournus, emblée de nuit par les ennemis. La Chambre des Comptes envoya entre autres artillerie :

A Cuiserey, deux canons de mitaille portant pierres de six à sept livres, un autre canon de fondue, un poinson contenant 191 livres de poudre.

A Louhans, deux canons de mitaille de fondue portant chacuns pierre de sept livres.

A Sagy, deux canons et 200 livres de poudre.

Folio 91.

Germain de Givry, répond de deux Wguelaires achetés à M. Moreau et menés par lui au siège devant Crevant (2).

---

(1) Payé à Perrin de Blanfossé, corduannier et M^d à Besançon, la somme de 140 f. pour la vanduc d'une petite bombarde de metail portant sept livres de poudre. De deux autres petites bombardes de même matière, portant l'un 4 livres, l'autre trois livres, de cinq petiz bandequins de metail enfustés de bois portans chacun une livre de poudre et de 400 pilloz de trait. F° 1127 v°. Compte de J. Fraignot, receveur général de Bourgogne (1418-1419) B 1598.

(2) Compte de J. Fraignot, receveur général de Bourgogne (1422-1423) B 1623. Paiement de 49 livres 7 gros, à Jacob de Roches, artilleur, pour la fourniture de

Il prend en charge quatre grosses rouhes ferrées et un haissi ferré pour en employer la ferrure aux charrioz de l'artillerie.

FOLIO 94.

L'an 1430, le 11ᵉ jour du mois d'oust, en la Chambre des Comptes de M. le duc de Bourgogne à Dijon, où estoient MM. desdits comptes, le Receveur général de Bourgoigne et Germain de Givry, garde de l'artillerie de mondit seigneur a esté par les dessus dis nommés, marchandé traicté et accordé avec Martin de Cornuaille, ouvrier de bombardes et canons, de refaire la bombarde de Prusse appartenant à mondit seigneur, laquelle est despicée et lui a esté monstrée et icelle a veue et visitée, lequel a promis de la refaire bonne et seure pour le pris et somme de 40 frans. Et lui soignera et livrera bon métail tant seulement et le surplus il fera et livrera tout à ses frais, missions et despens; c'est assavoir ouvriers, fer, terre, bois, charbon, fil de fer, enterrera et desterera icelle bombarde et la rendra parfaite dedans le 8ᵉ jour de septembre prouchainement venant. Et sera icelle bombarde essayée et gectée trois ou quatre fois pour apreuver quelle soit bonne et souffisant, et au cas quelle rompe, il sera tenu de la refaire à ses despens. Et parmi ledit pris de 40 francs, doit aussi faire à ses frais et despens six coleuves chacune du poids de 12 livres et len lui doit bailler et livrer mitaille aux frais de mondit seigneur. Desquelz 40 frans lui seront prestement paiez par ledit Receveur général 20 francs. Et les autres 20 frans après ce que lesdites bombardes et coleuvres seront faites et essayées.

traits, arbaletes, lances, ung vuelglaire de fer geltant de 4 à 5 livres de pierre valant 9 f. et qui ont été menés à Montréal pour la défense du chastel, au temps que les ennemis du duc tenoient le siège devant Crevant. Fᵒ 8 23.

Payé à Humbelot Morieu, fevre à Dijon, la somme de 22 f. pour la vendue d'un veuglaire cᵉ 1er gectant six livres de pierre et d'un autre gectant cinq livres.

Plus pour avoir fait de son fer plusieurs loyens ou bandes pour enchasser en bois et lier lesdits deux veuglaires, ainsi qu'un autre plus grant, lesquels ont été menés devant Crevant pour faire lever le siège mis par les ennemis du duc. Le tout pesant 40 livres, 2 f. 1/2.

A Demongeot Gaultier, charpentier, pour l'achat de deux pièces de bois équarris pour enchasser lesdis veuglaires, 2 f. Plus 4 gros pour achat de clous pour clouer lesdiz liens et 2 f. pour ses peines d'avoir hastivement jour et nuit enchassé ces veuglaires.

Façon de trois pierres rondes pour lesdits veuglaires. Fᵒ 163, vᵒ.

(Ment. au livre d'artillerie, fᵒ 91.)

Le 6° du même mois G. de Givry delivre audit Martin 2,000 livres de mitaille, dont a été refaite ladite bombarde et icelle remise en l'artillerie de M. le duc.

Il a delivré 70 livres de poudre, dont on a essayée et fait gecter 3 fois icelle bombarde.

Il a delivré 72 livres de mitaille, dont on a fait 6 petites couleures.

Il a également delivré 9^{xx} livres de mitaille, pour faire 6 autres plus grosses couleuvres qui sont demeurées en sa garde.

Folio 95.

Le vendredi 28 septembre 1431, par ordonnance de MM. des comptes à Dijon et de M. Regnaut, receveur général de Bourgogne, Germain de Givry, garde de l'artillerie, delivre certaine quantité de mitaille de queuvre qui estoit en l'ostel de l'artillerie provenant de deux bombardes rompues, l'une nommée Valexon et l'autre qui fut faite a Auxonne et jà pieça rompue à Dijon emprès la Maladière quant on l'aissaya, pesant seize milliers de matière, à Martin de Cornuaille ouvrier de bombardes et canons pour faire une autre bombarde neuve.

Des quels seize milliers de matière, ledit Martin de Cornuaille en a fondu douze milliers et cinquante neuf livres pour cuidier faire ladite bombarde, laquelle a failli au fondre; pourquoi ledit queuvre fut remis avec le dèmeurant et se descheurent lesdites 12,059 livres de 700 livres, qui furent pesées et delivrées à Huguenin le potier de Besançon les 19 et 20 mai 1433 pour ce que ledit Martin de Cornuaille estoit trepassé, pour faire une neuve bombarde et par ainsi les 16,000 ne se remerent qu'à 15,300 de matière, laquelle quantité fut pesée en sa présence. Et avec ce, lui fut delivré un millier de potiz de queuvre acheté par le receveur général. Mais comme il y avait dans cette quantité 2,400 de laveures et grenailles et pleine de terre il fut marchandé audit Huguenin de l'affiner moyennant vingt sols par cent. Les 2,400 de matière subirent un déchet de 600 livres (1).

(1) Compte de Mah. Regnaut, receveur general de Bourgogne (1432-1433), B 1651.

F° 139. Payé à Huguenin le Potier ouvrier de bombardes et canons à Besançon la somme de 18 l. t. pour avoir affiné 1,800 livres de matière prócedans de 2,400 de matière en laveure, orde et pleine de terre pour les convertir en la perfacon d'une bombarde commencée à fondre pour le duc.

Au même la somme de 40 l. pour l'assouvissement de cette bombarde commencée par Martin de Cornuaille.

Veu ce que dit est, il y aurait en ladite bombarde 15,700 livres de matière. Item que ancor il fut acheté 800 de mitaille et potiz fin pour tout 16,500 de matière, dont il chiet qu'il en demeuré après ce quelle a esté fondue et parfaite en deux pièces, 600 et demi de matière que ledit Huguenin a devers lui pour faire deux Weuglaires que M. le duc a devisé.

Demeure que la bombarde doit peser 15,850 livres de matière.

Icelle bombarde approuvée à Dijon au mois de septembre 1433 par la mener au siege devant Avalon et a esté mise en l'artillerie de mondit seigneur (1).

Mahieu Regnaut, receveur général de Bourgogne, inscrivit aussi dans son compte de 1430-1431 B 1647, les depenses de cette fonte.

F° 134, v°. A Martin Cornuaille fondeur demeurant à Seurre la somme de 240 f. en déduction de celle de 280 par marchié fait avec lui déjà par le mareschal, les gens du conseil et des comptes le 25 septembre 1430 de faire une bombarde de mitaille qui se devoit appeler Bourgoingne qui devoit porter une pierre du gros de la pierre de la bombarde de Brabant qui poise environ 600 livres à 16 onces pour livres, de la mitaille de la grosse bombarde qui fut derrenierement faite à Auxonne et de celle de Valeçon qui sont rompues et devoit faire la volée d'icelle bombarde à gueule de la longueur de quatre pierres et la chambre derrière tenant 70 livres de pouldre. Et ladite bombarde devoit estre essayée par trois fois. Pour laquelle faire ledit Martin devoit avoir les moles et les fourneaux qui estoient fais pour ladite grosse bombarde d'Auxonne. Et se ladite bombarde n'estoit trouvée souffisant avant ou après l'essay, icelluy Martin estoit tenu de la reffaire dedans la S¹ Martin l'hiver à ses frais et missions et la rendre ledit jour. Néanmoins pour ce que à icelle bombarde fondue convenoit avoir 24 milliers de mitaille; que les deux bombardes rompues ne donnaient que 16 milliers et qu'on ne sut en trouver quelque diligence qu'on fit. Il fut advisé que ledit Martin feroit ladite bombarde desdiz 16 milliers en deux pieces qui pourroient porter pierre de 400 livres, affin quelle fut plus aisée et plus prouffitable.

(1) Même compte.
Remboursement a J. Mareschal, canonnier, de deux francs, avancés pour le vin donné le 11 juin aux canonniers et fondeurs qui, le 27 mai, fondirent la grosse bombarde de Bourgogne.

Folio 96.

Germain de Givry, maître de l'artillerie, prend en charge les objets d'artillerie, achetés en juillet 1431, sur le produit de l'aide octroyé au duc par les Etats. Savoir :

Cinquante pierres servant à la bombarde de Prusse et à celle de M. le prince d'Orange.

Cinq poincons neufs pour enfoncer ung millier de poudre de canon.

Vingt-cinq aunes de toiles pour couvrir les charrioz qui ont mené l'artillerie en l'Auxerrois.

Huit coleuvres de fer achetées de J. Maréchal.

Folio 102.

Aujourd'huy 3° jour d'aout 1445 par MM. des Comptes de M. le duc de B^{gne} à Dijon, Présens Berthelot Lambin, contreroleur de l'artillerie de mondit S^r et Jacot Belledent, clerc de Philibert de Vauldrey, maître de ladite artillerie, marchié a esté fait avecques Jehan Quenot, forgeur, demorant audict Dijon, de faire bien deuement et leaulment et acomplir et assovyr les parties d'artilleries cy après déclarées.

Premièrement, douze veuglaires de fer, chacun garnis de deux chambres gectans pierre de douze livres pesans et chacune chambre tenant trois livres de pouldre, de la longueur de six piedz et demi, comprins en la longueur ladite chambre.

Item vingt et quatre autres veuglaires, garnis de deux chambres gectans chacune pierre de huit livres et portant deux livres de pouldre de la longueur de cinq piez et demi comprins, la chambre.

Item quarante autres garnis comme dessus, gectans pierre de six livres tenant livre et demie de pouldre et de la longueur de cinq piez.

Item soixante autres garnis comme dessus, gectans pierre de quatre livres et tenans chacun cinq quarterons de pouldre, de la longueur de quatre piez et demi.

Item soixante et dix autres garnis et de la longueur des dessus diz, gectans pierre de deux livres et tenant une livre de pouldre.

Toutes lesquelles parties d'artillerie, ledit J. Quenot doit rendre faites parfaites à mondit s^r en la ville de Dijon dedans la feste de Pasques charnels prouchainement venant ou plustost se bonnement faire le peult, la livre de tout le dit ouvraige au pris de 15 deniers tournois.

Ce présent marchié accordé le pénultième jour de juillet. Présents ledit Berthelot et passé présens MM. des Comptes et ledit Jacot Belledent, présens J. Vurry clerc de J. de Visen et Perrinet Dandel, clerc, demourans à Dijon. Signé J. Boiset (1).

Annexes cousues à la fin du Registre.

I

C'est l'inventaire de l'artillerie de M. (le duc) tant en l'ostel de l'artillerie comme en une grange qui est devant l'ostel du Normandeaul, ledit inventoire fait le 13e mars l'an 1431, en la présence de J. de Rochefort, escuier, Maistre de ladite artillerie, et de Germain de Givry, escuier, nagaires maistre de ladite artillerie, ledit inventoire fait par J. Dancise, auditeur des comptes.

Premièrement

Une bombarde de fer nomme Griete portant 400 livres de pierre sainne et entière (2).

---

(1) Compte de J. de Visen, receveur général de Bourgogne (1445-1446), B 1696.
F° 92011. Payé à J. Quenot, canonnier à Dijon, la somme de 45 f. 1 gros.
Savoir :
Pour un cent de pierres de canon tant grandes que petites au prix de deux blancs la pierre, 4 f. 2 gros.
Pour deux journée d'une charrette à deux chevaux qui ont mené les canons de l'hotel de J. Quenot jusques hors de la porte Guillaume es jours que l'on les a essayés 31 décembre 1446, 1 fevrier 1447, 1 franc.
Pour 56 lempons pour lesdits canons, 2 gros.
Pour quatre journées de deux charpentiers qui ont affuté et aidé à charger et decharger lesdits canons, 20 gr.
Pour le bois de l'affut desdits canons quant ils furent essayés, 3 gros.
Pour quatre journées de menus ouvriers qui ont aidé à charger et descharger les canons, oster et vuidier la terre pour asseoir iceux canons, 4 gros.
Pour 150 livres de pouldre de canons employées à essayer lesdits canons qui ont les aucuns gectey deux cops et les autres trois au prix de 3 gros la livre valent 37 f. 1/2.
Payé au même 1,073 livres 13 s. 1 denier pour la façon de deux cent six pieces de canons et vuglaires de fer garnis de leurs chambres, baillés et delivrés tous assaiéz.
(2) Compte de Mahieu Regnaut, receveur général de Bourgogne (1432-1433), B 1651.

Item ung gros veuglelaire de fer portant environ vingt quatre livres garni d'une chambre et n'est point enchassé en bois.

Item ung autre petit veuglelaire de fer denviron pié et demi de chasse et porte environ huit livres et est enchassé en bois et n'a que une chambre.

Item une petite bombardelle de fondue de fer, portant environ six livres de fer.

Item une piece du qul d'une bombardelle qui puet peser environ 24 livres.

Item ung petit veuglelaire de fer tout d'une piece sans chambre et n'est point affuté en bois et puet porter de pierre environ cinq livres.

Item ung meschant canon de fondue tout d'une piece et n'a pas ung pié de long et peut porter environ trois livres de pierre.

Item ung gros charriot de bombarde garni et ferré de tout ce qui lui appartient.

Item une forge garnie de soufflets, d'une enclume, de deux marteaulx, travesains, trois paires de tenailles, ensemble une bigorne de fer.

Item environ ung millier de fer pour servir à ouvrer.

Item ung tarraire dacier à percier poliez de cuivre et puet peser environ onze carreaulx dacier.

Item ung treneaul de bois garni de la ferraille qui lui appartient à tresner bombarde.

Item 27 tonneaulx que grans que petiz à mectre artillerie.

Item une cuive à affiner salepestre.

Item environ cent vingt pierres que grosses que petites dont il y a 12 pour Griette, et 26 pour Perusse et deux autres plus grosses pierres et le demourant pour veuglelaires tant grosses que petites.

Item environt cent petites pierres veuglelaires.

Item 42 coleuvres de fer.

Item 3 de fondue de cuivre.

Item 37 grosses plombées de fer gectant plombées de plomb.

Item 96 marteaulx à macon que granz que petiz.

Guillemin Laurent royer met à point le charriot de la bombarde Griete, ou il fait trois frotes, deux aissis, une falote, une fourchette, un lisour, une esquarre, deux broches devant la cheville et brale, le tout moy^t 3 f.

J. Mareschal ferre les aissis, met plusieurs chevilles audit charriot et des liens aux roues, 10 gros.

Item 55 ciseaulx de fer à macon.
Item 5 barreaulx de fer d'Espaigne.
Item 540 piez de chievre.
Item 50 liens de fer tous prestz à lier engin.
Item 6 moles de fer à tailler pierres de bombarde.
Item 20 lanternes que bonnes que mauvaises.
Item 25 othes d'osières.
Item 32 grans pavais doubles à pierre (1).
Item deux grands faulx fer servans à perrières.
Item 14 caques de pouldre à canon.
Item 90 livres de salepestre batu.
Item 2 bariz et demi de salepestre francois qui poisent 540 livres ou environ.
Item deux quaques de souffre.
Item 5 milliers de chausse trapes.
Item environ deux cents de grans cloux.
Item environ sept milliers de tourteaulx à faloz.
Item ung cent de fusées qui ne valent riens (2).
Item 4 fauloz de fer.
Item ung soillot de cuir.
Item 900 fusts de lances dont il y a ung cent de ferrées.
Item 240 pavaix votiz.

(1) Le compte de Mahieu Regnaut, receveur general de Bourgogne (1432-1433), B 1651 contient sur la facon des pavais des renseignements qui nous ont paru devoir etre reproduits ici.
Achat de deux cuirs de beuf corroyés en alun pour faire les corroyes et pugnies des pavaix de l'artillerie. 4 f. de deux douzaines de peaulx de parchemin et quatre moutons blancs à coler lesdits pavais et faire les couvertures et poignies. 2 f. 8 gr. de quatre benastons de touches de beuf et de veau pour faire cole à coler les pavais 4 gros, — une charrette de bois pour cuire ladite cole 1 gros 1/2 — un demi cent de boucles pour les pavais 4 gros — 4 sacs de charbon employés à les coler 2 gros — 4 livres de bourre pour lesdits pavais 15 deniers — 2 livres de suifs pour engraisser les cuirs des pavais à 15 d. la livre — fueille de fer noir employée pour river les clous des pavais 15 d. 3,000 clous pour les clouer à 5 g. le millier.

(2) On lit au compte de Mahieu Regnaut, receveur de Bourgogne 1430-1431, f° 132, un article relatif à la composition de ces fusées « à getter le feu griois ».
Paiement de 20 t. s. à J. Quenot, serrurier à Dijon, pour la facon de 26 fers, pour faire fusées pour le fait de ladite artillerie. Achat par Jacot de Roches, artilleur, de deux onces de canfre, une livre d'eau de vie, deux livres de poudre, deux livres de salpêtre, quatre livres de souffre et une aune de futaine pour faire lesdits 26 fusées. 20 gros, partie ayant été fournie par le duc.

Item quatre pièces de grosses chables cordés.
Item trois plus menuz chables.
Item 200 maillez de plomb.
Item 22 haches et deux Jusarmes.
Item 25 grosses arbalestes pour fauser harnois blanc.
Item trois doubles guindaulx servans à ycelles.
Item 170 arbelestes dont il y a 29 cranequins de bois.
Item cent livres de bon fil d'Envers, et 40 d'Amiens.
Item 25 guindaulx sanglez.
Item 6 casses 1/2 et cinq milliers de dondainnes.
Item deux casses de garroz empannez d'arain, servant aux 25 grosses arbalestes.
Item 20 douzaines d'arcs à main de douze pieces.
Item cent soixante arcs d'une pièce.
Item 200 douzaines de cordes d'arcs.
Item 91 trosses de flesches de deux douzaines la trousse.
Item 400 loichez ferréz de fer.
Item 250 que picz que pioches.
Item 50 escopes de bois à geter eaul.
Item 90 pelles ferrées.
Item 21 sarpes.
Item 16 milliers de mitraille delivrés pour le facon d'une bombarde à M. de Cornuaille.
Plus une enclume, une paire de sofflez, deux marteaulx et deux bigornes.

II

C'est l'inventoire de l'artillerie de M. le duc de B^{gne} estant à Dijon en l'ostel de Clugny en la rue de la Charbonnerie, lequel inventoire a esté fait par l'ordonnance de mondit seigneur, le 19 juillet 1442, par J. Monnot clerc, auditeur des Comptes à Dijon. Temoins à ce Berthelot Lambin, contreroleur de l'artillerie de mondit s^r et Jaques de Roichefort, escuier, frère et héritier de feu Jehan de Roichefort, jadis maistre de ladite artillerie, lequel Jaques a rendu d'icelle artillerie, ce qui s'ensuit.

Cet inventaire figure au registre du controle que nous reproduisons plus bas.

2ᵉ REGISTRE (1446-1475).

Nouvel papier de l'artillerie commencé le premier janvier 1446 et du temps Phelibert de Vaudrey, Maître de l'artillerie, B 11867 (1).

Folio 1.

Inventaire de l'artillerie faite et livrée par J. Quenot.
C'est l'original de celui transcrit ci-dessus.

Folio 4.

Pour ce que la maison ou lon a coustumé mettre l'artillerie de M. le duc à Dijon, laquelle est assise et scituée en la rue de la Charbonnerie (2), est un lieu trop publicque et n'y peut on aler pour rien y mettre ou prendre, que ce ne feust à la veue des voisins et autres qui jà n'estoit nécéssaire. A esté advisé qu'il estoit expédient de mettre ladite artillerie en ung lieu plus secret et hors de veue si publique et que Philibert de Vaudrey, maitre de ladite artillerie a en sa maison des Loiges à Dijon qui est une rue moins publicque, lieu bien spacieux et propice pour y mettre tenir et garder ladite artillerie, bien et seurement et pour y aler toutefois que on vouldra secretement pour y prendre ou mettre ce que on vouldra; a esté prins et retenu de lui à louhage pour le terme et espace de dix ans commencéz le jour de Noël 1446 (3), une porcion de ladite maison c'est assavoir la grange d'icelle, ensemble l'aisance en la court d'icelle maison à chers, charettes et autrement en tout ce qui sera nécessaire pour le fait de ladite artillerie. Item une petite cave et la court devant icelle et deux

---

(1) Registre petit in-folio en papier couvert en parchemin, contenant 37 feuillets en bon état.

(2) Elle y avait été installée en 1414 par Germain de Givry, premier Maître de l'artillerie, lorsqu'il prit possession de cette charge. Avant cette époque elle était gardée dans les salles basses de l'hôtel de la Chambre des Comptes.

(3) L'original du bail de cet hôtel existe dans les papiers de la Chambre des Comptes, B 11864.

L'hôtel de Loges a été occupé depuis par le couvent des Carmélites, aujourd'hui rue Victor-Dumay.

chambres, l'une à cheminée et l'autre sans cheminée pour en icelles chambres grange et cave mettre tenir et conserver ladite artillerie par ledit Philibert, maistre d'icelle bien et loyalment ledit terme durant. Parmi ce que pour le louage desdites choses lui sera payé à la charge de M. le duc, chacun an la somme de   . Et de ce sont lettres recues devant Jacotin Le Vattier, notaire, le 11 février 1446 (1).

Folio 5.

Le jeudi 14 jour de decembre 1458 présens Guillaume de Ternay et Jehan de la Grange, de l'ordonnance de MM. des Comptes à Dijon fut pesée en l'ostel Phelippe Donet et par ledit Phelippe une chambre de canon appartenant à J. Quenot, laquelle chambre est vernie de rouge et marquée sur les deux bouts de l'ance, de une croix droicte à chacun bout et emprès le pertuis ou se boute le feu une autre croix droitte et poise 203 livres de fer.

Et après a esté reportée en l'ostel de J. Quenot et emplie de pouldre, presens lesdits de Ternay et de la Grange et y a entré trois livres et demie de pouldre de canon et apres ce a esté bouclé le tampon de bois y appartenant et chauchié à force comme il appartient.

Et le lundi suigvant 18ᵉ jour dudit mois, lesdits G. de Ternay et Guiot sont venuz dire à la Chambre des Comptes que la volée de ladite Chambre avoit par eux esté assaiée hors le porte Guillaume et que icelle volée estoit bonne, ensemble la chambre y servant et que on envoiast veoir peser icelle volée. Laquelle après ces choses ledit jour a esté pesée seule en l'ostel P. Perruchot et par ledit Pierre, présens lesdits de Ternay et de la Grange. Aussi présens Johannin, gendre dudit Quenot et Labarbe, charreton, et poise ladite volée 978 livres de fer. Laquelle volée n'est point marquée ni sinée.

Somme totale du poix du canon 1,181 livres de fer (2).

(1) Après la mort de Philibert de Vaudrey, l'artillerie du duc fut transférée dans l'hôtel Courlot sur la place Sᵗ-Jean et y demeura jusques à la construction du château sous Louis XI.

(2) Compte de Hugues de Falctans, receveur général de Bourgogne, 1458-1459; B 1742.
Payé à J. Quenot, canonnier, la somme de 37 livres 16 sols 5 den. savoir 36 l. 18 s. 1 den., moitié de 73 l. 16 s. 3 d. pour la moitié du prix d'ung gros canon pesant 1,181 livres au pris de 15 deniers tournois et 5 s. t. pour le façon d'une pierre pour essayer le gros canon.

Suit un procès-verbal de reconnaissance dressé le même jour par les mêmes, d'une chambre de canon rendue par le neveu de feu J. Marechal canonnier du duc, laquelle poise 345 livres de fer et a de long un pié et demi à main et si est marquée sur l'ance à l'un des bouts d'une croix s^t Andrieu, ung petit escucon des armes de mondit s^r comme il samble par apparence au milieu de ladite ance une autre croix s^t Andrieu et quatre semblables escucons entre les traits de ladite croix et sur l'autre bout de ladite ance à la partie de la bouche ung autre escucon semblable aux autres. Et est moult belle et bien faite ladite chambre, qui a été portée en l'artillerie.

Recepissé de ces divers objets donné le 14 decembre 1458 par Guillaume de Ternay, garde de l'artillerie.

Le 5 mars 1459 a esté mis en ladite artillerie ung gros canon fait par J. Quenot de son fer et à ses missions, pour servir à la chambre dessus dite, lequel canon poise 1,756 livres de fer, dont il a été desduit 1,500 livres provenant de la chambre d'une bombarde employées pour faire ledit canon, moyennant la s^e de 3 blancs pour chaque livre de fer employé au dela des 1,500 livres. Lequel canon ainsi fait a esté assayé et gecté par deux fois en la place dite le Cimetiere aux Chevaulx, en présence de plusieurs de MM. des Comptes et après amené en ladite artillerie. Et n'est encore ni signé ni marqué.

Folio 17.

Achat et livraison d'arcs, fleches, fers de trait, et viretons faits en 1446 et 1447 par Philibert de Vaudrey, maître de l'artillerie.

Approvisionnement et fourniture de canons, couleuvrines et poudre à canon, aux forteresses du duché et du comté de Bourgogne faits, tant par le maître de l'artillerie que par achats des chatelains (1).

Folio 17, v°. — *Mont-s.-Vincent. Charrolois.*

1444. Trois coulevrines de fer chacune de trois piez et trois doiz de long, garnies chacune de trois chambres, chacune chambre de demi pié de long et icelles coulovrines enchassillées en bois.

10 livres de plomb pour faire les plomblées.

---

(1) Cet approvisionnement était motivé par le passage des Ecorcheurs qui, sous la conduite du Dauphin, côtoyèrent les limites des deux Bourgognes pour marcher contre les Suisses qu'ils vainquirent, mais non sans perte, à la bataille de Saint-Jacques, 26 août 1444.

1472. Quatre grosses coulovrines à croichés de quatre piez de long et 50 livres de poudre.

Compte de Guill. Charvot, receveur du Bailliage d'Autun (1472-1473) B 2474.

FOLIO 18. — *Charolles.*

1444. Deux coulovrines de fer chacune de deux piez et trois doiz de long, enchassillées en bois et garnies chacune de trois chambres, contenant chacune chambre demi pié de long, 50 livres de plomb pour faire plombées.

FOLIO 18, v°. — *Dondain.*

1444. Deux coulovrines de fer chacune de deux piez et demi de long, enchasillées en bois, garnies chacune de trois chambres. Item huit livres de pouldre de canon et 24 livres de plomb à faire plomblées.

FOLIO 19. — *Artus.*

1444. Une coulovrine de fer de deux piez demi de long, garnie de trois chambres, deux livres de pouldre de canon et 10 livres de plomb pour faire plombée.

FOLIO 19, v° — *Sauvement.*

1444. Deux coulovrines de fer chacune de deux piez demi de long, enchassillées en bois et garnies chacun de trois chambres 10 livres de plomb à faire plombées et 4 livres de pouldre.

FOLIO 20. — *Chastillon-le-Duc. Vesoul.*

1448. Deux livres de pouldre pour refreschir autre pouldre estant audit chastel.

FOLIO 20, v°. — *Arc-en-Barois.*

1474. Soixante plombées de fer mises en garnison au château.

FOLIO 34.

1474. Façon à Dijon de quatre chambres pour les deux ribaudequins étant audit chatel (1).

---

(1) Compte de J. Courret, receveur de la chatellenie d'Arc-en-Barois (1474-1475), B 2136.

F° 51. Payé à J. Appert, la somme de 7 gros pour avoir enchassé en bois une sarpentine de bois garnie de deux chambres, 7 gros.

F° 53. Payé à J. de Varennes, mareschal, la somme de 17 f. 10 gros pour avoir fait

Folio 21. — *Chastel de Crevant.*

1447. Ph. de Vaudrey, maitre de l'artillerie, y met par ordre du duc, deux veuglaires garnis de leurs chambres, gettans chacun une pierre d'environ 4 livres, 4 coulovrines de fer et 50 livres de pouldre.

Folio 23.

1454, 29 janvier. Decharge donnée par le duc de Bourgogne à Artus et Jehan de Vaudrey, ecuyers, frères, enfants de feu Philibert, maitre de l'artillerie, de tout ce dont ils étaient tenus de rendre compte de ladite artillerie, moyennant l'abandon des 300 fr. de rente que ledit Philibert touchait sur les revenus de Montboson et la restitution de toutes les parties d'artillerie qui se trouveront encore en leur pouvoir.

Folio 23, v°. — *Saulx-le-Duc.*

1465, 20 juin. Canon de fer de trois piez de long, garny de sa chambre, gectant pierre de trois poulces de haut. Deux coulevrines de fer, l'une couverte d'une feuille d'étain, l'autre painclurée de rouge et 60 livres de pouldre, envoyés pour la sureté du chateau.

Folio 25.

Le 22 juin suivant, le maréchal de Bourgogne, qui rassemblait les troupes convoquées par le comte de Charollais pour prendre part à la guerre du *Bien public,* mande au conseil qu'on lui envoye quatre charrettes, chargées de quatre ribaudequins, dont il y en a trois garnis chacun de deux flaigeoz et de leurs chambres; comme aussi de coings et d'autres ferrures y nécessaires et le quatrième qui est de trois flaigeoz semblablement garnis de leurs chambres, de coings et de tout ce qu'il fault.

Item quatre petiz tonnelez plains de pouldre de canon, pesans huit 24 livres. Item 120 pierres servans auxdits ribaudequins et 200 de tampons pour lesdits ribaudequins.

On lui envoya également ung gros weuglaire de fer, garny de sa chambre qui a de longueur totale environ huit pieds, signé et marqué

entre autres ferrures ung coing de fer et une chainne pour mettre derrière la chambre du gros canon; quarante plombées de fer servans à serpentines — deux arrests pour deux petites hacquebuches. — Pour avoir lié et ferré une serpentine de fer à deux chambres sur son affeust tout à neuf, tant de liens, charnières coing chainne que de tout ce qu'il y appartenoit.

en la chasse au bout devant d'icelle et sur le principal sercle de trois gros traiz de lyme ou royes. Et sur une ance etant en la chambre et au milieu d'icelle, à une croix S¹ Andrien faiz à traiz de lyme et entre ladite croiz quatre petiz escussons estampés sur ladite ance. Et puet porter ledit weuglaire pierre de huit poulces de haut. Item ung quaque tenant 224 livres de pouldre de canon (1).

Grancey.

La Chambre des Comptes, sur l'ordre du maréchal, délivre le 5 juillet suivant pour la defense du chateau de Grancey, ung wlglaire de fer de cinq pieds de long tant en vollée que chambre, gectant pierre de quatre poulces de hault marquez, c'est assavoir la volée à ce saing <> et la chambre à ce saing W. Item quatre couleuvrines de fer à main, les deux estamées, les deux autres emprimées de couleur vermeille et 12 livres de pouldre. (50 livres de poudre furent encore envoyées en juillet 1467. F° 30.)

Le 9 juillet, 60 livres de poudre furent envoyées au chateau de Bar-s.-Seine. (F° 26). 1470 (F° 35) nouvel envoi de 50 livres de poudre..

Vingt livres de poudre furent prêtées aux habitans de Noyers.

Le 10 juillet. Deux petites couleuvrines estamées de deux pieds de long, furent envoyées au capitaine du s.-Seine-s.-Vingeanne.

(Une note écrite en marge fait connaître qu'au mois de décembre 1470, Jaques Bonne, garde de l'artillerie, envoya au même lieu 20 livres de poudre de coulovrines et d'autres munitions.)

Le 13 juillet 1465, toujours suivant les ordres du maréchal, la Chambre des Comptes fait envoyer 30 livres de poudre au chateau de Chatillon-en-Bazois, autant à Chateau-Chinon.

Folio 27.

Le 20. Elle remet au chatelain de Luzy quatre coulovrines, deux

---

(1) Compte de Pierre le Carbonnier, receveur gˡ de Bourgogne (1464-1465) B 1754.

F° 824, v°. Payé 20 f. à Thevenin ferraille, pour avoir conduit sur son char et chevaulx devers Thibaut de Neufchatel le maréchal de Bourgogne, etant sur la rivière de Loire, ung gros et long veuglaire de fer garni de sa chambre, des traits et une quaque de pouldre.

Payé 12 f. à 4 autres qui ont egalement conduit quatre ribaudequins.

Payé 6 f. à N. Morangy pour estre allé avec ledit veuglaire jouer et tirer d'icellui toutes les fois que besoing estoit et à P. Coliote pour faire pierres pour lesdits canons.

blanches de la longueur de 2 pieds et demi et deux rouges de deux piez de long, avec des traits d'arbaletes.

Le 28. Quatre semblables sont envoyées au chateau de Montbard avec 25 livres de poudre.

Une couleuvrine blanche, une rouge et 10 livres de poudre sont envoyées à celui de Villaines.

Folio 35.

1470. Envoi de 12 livres de poudre.

Le 6 août. Ving-cinq livres de poudre, sont envoyés au chateau d'Arc-en-Barrois.

Folio 30.

Nov. 1467. Nouvel envoi de 16 livres de poudre.

Le 24 août. Autant à celui de Jussey et à celui de Rochefort.

Folio 29.

Le 11 mai 1467. Pareille quantité est accordée pour la défense du chateau de Tilchatel.

Le 4 juin suivant, le chatel de Fouvent reçoit pour sa défense, ung veuglaire de la longueur de quatre pieds et demy, la chambre marquée à tel seing + gectant pierre d'environ six piez de hault, garni de deux chambres avec une quaque de poudre d'environ 250 livres.

Le 15 juin, on y joint ung charriot de ribaudequins, ou il y a deux flageoz garnis de leurs chambres, chacun de la longueur de trois piez de long, gectant pierres d'environ trois polces de gros (1).

---

(1) En 1466, la Chambre des Comptes voulant utiliser une énorme bombarde qui gisait sans utilité dans l'arsenal de Dijon, la fit mettre en pièces et de ses débris fit fondre un certain nombre de serpentines.

J. Druet, receveur général de Bourgogne, mentionne cette gecture dans son compte de 1466-1467 B 1760.

F° 140. Payé à Simon Andrien fondeur de serpentines et de couleuvrines la somme de 80 f. 3 gros, sur ce qui peut lui etre dû, à cause de la fonte des serpentines ordonnée par le duc etre faite suivant marché de la grosse bombarde de metail qui estoit en l'artillerie de Dijon. Il y est encore en 1467.

Payé à Parisot de Cirey, m^d à Dijon, la somme de 42 f. pour la vendue de 400 de mitaille à 10 f. 1/2 le cent, pesés en la présence de Jaques Bonne garde et gouverneur de l'artillerie du duc à Dijon, et livrés à S. Andrien lequel les a employées en l'aliment des matières de ladite bombarde.

Payé à Thiébaut Gabiraut, m^d à Dijon, la somme de 95 f. 9 gr. 1/2 pour un milier

Folio 31.

Parties d'artillerie que Jehan de Savoie a fait faire par ordonnance de M. de Montagu au mois de mars 1470, avant Pasques, en entencion de l'enmener avec les 800 lances que M. le duc avoit mandé aler devers lui en ses pays de Flandres et laquelle artillerie a esté menée à Chalon devers mondit s^r de Montagu pour soy en aidier à l'encontre des ennemis estans oudit mois de mars ou conté de Mascon, à Buxy, St Gengoul et ailleurs ou Chalonnois (1).

Premièrement six sées toutes assovyes de mouches et de cordes.

Item quatre quelhues neuves à mettre bagues, servans à l'artillerie, garnies chacune d'une sarrure et ferrées à l'avenant.

Item deux grosses cordes chacune de trois toises de long, pesant chacune 75 livres.

Item, 24 marteaux à maçon, garnis de menches — 50 haiches emmanchées — 50 serpes — 50 tranches — 25 pics — 12 piez de chievre en fer — 109 paules de bois ferrées.

Item trois grands sacs de cuir à mettre poudre de serpentine.

Item douze maillez de plomb emmanchés, 12 faloz — 125 tirefons — 6 demies lances pour faloz et 1,500 tourteaux à faloz.

(Cet état ne paraît pas terminé.)

de mytaille acheté à Troyes et rendu à Dijon, lequel a été livré au même Andrien.
Compte de J. Druet, receveur général de Bourgogne (1467-1468) B 1762.
Payé à Bardin de Ligny, roulier, la somme de 60 f. pour avoir fait deux affuts pour mettre deux de ces serpentines.
Payé 18 gros 1/2 à P. Angelin, mercier, pour la façon des 50 livres de poudre qui ont servi à essayer ces serpentines à Talant.
Payé 21 gros à J. de la Hoye, serrurier, pour avoir ferré les deux affûts.

(1) Il s'agit ici de l'invasion de la Bourgogne qui eut lieu en 1471. Au commencement de cette année, les hostilités ayant éclaté entre Louis XI et Charles le Téméraire, Gilbert comte de Montpensier et le maréchal comte de Comminges, pénétrèrent en Bourgogne par le Maconnais, en même temps que le connétable de St-Pol et Dammartin s'emparaient des villes de la Somme. Ils s'emparèrent de St-Gengoux et assiégeaient le château de Buxy quand le sire de Montaigu, rassemblant tout ce qu'il put de troupes, accourut à Chalon. Informé que la garnison de Buxy avait promis de se rendre si elle n'était secourue dans la huitaine, il résolut de marcher *à toute sa puissance* pour venir la dégager. Mais il trouva les ennemis en si belle disposition de le bien recevoir, que faute d'un nombre suffisant d'archers, son artillerie et ses hommes d'armes furent impuissants pour s'ouvrir un passage. Force lui fut de rétrograder sur Chalon, où il opera sa retraite poursuivi par les Français et ayant laissé bon nombre des siens sur le carreau. Le château capitula. Mais les Français ne poussèrent pas plus loin leurs entreprises. (Corresp. municipale de Dijon, I, 136.)

Folio 32.

Parties d'artillerie que Jaques Bonne, garde de l'artillerie du duc à Dijon, a à recouvrer de Jehan de Savoie, lesquelles ledit Jean a fait faire comme il appert par un cayer de parchemin où les pris desdites parties sont declarés que l'on entendait mener à Chalon devers M. de Montagu au mois d'avril 1470 et 1471.

Premierement quatre sées de fer — 40 piez de chievre — 40 tranches de fer emmanchées — 40 pics — 24 marteaulx à maçon — 25 haiches de fer et acier — 50 serpes.

Item 42 batons ferrez es deux bouts pour tenir pavaix. 200 tirefons.

Item 30 gans et 30 brasselez pour archers — 30 bourses de cuir à mettre plombées et pouldre de serpentines et couleuvrines — un sac de cuir contenant 30 livres. — Cinq sacs de cuir à mettre pouldre sur les charrioz.

Deux queues couvertes de cercles et garnies de serrures et ferrées à mettre haiches et maillez.

Item une autre queue et deux muys garnis de couvescles et serrures. — Trois autres queues de sappin garnies de covescles et de trois grésillons. — Deux petiz tonneaux à mettre traits.

Item douze faloz, — un millier de tourteaux.

Item 155 maillez de plomb enmanchiez — 65 paules de bois ferrées.

Item 144 lances non ferrées, — 269 fers de lance.

Item la lance servant à la bombarde.

Item 75 tampons pour serpentines — 12 pour bombardes.

Item un barrot à mettre graisse — 21 lyars.

Item 3,700 de traits d'arbalete.

Item 24 pavaiz neufs.

Item 12 pierres pour la grosse bombarde — 27 autres pierres moindres — 35 autres pierres plus petites et 25 autres pierres plus petites.

Item trois chargeurs de fer à chargier serpentines.

Item plusieurs cordes grosses et menues à lier les bombardes tonneaux et autres choses nécessaires.

Item 36 paires de traiz pour chevaux.

Item une grosse corde d'engin à lever bombarde. Deux combleaux, deux troussières pour mettre es polyes le tout pesant 117 livres.

Folio 32, v°.

1471. Mise en charge du capitaine du chateau du Riveaul à Autun de 41 grosses plombées de fer, servant à une grosse coulovrine et de 38 moindres plombées, servans à autres colovrines communes et de plusieurs broiches et de 11 clefs pour fermer les fretiz desdites colovrines.

Item de cinq quarterons de billes de pierre pour servir es veuglaires et serpentines.

Item de certaine quantité de moles et plombées tant grosses que petites, pour employer à getter engins de guerre à feu, estans audit chastel.

Folio 35.

1470, 20 décembre. La chambre des comptes fait délivrer au capitaine du chateau de Talant. Deux granz serpentines de fer chacun de cinq pieds de long en la volée, garnies chacune de deux chambres emprimées de couleur vermeille et 40 livres de pouldre de canon.

1475, 1ᵉʳ avril. Elle met en charge au capitaine de Montréal (1) cinq hacquebusses de fer pesant 221 livres, achetées par lui pour la défense du chateau.

1474. Elle met également à la charge du chatelain de Joux, la somme de 4 f. 2 gros, pour la facon de 200 livres de poudre, dont les matière furent achetées à Genève — la sᵉ de 21 f. pour achat de 100 livres de poudre et de 450 pierres de fer servans à grosses coulovrines, serpentines et autres battons estant audit chastel. De plus un cent de plomb, pour faire des pierres à coulovrines à main et à croichez.

(1) Compte de J. Dyeure, chatelain de Montréal (1474-1475). B 5451 F° 51.

Payé à Jean Angely, mareschal à Espoisses, la somme de 18 f. 18 gros doubles, pour la délivrance de cinq hacquebuches de fert, pour la deffense dudit chastel pesans lesdites hacquebuches onze vingt livres de fer à 1 gros la livre.

CHAPITRE V

ARTILLERIE DU DUC PHILIPPE LE BON

(Documents extraits des comptes.)

Aveuglé par le ressentiment qu'il éprouvait de l'assassinat du duc Jean, son père Philippe le Bon avait à peine signé à Arras les préliminaires du funeste traité de Troyes, qu'il assembla son armée, convoqua ses vassaux et se prépara à faire durement expier au dauphin le crime dont il s'était rendu coupable.

Les Armagnacs venaient de surprendre de la ville de Roye (décembre 1419), il y dirigea sur le champ, Jean de Luxembourg, dont l'attaque fut si vive qu'après huit jours de siège la garnison capitula. Ce fut le prélude de cette nouvelle phase de la guerre de cent ans.

Guy Guilbaut, receveur général de toutes les finances du duc, chargé d'acquitter les dépenses de cette première expédition, témoigne dans son compte de 1419-1420 (B 1605) que l'artillerie n'y fut point inactive.

Payé à J. Lebailli voiturier demeurant à Lille la somme de 176 f. 10 s. monnaie de Flandre, pour son salaire d'avoir mené sur la fin du mois de decembre 1419, de la ville de Lille sur plusieurs chariots, vint ribaudequins, ensemble les canons et un autre gros canon devant la ville de Roye pour le fait du recouvrement d'icelle. F° 147 v°.

Payé aux charpentiers, maçons, pionniers qui ont besogné au

siege de Roye en Vermandois que y tint Messire Jehan de Luxembourg au nom du duc, 2,374 f. 10 s. 1 d. monnoie royale.

    Savoir.

A quatorze charpentiers qui par dix jours ont besongné de leur métier. 38 f. 12 sols.

A dix maçons pour le même espace de temps. 28 f. 12 sols.

A 27 pionniers qui ont besogné de leur métier durant le même temps. 71 f. 4 sols.

A Robert Rinel canonnier pour son sallaire d'avoir esté audit siege et sur ce qui lui est du de ses gages. 6 francs.

A Jehan Tourneflesche son valet, 2 f. et demi.

A Jaquemart   frères artilleurs pour leurs gages, 9 f.

A Colin Henebolle févre, sur ses gages 2 f. 1/2 et 1 f. 1/2 à son valet.

A Pierre de Lille voiturier pour le salaire de six charioz qui ont mené audit siege 140 pierres de canon, 8,000 douzaines de flesches, un tonneau de poudre et plusieurs abillements de guerre, 39 f.

A J. Regnaut pour les estoffes et facon de 200 fusées portans feu à deux fois, 46 f. 13 s. 8 d.

A J. des Maisières pour une livre ung quarteron de canffre, delivré audit J. Regnaut. 11 f.

Pour le salaire du charriot à six chevaux qui a amené les habillements des pionniers comme pelles, bouches, piqs, hoeaulx, hottes et aucunes garnisons de vivres pour eux.

A J. de Flandres messager de pié pour estre allé hastivement en Cambrésis quérir J. Goman faiseur de pierres de canon, 12 f.

A. J. Feuillet Gautier pour deux sacs de cuir à mettre pouldre de canon, 6 sols 8 den.

Envoi le deux janvier audit siege de 817 livres de poudre de la garnison d'Arras.

Achat de 8 marteaulx et six becquoirs de fer, pour tailler pierres de grès, etc., etc.

A Robert Rinel canonnier et faiseur de poudre, pour avoir fait 5,319 livres de poudre, dont 2,078 livres furent envoyées au siege de Roye, à 23 sols d'Artois le cent. Valent 68 f. 5 s. 8 den. parisis.

Achat de J. du Mez s^r de Croix bailli de Lille moy^t 175 ecus d'or de 48 sols, d'un gros canon mené devant la ville de Roye.

Achat moy^t 300 f. de Jacques de Harcourt, chevalier chambellan, d'un gros canon pour aidier au recouvrement de la ville de Roye.

Le duc continuant sa marche sur Troyes où l'attendaient le Roi et la Reine arriva devant Crespy qu'il assiegea sur la prière des villes de Laon et de St-Quentin, lesquelles avaient fort à souffrir des ravages de cette garnison (fevrier 1420). Celle-ci qui était commandée par Lahire se défendit vaillamment pendant quinze jours, au bout desquels elle obtint une capitulation qui du reste ne fut pas mieux respectée que celle de Roye.

Le même compte de J. Guilbaut contient seulement deux articles relatifs à cette action.

Payé la somme de 220 f. aux charretiers, qui entre autres munitions d'artillerie, ont mené depuis Arras au duc, en son host au siège devant Crespy en Laonois, 2,262 livres de pouldre en plusieurs tonneaux — quatre grans sacs de cuir à mettre poudre — un tonnelet dans lequel Guillaume de la Viscoingne, canonnier du duc, avait mis ses abillements.

Payé 5 f. à Me Bertrand le serrurier pour ses depens et ceux de ses valets, par trois jours qu'ils ont vacqué en faisant trois gros chercles de fer pesant ensemble 400 livres à la bombarde appelée Senelle.

Durant les négociations du traité de Troyes, le duc employa son armée à expulser les partisans du Dauphin, des forteresses qu'ils occupaient en Champagne et sur les frontières de Bourgogne. Chassés une première fois du chateau d'Allibaudières près Arcis-s.-Aube, ils s'en emparèrent de nouveau et s'y fortifièrent si bien qu'il fallut recourir à un siège régulier. Germain de Givry, comme nous l'apprend J. Fraignot, receveur général de Bourgogne, dans son compte de 1419-1420 (B 1606), y amena à Dijon les bombardes, poudres et autres habillements de guerre. Le siège fut meurtrier, Jean de Luxembourg y perdit un œil et courut risque de la vie. La place subit deux assauts, capitula et fut rasée. La garnison eut seulement la vie sauve.

Parties payées pour le fait des voitures des bombardes, pierres, pouldres, piés de chèvre et autres abillements de guerre, conduites de l'ordonnance du duc par Germain de Givry, maitre de l'artillerie de Dijon et de Chatillon au siège tenu par Me J. de Luxembourg devant la forteresse de Haillebaudières, près Troyes, au mois d'avril

1420. Lesquelles parties montent à la somme de 1,292 f. 3 gros 17 deniers.

On ne donne d'autres détails sur ces pièces que l'achat d'un chable de cheneve femelle pesant 82 livres, pour aider à charger et decharger ces bombardes — et la refonte d'ung coussin de plomb pour une bombarde qui en avait besoin.

J. Legier, canonnier et quatre valets charpentiers accompagnent le convoi.

Payé à Ph. Mideau, maître des œuvres de maconnerie du duc, la somme de 269 f. 1 gros pour avoir fait taillier une certaine quantité de pierres de bombardes de plusieurs masons, de l'avis du maitre de l'artillerie.

Après s'être emparé de Sens et de Montereau, le roi d'Angleterre Henri V et le duc Philippe investirent la ville de Melun dont le Dauphin avait confié la garde au capitaine Barbazan. Malheureusement le même compte de Guilbaut et celui de J. Fraignot, receveur général de Bourgogne, ne nous fournissent aucun renseignement sur le rôle que joua l'artillerie dans cette circonstance mémorable (juillet 1420).

Ils mentionnent des charrois, des réparations de bombardes et la construction d'un boulevard en bois, exhaussé au moyen de futailles vuides.

Folio 241.

Payé à 16 charpentiers qui ont continuellement ouvré de leur métier pendant 57 jours, à partir du 24 septembre 1420 à 7 sols par jour, 456 f.

Payé à 12 macons qui ont semblablement ouvré de leur metier, pendant 52 jours, 312 f.

Payé à 7 pionniers qui ont semblablement ouvré, pendant 51 jours, 414 f. 1/2.

Achat de plusieurs fagoz pour mettre au bollewert devant Melun, 6 f. 7 s. 6 d.

Achat de dix sommes de charbon baillées aux ouvriers et canonniers qui mettoient à point les bombardes et canons, 17 f. 1/2.

Payé 6 f. à J. Pastaud, ouvrier de canons pour avoir refait un cercle rompu à la bombarde *Senelle*.

Achat de 108 Widengues dont on haussé le bollewert et fait barrière devant le pont, pour ce qu'on se doubtoit des ennemis, 25 f. 1/2.

Payé 28 f. 1/2 à G. de Givry, écuyer huissier d'armes et maître de l'artillerie, pour menus frais, faits au mois de juillet 1420 en menant de Dijon au siège de Melun, une grant quantité de bombardes poudre et autres abillemenz de guerre.

Payé à Humbelot Moreau et Guillemin de Mantoche, fèvres à Dijon, pour avoir, suivant marché passé avec la Chambre des Comptes, fait les cercles de fer appartenant aux deux bombardes appelées Cambray et l'Ecluse, moy^t 2 s. 6 d. par livre. Parmi ce qu'ils doivent soingner fer, charbon et autres matières et garder le viez fer des cercles rompus à 10 s. la livre. Auxquelles bombardes ils ont fourni savoir en celle de Cambray 3,185 livres 1/2 de fer neuf et en celle de l'Ecluse 2,777 livres qui font pour tout 5,962 livres 1/2 valant 745 l. 6 d. 3 s. t. Dont en rabattant de la bombarde de Cambray 1,865 livres de fer viez et 2,169 de celle de l'Ecluse, il leur est payé 282 l. 12 s. 11 d.

En marge est le certificat de Germain de Givry, maitre de l'artillerie du 27 août 1422, portant que ces deux bombardes ont été faites et parfaites suivant le marché.

L'année suivante, le duc Philippe après une conférence tenue à Montreuil avec le roi Henri V qui débarquait d'Angleterre, marcha sur St-Riquier où commandait le sire d'Offemont, zélé partisan du Dauphin. Le petit nombre de ses gens ne lui ayant pas permis d'investir completement la place, le siege tirait en longueur, quand il appris qu'un secours considerable arrivait aux assiegés. Il leva son camp et se posta aussitôt à la rencontre des ennemis qu'il atteignit à Mons-en-Vimeu sur les bords de la Somme ; les battit et revint devant St-Riquier qui n'espérant plus de secours, se remit entre ses mains.

Si le compte de J. Guilbaut, receveur général des finances du duc (1420-1421) (B 1612) est muet en ce qui concerne les promesses qu'accomplit son maitre dans cette chaude journée, il nous fournit quelques renseignements sur les poudres et les boulets qui furent fabriqués à l'occasion de ce siege, sur une nouvelle sorte d'engin, ainsi que sur les moyens dont on usait pour se procurer les matériaux nécessaires aux approches d'un siege.

Compte de Guy Guilbaut, receveur general des finances du duc (1420-1421) (B 1612).

Payé differentes sommes à Jaquemart Ladan d'Arras pour achat de toile destinée à estendre et seichier de la pouldre qui etoit remoistiée — de deux tamis et deux cuviers à tamiser ladite poudre — d'un mortier et de deux pesteaulx à estamper ladite poudre.

Payé à Robert de Renel canonnier 18 f. 12, pour la facon de 1,748 livres de poudre.

Payé 8 sols à J. Labbé fevre, pour la facon de trois cercles de fer à prendre mesures de pierres de canon.

Achat de huit fers d'aissis, pour mettre au car qui amena la grosse bombarde de Namur.

Charroi de canons-bombardes, canons, poudres, pierres (56) salepêtre.

Payé à Gabriel Moriel maitre charpentier et à 127 autres charpentiers, charrons, soyeurs d'ais, bocherons, abatteurs de bois 77 faiseurs de cloyes, manouvriers, pionniers, mineurs, 12 tailleurs de pierre, fevres, mareschaulx au nombre de 127 pour les journées par eux vaquées à faire les bastilles, manteaulx et autres approuchemens de guerre que Mgr et son conseil ordinaire ont ordonné estre faiz pour livrer l'assaut à la ville de St-Riquier, 546 f. 10 s. 8 d.

Payé 33 l. de Flandres à J. Lemaitre d'ostel, charpentier et à trois autres pour leur salaire d'avoir vacqué deux jours à St-Omer à mettre jus ung engin appellé Comblart et en oster plusieurs cordeaulx, ferrures et autres chosses, icelles chargier en une queue sur un chariot avec d'autres abillemens de guerre pour les envoyer au duc devant St-Riquier. Les abillements du comblart furent menés sur une brouette au lieu ou on les chargea. F^o 244, v^o.

Le duc donne une somme de 600 f. à J. de Luxembourg s^r de Beaurevoir pour l'indemniser des avances que ce capitaine qui commandait l'avant-garde, avait faites pour accélérer la prise de St-Riquier en envoyant dès le 5 aout 1421 ses charretiers dans touts les villages à la ronde, lui amener les portes, huis, fenetres, merriens, couvertures de feure et toutes autres choses nécessaires, pour faire bollevars, barrières et logis du coté de l'avant-garde ; pour amener les bois nécessaires à faire engins, chas, boullevers et autres ouvrages de charpenterie, faits par des charpentiers payés par lui, ainsi que les manouvriers et pionniers qui ont fait les fossés, mines et autres menus ouvrages.

Achat fait par Jehan Can dit le Camus, archer de corps du duc et commis par lui à la garde et gouvernement de l'artillerie audit siege, d'un second mortier de pierre, de six pesteaulx de bois pour estamper les pouldres, qui à l'occasion du temps s'estoient ramoistiées pour icelles affiner, avant qu'on ne les meist en œuvre — trois tamis pour les passer et nettoier — 12 aunes de gros chanevas pour y estendre et essever lesdites pouldres — 12 peaux pour en faire des sacs pour délivrer la poudre aux canonniers — Une balanches et ses poids pour delivrer ladite poudre aux canonniers.

Compte du même (1421-1422).

F° 119. Achat d'un cent de fer, dont il a été fait quatorze marteaux acerés avec un quarteron d'acier, pour faire arondir et amoysonnir les pierres des bombardes, canons et veuglaires au siege de S¹-Riquier.

Reffacon, rechaussement et remise à point desdits marteaux par 103 fois depuis le 6 au 29 aout 1421.

Achat et facon de deux ais pour faire les patrons des pierres de canons.

Achat de douze moyeux de roues, sur les quels on a arrondi lesdites pierres.

Paiement des diz macons qui durant 21 jours, taillerent 250 pierres de canon de plusieurs moisons, à 4 sols par. par jour.

Paiement des compagnons qui aiderent à charger la grosse bombarde amenée d'Amiens et à la decharger audit siege.

Le duc de Bourgogne expedie le 29 aout 1421 un message aux magistrats d'Abbeville, afin que hastivement ils lui envoyent devant S. Riquier un charriot attelé de 20 chevaux, pour remuer la grosse bombarde. F° 206.

A partir de l'année 1422, la centralisation à la Chambre des Comptes de Lille, du service général des finances et de tout ce qui ressortissait de la maison des ducs, réduit nos documents sur l'artillerie, à ceux existant, soit dans les comptes de la Recette générale de Bourgogne, soit des recettes qui en dépendaient. Renfermé désormais dans les limites de cette circonscription, il nous est interdit de suivre nos ducs ailleurs qu'en Bourgogne, aussi bien dans leurs expéditions guerrières que dans les autres actes de leur existence. Néanmoins, quelque restreint que soit maintenant le champ de nos recherches, il nous fournira encore plus d'un fait intéressant à recueillir et à constater.

Dans le courant du mois de juillet 1424, le duc Philippe, qui s'était rendu en Bourgogne pour prendre possession des comtés d'Auxerre et de Macon, qui venaient de lui être abandonnés, voulut profiter de la récente défaite de l'armée royale à Verneuil (17 août), pour reprendre les places du Maconnais, dont Charles VII s'était emparé deux ans auparavant. Il leva des troupes dans les deux Bourgognes, et dirigea sur Chalon, lieu du rendez-vous général, un convoi de 300 chevaux, dit l'histoire de Bourgogne (IV, 91), chargé d'artillerie, de munitions et d'armes de toutes espèces.

Le compte de J. Fraignot, receveur général (1424) (B 1628), dont nous donnons ici les extraits, mentionne parmi les bombardes qui y furent amenées, Griete, Katherine, Cambray, l'Ecluse, une autre appartenant à la ville de Chalon, des veuglaires et des ribaudequins. Il donne également le nom des canonniers qui les servirent aux sièges de Tournus, de la Bussière et de la Roche de Solutré, surtout de ce dernier, au succès duquel ils coopérèrent activement.

Folio 219.

Payé 108 f. à quatre voituriers, quatre valets et seize chevaux qui ont vacqué 24 jours entiers, à partir du 3 septembre, à mener de Dijon au siege de La Buxière et ramené à Chalon les bombardes, Griete, Katherine, un gros veuglaire, quatre petis ribaudequins et une certaine quantité de poudres, de pierres et d'autre artillerie.

Payé 40 f. à deux voituriers de Dijon qui avec trois personnes et six chevaux, ont également mené audit siege et ramené quatre veuglaires.

Payé 189 f. à six voituriers pour les dépens de 12 varlets et 30 chevaux, qui durant le même temps, menèrent sur leurs chars les dites bombardes, pierres et poudres.

Payé 83 f. 4 gros à sept charretiers de l'hôtel du duc, pour les dépens de 8 personnes et de 21 chevaux qui aidèrent à mener cette artillerie de Chalon à La Buxière.

Payé 39 f. 2 g. 5 s. à cinq charretiers pour les dépens de 14 personnes et 44 chevaux, qui ont aidé à mener cette artillerie de Dijon à Chalon.

Payé 61 f. 10 g. 1/2 à un voiturier lorrain, pour les dépens de 4 personnes et 11 chevaux qui ont aidé à mener la bombarde Katherine de Chalon à la Bussière.

Payé 58 f. à huit charretiers pour les dépens d'eux et de 16 chevaux qui le 11 sept. ont mené de Dijon à la Buxière les bombardes de Cambray et de l'Ecluse, ramenées de Chateauvilain, ainsi que certaines grosses pierres de bombardes.

Payé 146 f. 8 gros pour les dépens de 16 voituriers et 44 chevaux, qui ont aidé à charroyer ladite artillerie.

Payé 12 f. au chevaucheur qui depuis le 9 septembre, a vaqué continuellement, pour faire avancer les bombardes amenées de Chateauvilain, les conduire pié à pié aux sieges de la Buxière, de la Roche de Solutré et tenir compte des menus frais.

Payé 13 f. 8 gr. au comptable du charroi des bombardes, pour achat de cordes à trait de fut, de deux feuilles de fer noir, pour prendre la poudre et charger les bombardes.

Remboursement à Germain de Givry, maître de l'artillerie, de 9 f. 9 gr. employée à payer à Chalon — 24 pierres pour les veuglaires trois cercles de fer mis à la bombarde prêtée au duc par la ville de Chalon, ung coing de fer pesant 21 livres pour un des veuglaires et des sacs de cuir pour mettre la poudre.

Payé 11 francs à deux charpentiers de Dijon, qui ont aidé à conduire les bombardes aux dits sieges et y ont demeuré pour affuter lesdites bombardes et ouvrer de leur métier.

Payé aux canonniers Girardin Ridde et Enguerran, 8 f. 3 gr. J. Mareschal de Besancon, 25 f. 7 gr. 1/2, Jean Leger, 10 francs, Denisot, Buissoy, Fraichard et Belin de Chalon, 4 f. 1/2, pour avoir ausdits sieges tiré les bombardes et fait ce qui leur a été ordonné de leur metier de canonnier.

Payé 7 f. 3 gr. à deux rouhiers qui ont été audit voyage, pour appareille les charriots de l'artillerie.

Payé 22 f. aux trois maréchaux de Dijon, qui ont conduit l'artillerie audit siege pour la rapparoiller et mettre à point les bombardes.

Payé 10 f. 1 g. 15 d. aux charretiers de l'hotel ducal, qui après la reddition du chatel de Solutré, amenèrent les bombardes à Macon, d'ou on les chargea avec les autres habillements de guerre sur des bateaux qui les ramenèrent à St-Jean-de-Losne.

Au mois d'octobre 1426, Thibaut de Termes, Denis de Chally et le Batard de la Baume, capitaines royalistes, réunirent leurs forces et s'emparèrent de la forteresse de Mailly-le-chatel, située dans le pays d'Auxerre. Le duc Philippe, sur l'avis du marechal de Bourgogne prescrivit de rassembler des troupes, afin de délivrer la province d'un voisinage aussi dangereux. Déjà l'artillerie impatiemment attendue par le sire de Chastellux s'acheminait dans cette direction, quand arrivèrent à Dijon des envoyés des comtes de Clermont et de Richemont qui désavouaient l'entreprise, offraient de rendre la place et proposaient une trêve. Le conseil ducal ayant accédé à ces demandes, on suspendit le mouvement. C'est ce que confirme Jean Fraignot dans son compte de 1425-1426. B 1631 F° 171.

Envoi d'artillerie fait le 31 décembre 1426 à M. de Chastellux et aux autres seigneurs devant Mailly-le-Chatel.

Missions pour le charroi d'un des gros veuglaires et d'une certaine quantité d'artillerie.

Une note inscrite à la fin du paragraphe, porte que le convoi n'arriva point à destination, parce que les Bourguignons avaient abandonné le siege.

Des conférences pour la paix, ménagées par le duc de Savoie, eurent lieu à Bourbon-Lancy, elles n'eurent aucun résultat et les hostilités reprirent avec plus de force que jamais. Le marechal de Bourgogne rappela son armée, mit de nouveau son artillerie en marche et recommença les hostilités. Mailli, vigoureusement attaqué, fut repris ainsi que plusieurs autres places du Nivernais.

Un chapitre tout entier du compte de Mahieu Regnaut, successeur de J. Fraignot (1426-1427) (B 1635), constate la part considérable que prit l'artillerie dans cette expédition.

Folio 104.

Frais faits pour la prinse de Mailly-le-Chastel ou à cette occasion.

Payé 20 f. 7 gros 1/2 à un voiturier de Dijon pour 27 jours entiers commencés le 28 mai 1427, employés à conduire sur son char attelé de sept chevaux l'un des gros veuglaires du duc.

Payé 60 f. 9 gr. à un autre voiturier, pour deux chars attelés de quatre chevaux, conduits par quatre personnes, et chargés de 8 caques de poudre et un tonneau de trait.

Payé 40 f. 1/2 à un autre voiturier, pour avoir à deux personnes, mené sur son char attelé de 6 chevaux, quatre grosses pierres de bombardes, pesant 1,600 livres et d'autre artillerie.

Payé 70 f. 10 gr. à deux autres voituriers, pour avoir avec leurs valets, mené sur deux chars à cinq chevaux autour d'Avalon et ramené à Dijon huit autres pierres du même poids.

Payé 30 f. 4 gr. 1/2 pour le charroi des pavais de sappin.

Payé 55 f. 8 g. à trois voituriers, dont les huit chevaux ont mené et ramené un des gros veuglaires du duc.

Payé 162 f. à deux voituriers de Chalon pour 6 varlez et 24 chevaux qui ont mené la bombarde Griete.

Payé 101 f. 3 gr. à quatre charretiers de S‍t-Usage, qui avec un varlet et 15 chevaux, ont mené la bombarde Katherine et certaine quantité d'artillerie.

Un convoi composé de 19 charretiers, conduisant 53 chevaux, amena les poudres, les pierres des bombardes et veuglaires, les pieds de chievre, pioches, cognées, maillez de plomb, traits, falos, pavais de sapin et de cuir, lances, sacs de cuir à mettre la poudre, haches et autres habillements de guerres. Ils recurent 372 f. 9 gr.

La facon de 41 douzaines de tampons pour les bombardes et canons fut payée 21 gros.

Pour plus de sureté huit demi muids de poudre furent enserpillés dans des poincons d'un muid, achetés 2 f.

On acheta moy‍t 3 f., 56 aunes de grosse toile, pour couvrir les quatre charriots sur lesquels étaient la poudre, les tentes et les traits.

J. Marriot, marchand à Dijon, vendit 400 de plomb, à 5 f. le cent, que J. Broscaille, potier d'étain, fondit pour en faire deux oreillers servant aux bombardes, quand l'on les veu faire gecter. 6 gros.

Gillet du Cellier vendit deux feuilles de fer noir, pour faire des cuillers à entonner pouldre dedans les canons et bombardes. 3 gros.

Payé à J. Legier, canonnier, la s‍e de 20 f. pour avoir été au voyage dessus, et sejourné 15 jours à Avalon en attendant que le siege se mit devant Mailli, et etre allé avec l'armée, devant plusieurs places du Nivernais.

Payé 12 f. à J. le Mareschal, canonnier, pour le même fait.

Payé 9 f. à Enguerrand de Bovières, canonnier.

Payé à G. de Givry, maitre de l'artillerie, en dehors de ses gages ordinaires, la s‍e de 30 f. pour 30 jours de service, occupé à mener ladite artillerie de Dijon, à Guillon près Avallon en attendant le siege et l'avoir ramenée à Dijon.

Payé à Henri Bellechose, peintre du duc, pour deux pennons armoyés, mis sur les charriots des bombardes. 4 gros.

Lesquelles parties montent à la somme de 1,108 f. 1/2 non compris la solde des gens de guerre.

Payé en outre 136 f. 6 g. 1 d. aux charpentiers d'Avallon qui firent deux grands tappeculs aliàs manteaux de bombardes et deux autres grands manteaux à mettre sur grans roes pour le garde des gens d'armes, comme encore quatre tresteaulx à faire alées, trois grans eschielles doubles, trois autres eschielles seingles, chacune de la longueur de 20 pieds ou plus, quatre grans roes enfoncés d'ais et de 14 pieds de haulteur chacune roe, quatre autres petites roes pour lesdits manteaux, deux garnisons de bois pour la conduite desdits engins.

On était arrivé à l'année 1431 ; les Français, contraints par le prince d'Orange de repasser la Loire (voir plus haut le siège de Sancenay dans le livre d'artillerie, p. 52) s'étaient abattus sur l'Auxerrois et en bloquaient la capitale. La famine y régnait déjà et la ville, si elle n'était promptement ravitaillée, devait nécessairement succomber. Dans ces circonstances, le chancelier de Bourgogne fit rassembler à Semur tous les charriots qu'on put se procurer, les chargea de vivres, d'artillerie et de munitions, manda des troupes en toute hâte et fut assez heureux pour faire parvenir le convoi à sa destination. Voici ce que rapportent les comptes de Mahieu Regnaut à propos de cette expédition :

Folio 120, v°.

Compte de 1430-1431 (B 1647).

Paiement de 41 f. 1 gr. 1/2 à G. de Givry, pour la dépense d'avoir fait conduire la bombarde du prince d'Orange de Chalon où elle était restée depuis le siège de Sanceney, jusques à Semur où se rassemblait l'armée, en passant par Beaune et Pouilly.

Autre de 65 f. 4 g. pour celui de la bombarde de Prusse amenée de Chalon au même lieu.

Autre de 44 f. 1/2 à J. de Rochefort, écuyer, pour avoir rassemblé à Semur tout le charroi des bailliages environnants, pour y charger l'envitaillement, deux gros veuglaires et d'autre artillerie. J. Marechal et J. Chambard, canonniers, sont requis du voyage.

Folio 123.

Compte du même (1432-1433) (B 1651).

Payé à J. de Champlitte, M⁽ᵈ⁾ à Dijon, la somme de 4 f. 1/2, pour 25 livres de plomb dont il a été fait 400 plombées pour les coleuvres menées au voyage d'Auxerre et pour 50 livres de suif en chandelles menées avec ladite artillerie.

Payé à Et. Racine, chaudronnier, la somme de 22 gros pour la façon de 300 de ces plombées.

Achat de douze petis antonnoirs à mettre la pouldre dedans lesdites coleuvres quand l'on en veult gecter. 2 gros.

Payé 13 gros à J. Letourneur pour avoir enmanché 26 des coleuvres de l'artillerie du duc.

Achat de quatre tresteaulx de bois faits à Semur, pour servir à reposer et mettre dessus ledites coleuvres pour en tirer, à 2 gros la piece.

Achat d'un fusy tout garny servant à allumer le feu pour tirer desdites coleuvres. 2 gros.

Achat de deux sacs de cuir à mettre poudre de canon, pour servir à tirer desdites coleuvres. 6 gros.

Renfoncement des tonneaux ou lesdites coleuvres ont été mises pour aller à Auxerre.

Payé sept francs à J. Chambard, canonnier, pour son salaire des quatorze jours qu'il est aller conduire ladite artillerie à Auxerre et y servir de son métier.

Payé 18 gros à Oudinet, aide à gecter les colouvrines, varlet de J. Mareschal, canonnier, qui a accompagné J. Chambard dans ce voyage.

Cependant les progrès des Français devenaient chaque jour de plus en plus marqués. La Bourgogne réduite à ses seules forces pouvait à peine résister aux attaques incessantes dont elle était l'objet. La plupart de ses places frontières avaient été surprises et il était temps que le duc vînt mettre un terme à une situation qui s'aggravait chaque jour davantage. Enfin il arriva au mois de juin 1433, suivi d'une armée au milieu de laquelle marchait la duchesse Isabelle de Portugal, alors enceinte de Charles le Téméraire. Arrivé à Chatillon, il laissa la princesse continuer sa route sur Dijon, et vint avec toutes ses forces assiéger Mussy-l'Evêque qu'il réduisit bientôt. Il se rendit maître de Lézinnes, de Pacy et côtoyant toujours les limites occidentales du duché, il se rabattit sur la ville d'Avallon dont le partisan Fortépice s'était emparé. Sommé de rendre la place, le capitaine répondit qu'il voulait avoir la gloire de se bien défendre. Il fallut donc entreprendre un siège regulier. Si le duc était accompagné d'une nombreuse artillerie, il manquait de pièces de gros calibre, et surtout du matériel nécessaire, il en manda de l'arsenal de Dijon, et se fit amener cette grosse bombarde de Bourgogne, mentionnée plus haut dans les livres de l'artillerie (page 37). Celle-ci ne suivit point la route ordinaire par Sombernon, Vitteaux et Semur. Soit difficulté des chemins, soit impossibilité, pour une machine d'un poids si considérable, de franchir à cet endroit le faite qui sépare les deux bassins de l'Océan et de la Méditerranée, six charriots chargés des deux pièces de la bombarde, de son engin, des poudres et des pierres, attelés de plus de cent chevaux escortés de nombreux conducteurs, ouvriers et travailleurs sous la conduite d'un écuyer et du maître canonnier prirent par Beaune, franchirent le faite aux Chaumes d'Anvenet et parvinrent devant Avallon, après avoir traversé Arnay, Saulieu et la Roche-en-Breuil. Je reproduis plus loin l'état de cette dépense qui fut considérable et dont justifia le clerc qui accompagnait le convoi, parce que ce document m'a semblé intéressant, en ce sens qu'il montre quelles difficultés présentait l'emploi de ces machines d'un poids si énorme, si faciles à rompre, et la nécessité où l'on fut amené de les remplacer par des pièces d'une dimension bien moindre et partant plus maniables.

Quoiqu'il en soit, la bombarde de Bourgogne justifia les espérances qu'on avait fondé sur elle pour le succès de l'entreprise, Jean le canonnier et ses huit acolytes en jouèrent si bien que Fortépice, après avoir repoussé un premier assaut, décampa une belle nuit, abandonnant au duc une ville démantelée et dans un état de ruine complet.

C'est la despense faite par Nicolas de Cerilly, clerc demourant à Dijon, par l'ordonnance et commandement de M. le duc pour mener la grosse bombarde nommée Bourgoingne de Dijon jusques en l'ost de mondit s^r devant Avalon (1).

Et premièrement,

Le samedi 26e jour de septembre 1433, ladite bombarde fut menée dudit Dijon jusques à Gilley et y ot pour la mener comme pour les

---

(1) Original, Chambre des Comptes de Dijon. B 11868.

habillemens et angins d'icelle bombarde, six chars. C'est assavoir deux très gros charrioz pour mener sur l'un la chambre de ladite bombarde, ou il y avoit 32 chevaux et sur l'autre char pour mener la chasse y avoit 34 chevaux. Item deux chars pour mener douze grosses pierres pour ladite bombarde, où il y avoit en chacun char neuf chevaulx. Item ung autre chargié de l'angin et autres habillemens servans à ladite bombarde, ou il y avoit huit chevaulx et le sixième char pour mener ung grand tonneau plain de cordaige pour ladite bombarde et trois caques de pouldre pour icelle bombarde où il y avait huit chevaulx. Font pour lesdiz six charioz 100 chevaulx, dont il y en avoit 84 qui avoient esté prins de par Monseigneur audit Dijon et les autres 16 chevaulx estoient à Madame qui les avoit prestez. Et pour mener ces six chars y avoit 24 charretiers, ausquels estoient les 84 chevaulx de prinse et huit charretons des chevaulx du chariot de madite dame. Et pour la conduite et ordonnance du charroy et autres affaires qui pourroient survenir en menant icelle bombarde, y estoit commis et ordonné de par M. le chancellier et MM. du conseil Jehan de Gray, lui troisième, ledit Nicolas de Cerilly pour en faire la despense, Guérart maistre canonnier de Monseigneur et huit compaignons avec lui, pour lui aidier en tout ce qu'il avoit a besoingner en icelle bombarde. Et aussi y furent envoyez, Jehan le Picard maistre charpentier lui deuxième et Jehan Bourgoingne royer, Jehan Chappellain maréschal et Jaquemin de Roosne, Jehannin de Mouttay et le coureur chevaucheurs de l'escuerie de Monseigneur ou sont en tout 52 personnes et lesdiz chevaulx qui souppèrent audit Gilley et le landemain illec desjeunèrent ou ils despandirent par compte fait présent ledit Jean de Gray, tant pour pain, vin, eufs, fromaiges, chandelle et aussi pour la journée desdiz chevaulx la somme de 18 f. 9 gros.

Item le dimenche 27° dudit mois ensuivant souppez et gisté et le lendemain desjeuner à Beaulne pour la despense de bouche faite illec par lesdits 52 hommes, et cent chevaulx et encore deux chevaux de creue qui avoient esté prins audit Gilley pour mettre es deux gros charioz pour ladite bombarde, par compte fait par ledit Nicolas présent ledit Jehan de Gray, 19 f. 1/2.

Item le lundi ensuivant souppez gister et le landemain desjeuner à Savigny pour la despense de bouche faite illec par lesdits 52 personnes, 102 chevaulx et 4 chevaulx de prinse que encore il convint prendre audit Beaune pour soulagier les autres chevaulx qui estoient trop chargiez et aussi pour la despense de 34 compaignons que ledit Jehan de Gray avoit prins audit Beaune tant pionniers, terraillons et manouvriers pour aller devant ladite bombarde et rompre roches, abres et faire le chemin devant icelle bombarde qui autrement n'eust put passer. Par compte fait par ledit Nicolas présent icellui Jehan de Gray, 21 f. 8 gros.

Item le mardi ensuivant 29° dudit mois de septembre soupper, gister et le landemain desjeuner à Tamerey (1) pour la despense de bouche faite illec par 64 personnes tant charretons charpentiers terraillons lesdits chevaucheurs et autres gens estans avec icelle bombarde et aussi 108 chevaulx dont les six avoient esté prins audit Savigney au lieu de deux autres qui estoient demourez sur le chemin qui ne povoient plus aler avant. Par compte fait, present ledit Jehan de Gray, 22 f. 4 gros.

Item le mercredi derrenier jour de septembre souppez gisté et le landemain desjeuner à Arnay pour la despense de bouche faite illec par 70 personnes, tant charretons, charpentiers mareschaulx et autres gens conduiseurs et aidans à mener icelle bombarde et aussi 106 chevaulx. Par compte fait, présent ledit Jehan de Gray, 23 f. 8 gros et pour achat de 24 pintes de vin, deux douzaines de pain et douze pieces de char pour porter sur le chemin dudit Arnay jusques à Saulieu où ils arriverent bien tard, 20 gros. Pour toute despense audit Arnay, 25 f. 4 gros.

Item pour la despense faite audit Saulieu par 54 personnes tant desdiz charretons, trois charpentiers, deux terraillons, trois chevaucheurs de l'escurie de M. le duc, illec attendent conduicte de gens d'armes, que mondit s^r leur vouloit envoyer de l'ost pour ce que les ennemis tenoient sur ladite bombarde, comme il avoit esté rapporté à mondit s^r. Et depuis ledit jeudi soupper jusques au mercredi ensuivant 7° jour dudit octobre desjeuner audit Saulieu qu'ils partirent d'illec pour aller au giste à Cussy les Forges, ou sont sept jours entiers, lesquels ils ont despensé par compte fait par ledit Nicolas, présent ledit Jehan de Gray qui journelment a veu la despense d'iceulx 54 personnes et 104 chevaulx. Et monte par lesdiz sept jours audit Saulieu, 138 fr.

Item par la despense desdites 154 personnes et 104 chevaulx ledit

(1) Thomirey, canton de Bligny (Côte-d'Or).

mercredi 7ᵉ octobre au soupper et giste et le landemain desjeuner audit Cussy les forges près de *Praeslez* par compte fait, présent ledit Jehan de Gray, 19 f. 1/2.

Item pour la despense d'iceulx 54 personnes et 102 chevaulx le jeudi ensuivant au diner audit siege devant Avalon, 7 f. 1/2.

Item ledit jeudi soupper et giste en retournant dudit siège à Dijon et venredi desjeuner à Semur pour la despense de bouche illecques faite par ledit Jehan de Gray, Nicolas de Cerilly, les huit charretons de Madame, douze autres charretons, deux chevaucheurs et autres manouvriers qui avoient esté prins sur le chemin ou estoient ensemble 40 personnes et 66 chevaulx. Par compte fait par ledit Jehan de Gray, 10 fr. 11 gros.

Item le venredi soupper et giste à Sombernon et le lendemain à Dijon pour la despense faite audit Sombernon desdites 40 personnes et 66 chevaulx. Par compte fait, présent ledit Jehan de Gray, 10 fr. 11 gr.

Somme toute que montent lesdites parties de despence 295 fr. monnoie royal.

Autres parties paiées de despense extraordinaire qu'il a convenu necessairement faire sur le chemin pour lesdiz six chars et aussi pour les chevaulx tant ceulx de Madame comme ceulx de prinse en menant icelle bombarde dudit Dijon jusques au siege devant Avalon.

Et premièrement.

Pour deux gros aissis pour mettre ou chariot qui menoit la charge de la grosse bombarde, lesquels furent prins et achettez à Beaune, 6 gros.

Item pour 36 fers à cheval que lon fist faire hastivement par deux mareschaulx audit Beaune pour ferrer aucuns chevaulx de dessus des six charriotz, tant de ceulx de Madame comme des autres chevaulx de prinse, 2 f. 3 gros.

Item pour une grosse cheville de fer et la clef aussi de fer pour mettre en la polie de l'engin de ladite bombarde et pour deux chenons de fer qui furent assiz du long des deux aissiz et aussi pour huit rouelles de fer qui furent mises entre les roes et l'eusse des charioz de ladite bombarde. Pour ces trois parties pesans ensemble 98 livres de fer a 12 s. tournois la livre, par marché fait par ledit Jehan de Gray valant 4 fr. 10 g. 3 s.

Item qui fut paié à quatre charpentiers qui hastivement avec les trois autres charpentiers estans avec ladite bombarde, essayèrent les deux pons des deux portes dudit Beaune pour passer icelle bombarde, 4 gros.

Item pour avoir fait faire quatre esponnes de bois pour mettre ou harnois des chevaulx de Madame qui menoient la bombarde, pour ce que les traiz les afoloient et despecoient les costez, 2 gros.

Item qui a esté payé audit Beaune à Robert de la Fougère mareschal pour ung millier de cloz à ferrer chevaulx que hastivement on lui a fait faire pour porter sur le chemin pour ferrer les chevaulx desdiz six charioz, pour ce que les autres cloz et fers à chevaulx que l'on avoit apporté de Dijon estoient ja employez, 1 franc.

Item à Maistre Guérart canonnier, pour l'achat de deux congnées à coper abres, hayes et buissons, pour faire le chemin devant lesdiz chariotz, 6 gros.

Item à J. Regnardet demourant à Arnay, pour quatre viroles de fer qui ont esté mises au chariot qui menoit la chasse de ladite bombarde et quatre liens de fer pour la limonnière et l'aissy dudit chariot, tout pesant ensemble 19 livres à 12 s. t. la livre, vault 11 gros 1 blanc.

Item à Odot Tiron dudit Arnay pour 46 livres de vieil oingt pour oindre par chacun jour lesdiz six charioz pour ce que l'autre vieil oingt que l'on avoit apporté dudit Dijon estoit ja employé, au pris de 4 blancs la livre, 3 f. 10 gros.

Item à Jehan de la Forge et Thiebaut Verrier mareschaulx dudit Arnay pour 44 fers à chevaulx, qui ont esté mis et employez es chevaulx desdiz six charioz et aussi pour encore 600 de cloz à cheval que ledit J. de la Forge a fais, lesquelx ont esté baillez aux charretons de Madame qu'ils avoient fait faire tous propres pour les chevaulx à 6 blancs le cent et trois 3 blancs pour chacun fer à cheval. Pour tout, 3 f. 1/2.

Item à Jehan Chapellain mareschal, valet de Guillemin de Mantoiche de Dijon, qui aloit avec ladite bombarde pour ferrer les chevaulx et faire de son mestier tout ce qu'il pourroit, lequel fut afolé et froissé la jambe pour ce que la roe du chariot qui menoit la chasse de ladite bombarde l'estraignit très fort contre ung gros abre en montant la montagne d'Arnay, ainsi que lui et plusieurs autres aidoient à conduire et monter ledit chariot. Lequel J. Chapellain fut rapporté malade audit Arnay, où il est encore et lui fut presté par l'ordonnance dudit J. de Gray oultre 18 gros qu'il avoit receu à Dijon par J. Froment sur sondit voiaige, 10 gros.

Item qui fut paié à un guide de Saulieu pour avoir esté devant et conduire lesdiz six chariots dès ledit Saulieu jusques à la Roche de Brenis, 2 gros.

Item à ung serrurier dudit Saulieu pour avoir fait quatre torels et quatre aneaulx de fer pour mettre es brides des chevaulx de Madame qui estoient despeciés.

Item à Pierre Champenoiz charreton du chariot de corps de Mme la duchesse, qui estoit demouré malade et l'un des chevaulx du chariot de madite dame presté à lui par l'ordonnance dudit Jehan de Gray, 14 gros.

Item audit maistre Guerart canonnier, pour ung sac de mégis blanc qu'il a fait faire audit Saulieu pour mestre de la pouldre à canon, pour gicter quatre couleuvres, se empeschement d'ennemis fust venu sur le chemin à ladite bombarde, 2 gros 1/2.

Item à Jacot Moreau mareschal dudit Saulieu pour avoir fait six arondelles et quatre liens de fer pesans 18 livres pour mettre es deux charrioz qui menoient ladite bombarde à 12 s. tournois la livre val. 10 g. 3 b.

Item à Armet Minière bourrelier dudit Saulieu pour avoir refait, rambourré et mis à moins quatre selles de harnois des charioz de Madame et aussi avoir remis à point huit brides. Pour tout par marché fait, 10 gros.

Item à Girard de la Mote mareschal dudit Saulieu pour 48 fers qu'il a mis et employés par l'espace de sept jours que ladite bombarde séjourna audit Saulieu es chevaulx de prinse de ladite bombarde à 3 bl. le fer. Parmy 200 de cloz à cheval qu'il a baillez valent 3 fr.

Item à deux hommes de Praesles pour hastivement porter lettres de nuit de par messire Mille de Paillard, qui illecques estoit à tout 80 hommes d'armes, pour conduire ladite bombarde à M. le gouverneur estant audit siege d'Avalon, afin que encores il envoyast le landemain bien matin des archers pour la conduite d'icelle bombarde, pour ce que les ennemis estans en grant nombre à Pierre Perthus, tenoient sur ladite bombarde, 6 gros.

Item à Jehan de Bourgoingne royer demeurant à Beaune, lequel Jehan de Gray avoit prins audit Beaune et icellui fait venir avec ladite bombarde, pour aidier à faire de son mestier avec les autres qui y estoient tout ce qui seroit à faire es charioz de ladite bombarde. Pour ce paié à lui tant pour sa peine que pour s'en retourner dudit siege jusques audit Beaune, 9 gros.

Item à Jehan Couroy mareschal demourant à Semur pour huit fers à cheval qu'il a mis es chevaulx de Madame en les ramenant dudit siege à Dijon à 3 bl. le fer valant 6 gros.

Somme toute des parties d'extraordinaire pour ladite bombarde cy dessus déclarées, 26 francs 10 gros et demi monnoie royal.

Audit Jehan de Gray escuier que mon seigneur le duc lui a tauxé et ordonné prandre et avoir de lui pour consideracion de la painne et travail qu'il a eu par l'espace de quinze jours entiers commencans le 25ᵉ septembre darrièrement passé et finissant le 10ᵉ octobre ensuivant à conduire et faire mener la grosse bombarde de la ville de Dijon jusques au siege devant Avalon, la somme de vint francs. Pour ce par quittance sur ce dudit Jehan de Gray, 20 f.

Audit Nicolas de Cerilly clerc pour avoir esté par les diz quinze jours à faire la despense des frais d'icelle bombarde, où il a eu grand travail et peine. Pour ce à lui tauxé et ordonné par mondit seigneur pour chacun jour neuf gros valent comme appert par sa quittance sur ce 11 francs 3 gros.

Somme de ces deux parties 31 francs 3 gros.

Somme de toutes les parties de cest present roolle cy dessus escriptes 353 francs, un gros et demi monnoie royal.

Suit le mandement du duc Philippe donné à Dijon le 25 octobre 1433, qui prescrit à la Chambre des comptes, d'allouer la dépense contenue dans ce role, dans le compte de l'aide de 40,000 f. votés par les Etats du duché au mois d'aout de la même année.

Mahieu Regnaut signale encore dans son compte de 1433-1434 (B 1653) fᵒ 106, à propos du siege de Belleville, appartenant au duc de Bourbon, le paiement d'une somme de 100 f. fait à Philibert de Vaudrey, gouverneur des comtés de Tonnerre, d'Auxerre, pour les depenses de la conduite vers le duc Philippe alors à Macon (novembre 1434) de la bombarde appellée Bergière, laquelle était restée à Joigny.

Là s'arrêtent aussi les documents relatifs à l'artillerie de campagne sous le règne de ce prince. Le traité d'Arras va se signer et si l'on en excepte le passage des Ecorcheurs, les Bourgognes vont s'endormir dans une paix profonde jusqu'au règne de Charles le Téméraire.

CHAPITRE VI

CONTROLE DE L'ARTILLERIE SOUS PHILIPPE LE BON, DUC DE BOURGOGNE

Jusqu'aux dernières années du règne de Jean sans Peur, le maître de l'artillerie avait pu, quoique à grand'peine, suffire seul aux devoirs de sa charge. Mais il en fut autrement quand survinrent ces furieuses guerres qui aboutirent au traité d'Arras. La dissémination des troupes bourguignonnes sur un territoire qui des Alpes, de Lyon et de la Loire s'étendait jusqu'au fond de la Hollande ; la nécessité où elles se trouvèrent parfois, de se procurer sur place l'artillerie et les munitions dont elles manquaient ; le développement toujours croissant de l'artillerie à feu, démontrèrent bientôt l'impossibilité pour un seul homme de pourvoir, de gérer et de diriger d'une manière efficace l'artillerie de ces différents corps d'armées qui tous sillonnaient en sens divers ce vaste territoire. Ici encore l'intérêt du Trésor détermina la création d'officiers spéciaux plutôt civils que militaires, placés sous l'autorité du maître de l'artillerie, mais relevant plutôt des Chambres des Comptes que de ce maître. Ces officiers, désignés sous le nom de contrôleurs, furent attachés à tout corps d'armée un peu considérable et y remplacèrent le maître, pour tout ce qui concernait la gestion du matériel.

Ainsi les contrôleurs devaient tenir note des marchés passés soit par le maître, soit par les Chambres.

Recevoir les objets achetés, confectionnés ou fournis.

Examiner s'ils étaient conformes au marché.

Inventorier l'artillerie des arsenaux du duc.

Rassembler l'artillerie désignée pour telle expédition, en faire l'inventaire de matériel dont ils devenaient responsables et en indiquer la provenance.

Tenir compte des distributions d'armes, de canons ou de munitions faites aux capitaines, dans l'intérêt du service.

Et l'expédition terminée, dresser l'état de l'artillerie conquise, comme aussi de celle consommée ou perdue et soumettre le tout aux Chambres des Comptes du ressort desquelles leurs offices dépendaient.

Les registres des contrôleurs étaient remis en la Chambre des Comptes et concouraient, conjointement aux livres d'artillerie, à la vérification des livres des receveurs chargés d'acquitter les dépenses de ce service.

Celui que nous reproduisons ici dans sa presque totalité est le seul qui existe aujourd'hui à la Chambre des Comptes de Dijon. Une note écrite en marge du premier feuillet, fait connaître que la copie en fut envoyée à la Chambre des Comptes de Lille, qui depuis longtemps déjà centralisait le service général des finances des ducs de Bourgogne.

Le double duquel controlle a esté par ledit contreroleur baillié en la Chambre des Comptes à Lille, le 4ᵉ jour d'avril l'an 1445 avant Pasques.

Contrerole (1) fait par Berthelot Lambin, institué par M. le duc de Bourgoigne et de Brabant et contreroleur de son artillerie, comme il appert par ses lettres patentes, données à St-Omer le 16ᵉ jour de juing l'an 1439 de toutes les artilleries, tant de celles qui ont esté trouvées du temps passé comme de celles achetées depuis son institucion audit office en la manière qui sensuient.

Et premièrement.

Marchié fait à Jehan Cambier, marchant, demourant à Tournay, et à Maistre Pierre de l'Olive, fondeur, demourant à Bruges, par l'ordon-

---

(1) Registre petit in-8° en papier couvert en parchemin, contenant 7-20 feuillets numérotés, et en assez mauvais état, le papier ayant été mouillé et pourri. Le bas des feuillets du premier cahier est à peu près illisible. B 11866.

nance de M. le duc de Bourgoigne et de Brabant, présent M. de Halebourdin, Lebon, de Zaveuses, Jehan de Visen, Guillaume Lemuet et pluseurs autres de faire plusieurs ouvrages cy après déclarés.

Fera ledit J. Cambier, une chambre de fer servant à la volée de fer quil a faicte pour tirer la pierre qui y appartient qui est de 22 polz de grosseur en croisière et tendra ladite chambre 100 livres de pouldre et pour ce pesera icelle chambre environ de 10 à 12 milles livres de fer. Laquelle chambre il sera tenu de faire de bon fer de soingner. . . . . et fournir pour tenir lesdites cent livres de pouldre et. . . .

. . . .
. . . .
. . . .

Folio 1er.

Item fera trois chambres pour les trois veuglaires estans à St-Omer, pour le pris de 18 d. la livre.

Item et ou cas qu'il fauldra renforcier la volée dessus dite pour la chambre qu'il fera, tendra plus de pouldre que la chambre de cuivre, il aura 4 gros de la livre de ce qu'il y fauldra de fer.

Item demande ledit J. Cambier 150 livres tournois de 40 gros en recompensacion de la perte qu'il a faite à faire la vollée dessus dite, parmi ce qu'il sera tenu de faire trois chambres avec les autres trois ci dessus nommées pour les veuglaires dessus diz.

Item fera aussi ledit Maistre P. de l'Olive, de fondue de mettal, la voulée servans à la chambre de Bourgoingne pour le pris de 6 s. la livre, parmi ce qu'il sera tenu de soingner toutes matières en place, excepté mettal qui lui sera baillé en place, pour faire icelle volée et lui sera faict prest prestement de 100 l. de 40 gros, et demourant à la fin de l'ouvraige.

Folio 2.

Et avenir quelconques et de ceulx de leurs hoirs et tout ainsy quil est acoustumé de faire des propres deniers et debtes deues à mondit s^r. Présens les dessus dis. Fait à St-Omer le 22e jour de mars l'an 1489 avant Pâques. Ainsi signé B. Lambin.

Item a esté depuis marchandé audit J. Cambier de reffaire tout à neuf la bombarde qui estoit rompue à Bruges pour le pris de 400 livres qui lui seront payés en faisant ledit ouvraige.

110　　　　　　　CONTROLE DE L'ARTILLERIE

En marge : Ladite bombarde a esté faicte et parfaicte et fut donnée et envoyée par mondit s^r au roi de Portugal, laquelle comme l'on dit fut prinse sur la mer par Pelisson.

Aultre marchié et achat fait par le commandement et ordonnance de mondit seigneur, tant par Phelibert de Vauldrey maître de son artillerie, comme par Pierre Wadelin gouverneur des finances d'icellui s^r, Martin Cornille, recepveur general desdites finances et autres gens de l'ostel de mondit s^r de plusieurs artilleries en la manière cy après declarée qui furent fais es années 1443, 1444, 1445 en la présence de moy ledit Lambin contreroleur.

. . . . , ... marchant demorant a. . . . .
. . . . pour la vollée
. . . . faicte mention
. . . .

FOLIO 2, v°.

pour ce que la chambre qu'il avoit faicte portoit trop de pouldre et la volée ne leust peu souffrir et quelle blessoit la chambre de Bourgoingne et que ladite chambre ne devoit tenir que 80 livres de pouldre et il le fist tenir de 100 à 120 livres. Et pour ce convient faire ladite chambre et aussi fut marchandé audit Cambier de faire une volée de douze piez de long pour la chambre avant dicte pour porter la pierre appartenant pour ladite chambre, pour le pris de 2 sols la livre monnoie de Flandres. Et lesquels ouvraiges il a promis de faire bon et léalment et de bon fer d'Espaigne, tout au regard d'ouvriers aïans, à ce congnoissance, soubs l'obligacion de tous ses biens presens et avenir quelsconques et ainsi quil est accoustumé de faire des propres deniers deuz à mondit seigneur.

Autre marchié et achat fait audit Cambier par le commandement et ordonnance de mondit seigneur, des parties d'artillerie cy après declarées pour le pris ci dessoubs escript. C'est assavoir pour 120 crapaudeaulx de fer à mettre sur ribaudequins de quatre piez et demi de long portans pierre de deux poulces en croisière et garnis chacun de trois chambres. . . . . servans à tous lesdiz ribaudequins.

. . . .

Item pour 50 autres crapaudeaux . . . .
à mettre aussi sur ribaudequins . . . .
avec trois. . . . chambres.

Folio 3.

toutes pareilles pour servir ausdiz ribaudequins de la longueur des dessus diz portant VII polz et demi de pierre ou plomb de grosseur en croisière pesans ensemble   au pris de deux sols la livre.

Item pour douze autres crapaudeaulx de fer aussi chacun garnis de trois chambres toutes pareilles de la longueur que dessus portant 4 polz de pierre en croisière au pris de 15 deniers la livre pesans ensemble   lesquelz ouvraiges il a promis de faire bien et loialment et de bonne matière au regart d'ouvriers et soubs l'obligation que dessus.

Dudit J. Cambier acheté de lui par marchié fait avec lui par ledit Philibert par le commandement et ordonnance de mondit s^r les artilleries ci après declarées. C'est assavoir une grosse bombarde de fer d'une piece, par lui delivrée à Namur audit Philibert, esprouvée deument et souffisament comme il est contenu en la certification dudit Philibert, portant pierre de 13 polz en croisiere pesant 8,200 livres à 18 s. la livre valant 620 livres de 40 gros. Item pour cinq veuglaires dont les deux portans pierre de 5 polz en croisière et les aultres de deux à trois polz pesans ensemble 2,596 livres de fer à 15 s. la livre valent 162 livres. Et pour refaire et remettre mil toises de chaines de fer.
. . . . et qui avoient este achetées. . . .
. . . . ainsi quil est contenu
. . . . pesant ensemble 12,043 livres
. . . . dudit Cambier par ledit Philibert.

Folio 3, v°.

pour les faire plus menues et faire revenir à 2,000 toises, pour la facon d'icelles 3,000 livres tournois de 40 gros par marchié fait à lui par ledit Philibert et par l'ordonnance que dessus.

Autre marchié fait le 23° jour d'octobre l'an 1446 par M. de Ternant et Philibert de Vaudrey maître de l'artillerie par le commandement et ordonnance de mondit s^r et en sa présence à J. Cambier marchant d'artillerie demourant à Tournay, par ainsi que ledit J. Cambier doit faire parfaire bailler et délivrer les parties d'artillerie prestes et assouvies pour mettre en l'artillerie d'icellui s^r, pour les pris et en la manière cy après déclarée.

C'est assavoir une grosse bombarde de fer pesant 12,000 livres, contenant la voullée de ladite bombarde 10 pieds de long et portant pierre de 350 livres et la chambre d'icelle bombarde environ six piez de long et contenant 72 livres de pouldre ou environ, au pris de deux sols de livre valant 1,200 livres de 40 gros. Et au cas que ladite bombarde pesera plus que lesdiz 12,000 livres on lui doit paier le sourplus au pris que dessus.

Item cinquante cinq charrioz de bois appellés ribaudequins, garnis de limons, roes, tables, pavaix et autres choses qui y appartiennent et aussi garnis de ferrure et liéz ainsi qu'ils doivent estre pour sur . . . les diz . . . .
ribaudequins lier mettre et asseoir . . . .
le pris et somme de 11 livres . . . .
ledit J. Cambier joindre . . . .
les volées et . . . .

Folio 4.

et appellés l'un le *Damp*, l'autre *Vergier* et l'autre le *Rouge* pour les pris et somme de 223 livres et qu'il a baillée et délivré 480 livres de salepestre à faire pouldre de canon despensée au siege que mondit seigneur a naguères fait tenu avec ceulx de Liege devant Augimont à l'encontre du damoiseau Evrard de Lamarche (1) dont lui a esté tauxé et ordonné par marchié fait comme dessus au pris de trois sols la livre valant 68 livres huit sols, montant ensemble icelles parties à la somme de 2,601 livres 8 sols dudit pris de 40 gros monnoie de Flandre la livre.

Aultre marchié fait audit J. Cambier nommé cy devant par le commandement et ordonnance de mondit s^r par Messire Daviot de Poix conseiller et chambellan de mondit s^r et commis en l'absence de Ph. de Vauldrey au gouvernement de son artillerie cy après déclarée.

(1) Voir plus loin les détails de ce siège.

C'est assavoir 12 veuglaires de quatre polz de grosseur et croissie et de 4 piez de long chambre et volée, garnis chacun de deux chambres, à mettre sur ribaudequins pesans ensemble. . . . à 12 s. la livre valent.

Item 24 longs crapaudaux garnis chacuns de deux chambres et portans pierre de deux polz en croisière de.... piez de long, volée et chambre audit pris pesans ensemble.

Folio 4, v°.

Item 87 plus petis crappaudeaulx garnis chacun de deux chambres portans pierre de deux polz en croisière et cinq piez de long, chambre et volée audit pris, pesant ensemble.

Item 12 veuglaires à enchasser en bois pour mettre ainsi que bon semblera, garnis chacun de deux chambres et portans pierre de 4 polz en croisière et de quatre piez de long chambre et volée. Et peut l'en mettre la pierre par derrière.

Item six autres plus gros pour rompre taudis et engins volans, dont il y a deux, portans pierre de 7 polz en croisière et de sept pietz de long chambre et volée.

Item deux aultres portans pierre de six polz en croisière et six pietz de long, chambre et volée, et deux autres portans pierre de cinq polz en croisière et cinq piez de long, chambre et volée. Chacun veuglaire garni de deux chambres, pesans ensemble à 12 s. la livre valent....

Item trois autres veuglaires dont les deux portent pierre de huit polz en croix et de huit piez de long, chambre et volée. Et l'aultre pierre de neuf à dix polz de long, chambre et volée. Chacun garnis de deux chambres pesans ensemble....

Item 60 colovrines dont [il y en a 40] au pris de 15 sols pièce et 20 [autres au pris de 20 sols pièce. Valent....

Folio 5.

Item une petite bombarde, chambre et volée tenant ensemble, portant pierre de 12 à 13 polz en croisière et de 13 pietz de long chambre et volée pesant.

Item une quehue de salepestre de Champaigne pesant....

Folio 6, v°.

Marchés passés par Philibert de Vaudrey, maître de l'artillerie du duc, avec J. Clavant dit Binchois, pour la façon de quatorze mille douzaines de flèches ferrées de bon bois et toutes cirées à la main 144½ 17 mars.

Folio 7.

Autre pour la façon de cinquante milliers de fusts de dondainnes à arbalestes de bois de chesne, empennés à deux pennons de bois, garnis de fer d'espreuve (1446, 29 septembre).

Marchié fait par Philibert de Vaudrey, maître de l'artillerie de M. le Duc à J. Clavant, dit Binchois, archer du corps et artilleur du duc et à Gillain, Maron marchant, demourant à Bins, de parfaire bailler et délivrer les parties d'artillerie pour le pris et somme cy après déclairés, pour aider à fournir six galées que mondit seigneur le duc veut envoier en Rodes au secours de la foi chrétienne.

. . . . estoit a trop hault pris ledit Binchois.
. . . . leur sortisse son effect en la manière quil
. . . . rappourte. . . . . Joffroy et agens . .
. . . .

Folio 7, v°.

Et premièrement trente canons de bon fer d'Espaigne, chacun de quatre piez de long chambre et volée, garnis chacun de trois chambres portans pierre de quatre polz en croixière; la livre ouvrée au pris de 15 deniers monnoye de Flandres. Item six mille de pierre de mabre servans esdiz canons, chacune pierre au pris de neuf deniers dite monnoye. Item six bariz de chauchetrappes; chacun barri contenant trois milliers au pris de 60 sols le millier. Item soixante-douze guindaulx moittié doubles, moittié sengles, chacun guindal double au pris de 48 gros, et le sangle au pris de 24 gros. Item douze coulouvrines de fer d'Espaigne, chacune garnie de trois chambres pour tirer sur chevauloz, au pris de quinze deniers la livre. Item soixante-douze autres coulouvrines de bon fer d'Espaigne pour tirer en la main, chacune au pris de 48 gros monnoie dessus dite et trois mille six cent livres de pouldre, moittié de canon et l'autre moittié de coulouvrine, chacune livre l'une portant l'autre au pris de

six gros dite monnoie montant lesdites parties à la somme de . . .
Lesquelles parties, lesdits Binchois et Gillain Maron, et chacun d'eux pour le tout doivent livrer et rendre faites, parfaittes, asseurées et appreuvées comme il appartient toutes les fois que besoing sera requis en seront pour les pris et sommes ci-dessus déclarées : Escript et fait le 26ᵉ jour de mars 1447.

N. B. — C'est cette flotte qui, sous la conduite de Geoffroy de Thoisy, contribua si puissamment à la levée du siège que le soudan d'Egypte avait mis devant Rhodes et qui réunie ensuite à celle du sire de Wavrin fit dans la Méditerranée et dans la mer Noire une croisière qui fut aussi glorieuse pour les armes du duc que funeste aux mécréants.

FOLIO 8.

Marché fait avec Hennequin Harmenzenne valet de chambre et artilleur du duc pour la façon de quatre cent arbaletes d'acier, garnies, montées d'arbres et couvertures de cuir (1446, 29 juillet).

Autre avec le même pour les parties d'artillerie à fournir aux six galées que mondit seigneur entend envoyer en Rodes. Savoir cent arbaletes d'acier à la façon de Gennes, cent baudriers garnis d'eschielle polie de fer et tramel pour les monter; mille pavois doublés de bois de poupplier, paineturés par dehors et couvers de parchemin, et douze cent lances ferrées (1446, 16 novembre).

FOLIO 8, vº.

Marchié fait par G. de Vaudrey maitre de l'artillerie du duc à Guillaume Wertel marchant d'artillerie demourant à Tournay de délivrer les parties d'artillerie qui s'ensuivent :

Ung gros (canon) de fer garny de deux chambres, portant pierre de vint livres, contenant chacune chambre huit livres de pouldre, pesant ensemble douze cent livres, à quinze deniers la livre, valent 72 livres.

A lui pour quinze crappaudeaulx de diverses moisons, garnis chacun de deux chambres portant pierre de deux livres, pesant ensemble seize cent livres à 15 deniers la livre, valent 102 livres.

A lui pour cinquante coulouvrines bonnes et bien ouvrées à 25 sols piece valent 72 livres 10 sols.

A lui pour dix huit milliers de dondainnes et demie dondainnes par moitié et six milliers de traits communs.

A lui pour chaussetrappes et plantemaleu par. . . . .

Folio 9.

Montant ensemble lesdites parties de 824 livres 10 sols de 40 gros. Lesquelles parties d'artillerie, ledit Philibert de Vaudrey a prinses et achetées dudit G. Wertel pour les pris et somme dessus dites et icelles doit mener en l'artillerie de mondit seigneur, si comme il appert par sa certiffication faite le 21ᵉ jour d'avril 1446 après Paques.

Autre marchié fait à Désir de Templon et Perreau frères demourans à Namur charpentiers, de faire cinquante quatre ribaudequins de charpentaige avec les manteaux garnis et habillés selon la forme et manière qui leur a esté baillée par mondit sʳ. Chacun ribaudequin fait de leur mestier de charpenterie portant trois, quatre ou cinq crappaudaulx que par le maistre de l'artillerie leur sera devisé, lequel sera le mieulx. Chacun ribaudequin de quatre piez dè long d'assiette de bon bois sec pour le pris de quatre livres de 40 gros. Et mondit sʳ leur doit bailler bois en ses bois, prez dudit Namur en lieu du bois sec qu'ils baillent. Fait le 5ᵉ jour de novembre 1443.

Folio 9, v°.

Autre marchié fait ledit jour à P. de Emmelane rouhier, demourant audit lieu de Namur, de faire la limonnure desdits ribaudequins. Pour chacune limonnure 16 sols de 32 gros.

Autre marchié fait à Simonneau de Chauveau, mareschal, de ferrer lesdits ribaudequins de toutes ferrures qui y appartiennent, y compris les roes pour le pris de 10 s. la livre.

A Arnoul paintre demourant à Namur, pour paindre les manteaulx et autres choses desdits ribaudequins, à la devise de mondit seigneur et bien vernisser chacun ribaudequin, pour le pris de 16 sols de 32 gros.

Folio 10.

Aultre marchié fait par l'ordonnance de mondit sʳ par MM. des Comptes à Dijon, J. de Visen conseiller et receveur general de Bourgoingne et Berthelot Lambin controreleur de l'artillerie à J. Que-

not fevre, demourant à Dijon, de faire et avoir de lui les parties d'artillerie cy après declairées.
Et premièrement.
Doit bailler et délivrer ledit J. Quenot la quantité de douze cent de salepestre, le cent au pris de 18 f. monnoie royal valent.

Item doit faire cinquante arbrieres (arbeletes) etc.

Item doit livrer un millier de soulfre au pris de 8 francs 4 gros le cent.

Item . . . . veuglaires de fer gectans pierres de douze livres . . . . chambres, tenant trois livres de pouldre, chacune chambre.

FOLIO 10, v°.

Item vingt quatre autre veuglaires gectans pierre de sept livres, garnis chacun de deux chambres et tenant deux livres de pouldre.

Item quarante autres veuglaires, garnis chacun de deux chambres, gectant pierre de six livres et tenant une livre et demie de pouldre.

Item soixante autres veuglaires garnis chacun de deux chambres gettans pierre de quatre livres et tenant chacun chambre cinq quasterons de pouldre.

Item soixante dix autres veuglaires, garnis chacun de deux chambres, gettant pierre de deux livres et tenant une livre de pouldre la chambre..

Touz lesquels veuglaires au pris de 4 blancs la livre.

Item ung cent de coulouvrines de fer, cinquante à deux chambres, cinquante à une seule, que pourra couster 150 francs.

FOLIO 11.

Item doit encore livrer quatre mille cinq cent livres de salepestre de Champaigne tout affiné et tout prest, pour faire pouldre audit pris de 18 f. le cent.

Item quatre mille cinq cent livres de soulfre, au pris de 8 f. 4 gros le cent.

Item ung millier de charbon.

Item ung cent d'arbelestes d'acier.

Item vingt quatre mille dondainnes.

Aultre marchié fait par M. de Ternant et Philibert de Vaudrey, conseillers et chambellans de mondit s^r le duc et ce dernier, maistre de l'artillerie de mondit s^r (f° 11, v°) et par l'ordonnance de mondit s^r à J. Quenot fevre demourant à Dijon, de quinze milles livres de pouldre de canon au pris de 2 gros la livre monnoie royal (26 avril 1447).

Marchié fait par les dessus nommés à J. Mareschaut canonier demourant à Dijon, d'un canon de fer pesant environ quatre mille livres de fer, contenant neuf piez de long et portant pierre de huit polz en croisie, pour le pris et somme de 400 francs monnoie royal. Fait l'an et jour dessus dit.

Folio 15.

Marché fait avec J. de Butinière artilleur du duc pour la façon d'arcs, avec les quartiers de bois de Roménie, amenés du Portugal et donnés au duc par sa femme la duchesse Isabelle.

Folio 15, v°.

Matière bailliée et délivrée audit Phelibert et achetée par lui tant de celle qui fut trouvée à Luxembourg c'est assavoir chauderons, pailles et pots de cuivre, comme de celle qui lui fut baillée à Bruges de la volée de (la bombarde de) Bourgogne qui avoit esté faillie.

Et premièrement.

Audit Phelibert 18,006 livres. C'est assavoir 21000 de potis 27,086 livres d'arain.

De maistre Anthoine Frichier bombardier demourant à Mez par ledit Phelibert, par le commandement et ordonnance de mondit s^r et paié par Martin Cornille conseiller et receveur général de toutes les finances de mondit seigneur, la somme de 2,400 livres 8 sols, pour vingt-deux milliers de mitaille nommée arain, pour faire et fondre la chambre de la volée nommée Luxembourg, qui a esté fondue audit Luxembourg. Et doit avoir ladite volée douze piez de long et la pierre de 28 polz et doit avoir ladite chambre sept piez de long de dix polz de tampon et onze poulz depuis ledit tampon en derrière. Et en ce comprins ses pene et salaire de faire fondre ladite chambre et la rendre toute assouvie en la ville de Luxembourg et aussi . . . . . . qu'il a mis avec ladite mitaille . . . . pour ce 2,004 livres 8 sols . . . .

Folio 16.

De Watelet d'Avenes, marchant demourant à Dinant, neuf milliers d'arrain pour mettre avec la mittaille qui fut achetée des butiniers à Luxembourg, pour faire la bombarde audit Luxembourg, au pris de 10 florins le millier, valent 950 florins.

Audit Phelibert qui lui a esté délivré à Bruges par B. Lambin, contreroleur de l'artillerie, pour faire la volée de Bourgoingne, laquelle n'a pas esté faite, mais en a esté faite la chambre de la volée de Luxembourg, seize milliers cinq cent livres de matière.

Et que ledit Phelibert a acheté du damoiseau de Lamarche et qui lui ont été délivrés trois milliers de matière.

Audit maistre Anthoine, par marchié fait à lui par ledit Phelibert en la somme de 484 livres 8 sols de 40 gros. C'est assavoir pour sa peine et salaire de faire et fondre à ses missions et despens une vollée pour servir à la chambre de Bourgoingne, excepté la matière qui lui a esté menée de Bruges à Luxembourg. Et estoit la matière qui estoit en l'ostel de maistre Pierre audit Bruges quil l'avoit faillie deux fois (à fondre) et y avoit seize milliers cinq cent de matière et la doit faire de douze piez de long portant pierre de 22 polz . . . . et aussi pour douze cent d'estain pour lier (ladite ma)tière au pris de 8 livres 14 sols le cent.

Folio 17.

Cy après s'ensuit l'artillerie de J. Cambier marchant demourant à Tournay qu'il a livrée à Mgr de Crevecuer, capitaine dudit lieu par Berthelot Lambin contreroleur de l'artillerie de mondit s^r. Ainsi par marchié fait audit J. Cambier par Mgr et les gens de son conseil, en la manière qui s'ensuit.

Au chastel d'Aire.

Dondainnes, traits communs, flesches, arcs, cordes d'arc, lances, maillez de plomb, juisarmes, plante malin, chauchetrappes.

Six vingt deux coulouvrines de fer de trois sortes (ou grosseurs) à 36 sols la piece, valent 212 livres 12 sols.

Deux veuglaires de fer pour tirer . . . . de pierre en croisiere et ont la voulée. . . . . chambre ensemble huit piez . . . . bouter la pierre par derrière fournis chacuns . . . .

Folio 18.

Item quatre autres veuglaires de fer de deux sortes de six piez de long, voulée et chambre, ensemble les deux et les autres de quatre piez de long voulée et chambre ensemble, pour tirer quatre polz de pierre tous d'une grosseur et sont fournis chacun de deux chambres.

Item trois autres veuglaires de fer pour tirer trois polz et demi de grosseur, à touz chacun six piez de long voulée et chambre ensemble et sont de trois sortes, chacun fourny de deux chambres pour tirer deux polz et demi et trois polz de pierre en plomb, et tout de la nouvelle façon à bouter la pierre par derrière. Toutes les quelles parties de veuglaires, et crappaudeaulx pesans ensemble 13,733 livres de fer au pris de 18 d. la livre, valant 1,029 livres 19 sols 6 d.

Item 10,075 pierres de marbre pour servir aux veuglaires et crappaudeaulx dessus dits, au pris de 8 d. la piece, valent 339 livres 7 sols 6 deniers.

Item ung veuglaire de fer à deux chambres, pour tirer onze polz de pierre en croisière pesant 7,895 livres.

Folio 18, v°.

Item ung autre gros veuglaire de fer à deux chambres, tirant neuf polz de pierre en croisière, pesant 4,600 livres.

Item ung autre gros veuglaire de fer à deux chambres, pesant neuf polz et demie de pierre en croisière, pesant 3,926 livres.

Item ung autre veuglaire de fer à deux chambres tirant huit polz et demi de pierre en croix, pesant 3,349 livres. Lesquelx quatre gros veuglaires pesent ensemble 17,774 livres, au pris de 18 d. la livre valent 1,333 livres 1 sol.

Folio 19. — *Bruges.*

Artillerie estant à Bruges recouvrée par Berthelot Lambin contre-roleur de l'artillerie de mondit s^r après la mauvaise journée (1), *laquelle a esté à Aire.*

Premièrement.

Quatre coulouvrines estant chacune sur un baston.

Item une autre colouvrine sur un baston à quatre chambres.

Item deux veuglaires à quatre chambres, estans sur deux engins de bois tournans sur pivoz.

Item quatre pesans crappaudaulx à huit chambres, estans sur quatre engins de bois tournans sur pivoz.

Item cinq bancs à cinq grans coulouvrines.

Item ung banc à deux crappaudeaulx à deux chambres (maistre Pierre doit deux chambres).

Item trois charrettes, sur chacune charrette, trois grans crappaudeaulx à six chambres.

Item encore trois autres charrettes, sur chacune charrettes six pesans coulouvrines à tout douze chambres.

Item six colouvrines à main.

Folio 19, v°.

Item les billettes de plomb appartenant ausdites coulouvrines et crappaudeaulx.

---

(1) Berthelot Lambin fait ici allusion à cette terrible sédition du 22 mai 1437 où les Brugeois attaquèrent le duc à son entrée dans leur ville et le contraignirent à se retirer après lui avoir tué le maréchal de Lile Adam et presque toute sa suite.

Item deux autres veuglaires de fer à cinq chambres.
Item deux autres veuglaires enfustés en bois sans chambre.
Item trois engins de bois tournans sur pivoz sans crappaudeaulx.
Item quatre vingt cinq pierres de veuglaires de 7 à 8 potz en croix.
Item dix pierres de fondue dont on tire feu grégeois pour bruler villes et chasteaulx.
Item cinquante pierres de marbre de grosses bombardes que lesdits de Bruges menèrent devant l'Escluse (1).
Item quinze pierres de fondue à getter feu gregeois que lesdits de Bruges menèrent devant l'Escluse.
Arbalestes, flesches, viretons, tourteaux de faloz.
De ceste artillerie, partie a esté tournie la nave et si en a esté mené à Namur pour le voyage que mondit seigneur le duc vouloit derrierement faire en Bourgoigne, pour ce que l'on disoit que les Escourcheurs ils vouloient entrer quant Monseigneur le Dauphin ala es Alemainnes.

Folio 20. — St-Omer.

Artillerie estant audit St-Omer.

Premièrement.

Maillez de plomb, tantes, paveillons et le bois qui y appartient, flèches, traits communs, viretons, dondainnes, serpes, arbalettes, hoyaux, hostes, palos de fer.

It. Ung quaque de souffre.
— Ung gros chable amené de Bourgoingne.
— Vingt trois paires de trais de charriots tous neufs.
— Six gros chables à lever bombardes et autres fardeaux.
— Ung veuglaire sans chambre.

Folio 21.

— Huit coulovrines de fer.
— Sept crapaudeaux de fer à deux chambres.
— Deux polies de cuivre pour les engins à chargier bombardes.
— Six chevalez de bois à tirer coulovrines.
— Deux charrioz touz neufs à mener bombardes, l'ung nommé Prusse et l'autre pour Artois.

(1) Les gens de Bruges alors en révolte contre leur prince (1er mai 1437) avaient mis le siège devant l'Ecluse dont le duc avait confié la défense au sire de Lalaing,

Item deux engins de bois à chargier bombardes, tous garnis de leviers.

Item deux charrioz pour mener bombardes, que on amena de Bourgoingne.

Item ung millier de plommées pour coulovrines que grans que petiz.

Item une bombarde de cuivre appellée....

FOLIO 21, v°.

Item une bombarde de fer appellée Artois, laquelle a besoing de renfourser la chambre.

Item la chambre de cuivre de la bombarde de Bourgoingne, dont la volée a esté faite de fer et y est à présent.

Item ung rouge veuglaire de fer sans chambre.

Item une grande quantité de pierres de bombardes faites et une autre quantité qui ne sont pas faites.

Item ung autre veuglaire enfusté en bois sans chambre.

Conquête du Luxembourg.

Cette artillerie, de même que celle mentionnée dans les paragraphes suivants, fut employée à la conquête du duché du Luxembourg, faite en 1443 par le duc Philippe le Bon.

Elisabeth, duchesse douairière du Luxembourg, veuve de Jean de Brabant et de Jean de Bavière, oncles de ce prince, avait, par traité signé à Dijon, cédé au duc Philippe tous ses droits sur ce duché, et l'en avait créé maimbourg, en se réservant seulement un revenu de 10,000 francs. Mais comme le roi de Bohème et le duc de Saxe, qui se prétendaient héritiers d'Elisabeth, avaient fait occuper le pays et l'en avait évincée, force fut au duc Philippe de recourir aux armes pour faire reconnaître les droits dont il venait d'être investi. Le traité conclu, le duc partit de Dijon en grande compagnie pour prendre possession de ses nouveaux domaines. Il rencontra aux environs de Langres l'armée que lui amenait le comte d'Etampes et pénétra dans le Luxembourg par Mézières, pendant que le sire de Le Laing y entrait du côté de Namur. Arrivé à Ivry, il fit assiéger le château de Villy, appartenant au damoiseau de Commercy qui, en ce moment, guerroyait en France, mais dont le lieutenant, Jacquemin de Beaumont, commettait mille ravages dans la contrée. Une nombreuse artillerie garnissait les murailles de la place, qui fit une vigoureuse résistance et donna le temps au sire de Commercy d'accourir à son secours avec ses Ecorcheurs. Mais le sire de Saveuse, qui commandait le siège, le battit à outrance et Villy fut emporté et rasé. Bientôt tout le pays fut soumis, à l'exception des villes de Luxembourg et de Thionville dont le siège offrait trop de difficultés. Cependant on parvint à s'emparer de la première de ces villes et à resserrer la garnison dans le château, dont on s'empara après un siège assez vif. La ville fut pillée *avec ordre* et le duc racheta des *butiniers* plus de dix-huit milliers pesant de cuivre qui servirent à fondre de nouvelles pièces de canon.

Folio 22.

Aultre artillerie recue par Philibert de Vaudrey M° de l'artillerie pour mener en le duché de Luxembourg, qui fust de l'artillerie que mondit s^r fit mener des pays de Flandre en Bourgogne et aussi de celle étant à Dijon.

Et premièrement.

Arcs, cordes, fleches, dondaines, arbaletes, fil d'Anvers, guindaulx, tourteaux, faloz, lances, marteaux de macons, ciseaux, pics, pioches, coguées, koiches, pelles ferrées, serpes, pics de chevre, soufflets, lanternes, chandelles de suif, pavoix.

Item seize coulovrines, huit de cuivre, huit de fer.
Item mille livres de poudre de canon.
Item une laiette ou il avait 400 perrettes de plomb pour coulovrines.
Item ung petit tonuelet ou il avoit quarante livres de pouldre de coulovrine.

Folio 23.

Aultre artillerie tant achetée que empruntée tant pour le siège de Villi que autrement.

Du damoiseau Jaques de Lamarche, 500 livres de salepestre et 166 livres de souffre.

Du comte de Vermembourg, salepestre 692 livres, souffre 200 livres.

Des habitans de la ville d'Ivuys; pouldre de canon faite 170 livres.

Des habitans de Masières; pouldre de canon faicte 200 livres.

Des habitans de Monmedi; 200 livres.

De Jehannin de la ville demourant à Masières pour faire taudis 32 windanges.

Des habitans de Monmedi, ung chariot ferré à quatre roes pour amener pierres de bombarde audit siège.

De Jacquemin le cordier d'Yvuys acheté de lui trente deux paires de gros traiz pour charroi de bombardes pesant 88 livres.

De lui 21 livres pesant d'autres cordages pour loyer fagoz sur les manteaux.

De lui deux esperons de cordes pour enroer les roes des charrioz des bombardes.

De Regnaudin Langlois de Masières pour trois grosses pièces de cordages, les deux chacune de vingt toises et l'autre de 28 toises, pour servir es bombardes et à l'engin volant estant devant Villi.

De lui trente toises de menu cordaige, pour servir audit engin voulant.

De Perrotin le Mercier demeurant à Yvuys 132 livres de fer, pour faire les chevilles des manteaux et autres habillemens pour les bombardes et veuglaires.

De lui 23 douzaines de cordes d'arcs.

De lui 44 aunes de toille pour enserpiller les échielles que on mena devant M. le duc à Florenges.

De J. d'Yvuys 23 pelles sans fer.

De Perrin tourneur deux lanternes.

Folio 24.

Aultre artillerie achettée de plusieurs marchands tant de Bruges, de Tournay que d'autres que fut amenée à Yvuys pour la prinse de Luxembourg et aussi prins une partie des garnisons de mondit seigneur.

Et premièrement.

Arcs, cordes d'arc, fleches, maillez de plomb, lances, juisarmes, guindaulx, traits, dondainnes, tourteaux à faloz, epiez, cognées, langues de buef.

Item de Colard Deschamps 676 livres de pouldre de canon à 3 sols la livre.

Quatorze coulovrines de fer dont il y a deux chacune a deux chambres.

Douze coulovrines de fer.

FOLIO 25.

Aultre artillerie achetée de plusieurs marchands, tant de Bruges, de Tournay et d'autres, comme prinses es garnisons de mondit seigneur pour mener ou voiage que mondit s^r entendoit faire en Bourgoingne à l'encontre de M. le Daulphin que on disoit qui vouloit passer et entrer es pais de Bourgoingne et y séjourner lorsquil ala en Alemaigne. Et lesquelles artilleries ne furent point menées oultre, mais furent deschargées à Namur, pour ce que mondit s^r le Daulphin passa oultre sans entrer es pais de mondit s^r, comme au voiage que mondit s^r fist en Bourgoingne avant sa venue en Luxembourg, laquelle artillerie fut baillée et délivrée audit Ph. de Vaudrey, maistre de ladite artillerie.

Et premièrement.

Guindaulx et leurs cordeaux, fil d'Anvers 1,206 toises de chaines de fer et 600 anneaux de fer et 600 esses de fer à accoupler chaines, cordes d'arc, tourteaux, cire verte pour empenner flesches, cornettes à encorner arcs, peau de chien de mer, colle, flesches, maillez de plomb, juisarmes, pelles, pics, pioches, loiches, cognées serpes, pieds de chevre, faloz, marteaux à macon, cuillers de fer à fondre, forge garnie, seaux de cuir, crochets de fer, chaussetrappes, plante malain, dondainnes.

De F. Lecat mille livres de poudre de canon.

De lui 1,600 livres de plomb à faire plommées.

— Sept mille livres de souffre.

— 1,502 livres de salepestre.

De L. Lebacre, ung engin de bois à monter bombarde.

— Quatre gros chables pour bombardes.

— Quatre polies de cuivre servant audit engin.

— La ferrure appartenant audit engin.

— Deux charrioz touz neufs et touz ferrez à mener bombardes.

De Guill. Dubuis 200 livres pesans de plommées, servans aux coulovrines.

— Huit moles à faire plommées, tant pour crappaudeaulx que pour coulovrines.

De Bernart d'Eschenon gantier à Lille six grans sacs de cuir à mettre pouldre de canon.

— Soixante petiz sacs doubles à mettre pouldre de coulovrines et les plommées servans esdites coulovrines.

De J. Cambier 25 broiches de fer à chargier coulovrines.

— 600 pierres de canon de trois sortes, 200 de 14 polz de grosseur, 200 de 12 polz et 200 de 9 à 10 polz.

— 4,000 autres petites pierres.

— Une bombardelle de deux pieces appellée *Bergier*.

— Une bombarde de fer qui estoit au damoiseau Jaques de Lamarche, qu'il avoit reffaite et laquelle avoit este rompue devant Villy.

Item trois veuglaires de fer, rouges, garnis, chacun de deux chambres.

Item deux autres bombardes de fer, chacune à deux chambres qui estoient à la porte du *Damp*. Et avoient esté achettées pour le roy de Portugal, mais son facteur ne les prinst point. Et furent essayées en présence de mondit s^r et après furent menées à Namur avec les autres artilleries devant dites.

Item 400 pierres de bombarde de marbe servant aux bombardes dessus dites.

Folio 28, v°.

Aultre artillerie prinse au chastel d'Aire et à St-Omer pour mener à Namur en l'artillerie dont ci-devant est faite mention et aussi de Boullongne garde des joyaux de mondit seigneur.

Et premièrement.

Traits, communs, dondainnes, maillez de plomb, chaussetrappes, plante malains, perdriseaux, arbalestes.

Item cinq bancs ou il y a dessus cinq grans coulovrines de cuivre.

Item ung banc ou il y a dessus deux crappaudeaulx de cuivre à deux chambres.

Item six ribaudequins dont il a sur les trois sur chacun six grosses coulovrines de cuivre, chacune à deux chambre et sur les autres trois gros crappaudeaulx de cuivre, garnis chacun de deux chambres.

Item deux coulovrines de cuivre enfustées en bois chacune garnie d'une chambre.

Item trois grans coulovrines de cuivre tournans sur chevalés de bois.

Item deux petites coulovrines de cuivre enmanchées de bois.
Item huit coulovrines de cuivre sans mance.
Item 56 coulovrines de fer.

FOLIO 29, v°.

Artillerie trouvée au chastel de Villi après la prinse.

Et premièrement.

Ung veuglaire de fer à une chambre.

Item six veuglaires de fer enfustés en bois garnis chacun de deux chambres.

Item ung petit canon à main.

Item ung crappaudeaul de cuivre enfusté en bois garni de deux chambres gettant plombée de plomb.

Item trois coulovrines de fer.

Item quatre petis canons de fer d'environ un quartier de long enfusté en bois.

Item ung crappaudeaul de cuivre enfusté en bois et deux petites chambres de fer qui ne valent riens sans volée.

Item une grosse coulovrine de cuivre enfustée en bois.

Item ung autre veuglaire de fer garni d'une chambre enfusté en bois.

Item environ cent livres de poudre.

Item 7 à 8,000 de trait.

FOLIO 30, v°.

Aultre artillerie trouvée à Luxembourg après la prinse d'icelle et ont esté bailliées et delivrées audit Philibert.

Et premièrement.

Ung gros veuglaire de cuivre à deux chambres enfusté en bois sur quatre roes.

Item deux autres veuglaires de fer à une chambre de cuivre enfustés en bois sur deux roes.

Item deux veuglaires de cuivre d'une pièce l'un de trois piez de long, l'autre de deux piez et demi enfusté en bois.

Item ung autre veuglaire de cuivre enfusté en bois sur deux roes.

Item trois veuglaires de cuivre chacun d'une pièce, enfusté en bois et sur deux roes.

Item deux coulovrines de cuivre.

Item 2,376 livres de pouldre de canon.

Item pouldre de coulovrine, cent livres.

Item salepestre, 3,045 livres.

Item soulfre, 1,280 livres.

Item ung veuglaire de fer d'une piece d'un pié et demi de long enfusté en bois.

Item ung autre d'ung pié et demi de long qui ne vaut guères sans chambre.

Item deux veuglaires tout d'une pièce enfustés en bois.

Item deux chambres de cuivre sans volée.

Item trois petiz veuglaires de cuivre tout d'une piece d'environ ung pié de long chacun enfusté en bois.

Item ung petit canon de fer d'un pié de long enfusté en bois.

Item deux autres canons de fer d'une pièce d'environ deux piez de long, chacun, enfusté en bois et ung autre d'environ ung pié et demi de long enfusté en bois.

Item ung autre canon de fer d'environ deux piez et demi de long.

Item ung autre veuglaire de fer d'environ deux piez et demi de long d'une pièce enfusté en bois sur trois roes.

Item ung petit canon d'environ ung pié de long enfusté en bois.

Item ung petit canon d'environ ung pié de long et ung petit veuglaire à deux chambres enfusté en bois.

Item ung veuglaire d'une pièce d'environ ung pié 1/2 de long enfusté en bois sur deux roes.

Plusieurs crappaudeaulx et coulovrines.

Pelles, marteaux, traits de crannequin et d'arbaletes.

Le duc racheta des butiniers après le sac de la ville, 18,086 livres pesant de potis et d'airain.

Folio 33.

Autre délivrance d'artillerie à M. d'Etampes pour mener à Péronne.

    Et premièrement.

Une bombarde de cuivre de deux pièces nommée Bergière.

Une autre bombarde tout d'une pièce nommée Bergier.

Item ung petit veuglaire de fer de deux pièces, garni d'une chambre, nommée le Mâtin.

Item quarante ribaudequins touz montés et estoffez, garnis de cent et trois crappaudeaulx, dont il a 74 de fer et 29 de cuivre garnis de 202 chambres de fer et de 52 chambres de cuivre et de six vingt-une chaines de fer, chacune chaine contenant onze toises et cinquante-huit esses.

Item quatre veuglaires de fer montéz et abilléz comme lesdiz crappaudeaulx garnis chacun de deux chambres et de pavais comme les autres.

Item 25 clefs pour mettre derrier lesdiz crappaudeaulx en manière d'affut.

Item 1,280 pierres servant esdiz crappaudeaulx.

Folio 34.

Artillerie (consistant en arcs, flèches), menée au secours du duc de Clèves, assiégé par les Hersois.

(Il s'agissait du damoiseau Jean de Clèves, fils du duc de Clèves, qui avait défié l'archevêque de Cologne et que celui-ci tenait assiégé dans la forteresse de Zonsbeck. Le secours envoyé par le duc de Bourgogne n'alla point jusque à sa destination parce que le duc de Clèves, qui ne voulait pas aggraver la situation vis-à-vis de l'Empire, entrava sa marche, et que d'un autre côté les Allemands du parti de l'archevêque n'étant pas payés se débandèrent.)

Folio 34, v°.

Cy après s'ensuit l'artillerie qui a esté mise en cinq galées, que M. le duc fist faire à Anvers es années 1448 et 1449, et lesquelles enmenèrent la royne d'Escosse, Marie de Gueldres, femme de Jacques II, en Escosse. Le duc Philippe avait lui-même négocié ce mariage.

Et premièrement.

Cinquante bringandines couvertes de futaine noire.
Trente-trois garde-bras de même couleur.
Quatre-vingt-seize bringandines pour galoz.
Item pour les dis galots, 649 salades.
Item 480 espées pour lesdis galots.
Item 126 arbalestes d'acier.
Item 36 martinots nommés baudry à tendre lesdites arbaletes.

Item 428 lances avecques estaisseurilles et rommeignolles.
Item 81 jusarmes.
Item 130 pavais tant grans que petis.
Item 115 casses de viretons contenant trente milliers de vireton.
Item 5,000 de dondainnes et 5,000 de demie dondainnes.
Item dix casses d'arcs, contenant 400 arcs.
Item 17 casses de flesches, contenant 800 douzaines.
Item 22 veuglaires de fer et 64 chambres pour lesdiz veuglaires.
Item 46 coulovrines de fer.
Item cinq barilles de pouldre tant pour coulovrine que veuglaire.
Item quatre barilles de fil d'Anvers.
Item 16 guindaulx.
Item 400 pierres de veuglaires.
Item 6,000 de chaussetrappes.

Folio 35, v°.

Inventaire des parties d'artillerie délivrées au nom de Philibert de Vauldrey par ordonnance du duc en la ville de Namur à Colinet de Baillieu Chastellain d'Ollehain pour la garnison, fortification et deffense dudit Ollehain.

Et premièrement.

Maillez de plomb, gusarmes, traits d'arbaletes, lancis ferres.
Trois coulovrines de fer dont l'une est à potence et les autres à traire à main.
Quatre coulovrines à main.
Ung crappauldeau de fer de quatre piez et demi de long et portant pierre de polz en croix, garni de deux chambres.
Trente livres de salepestre de Champaigne.
Douze livres de souffre.
Huit livres de carbon.
Deux veuglaires de fer de trois à quatre piez de long et portant pierre de trois polz en croix chacun garni de deux chambres.

Folio 36.

Prêt d'artillerie fait à M. de Croy par le commandement du duc suivant sa lettre du 25 juin 1451.

Quarante livres de poudre de coulovrines.

Trois coulovrines dont deux sont de cuivre et l'autre de fer à tirer à main.

Deux petiz veuglaires garnis de quatre chambres.

Folio 36, v°.

Inventaire de l'artillerie délivrée par le commandement du duc à George de Rosembois pour la garnison et la deffense de la ville d'Ardre.

Douze crappaudeaulx de fer garnis chacun de deux chambres portant pierres de deux polz en croix et de quatre piez de long chambre et volée ensemble.

Ung millier de pierres de canon de deux polz en croix.

Cinq cent livres de pouldre de canon.

Trois veuglaires moyens.

Arbaletes, guindaux, traits, chaussetrappes.

Folio 39.

Despense d'artillerie faite sur la recette dessus dite, tant en venant de Bourgoingne au siege devant Villi en la duchié et prinse de Luxembourg comme autrement et aussi mise en la nave de mondit seigneur en la manière cy après déclarée.

Et premièrement.

Artillerie mise en la nave qui se partist du port de l'Escluse le 10 mai 1440.

Ung gros veulglaire de fer à deux chambres tirant 8 polz et demi de pierre pesant 3,300 livres.

Item 36 gros crappaudeaulx de plusieurs sortes, chacun à deux chambres, tirans de 6, 5, 4, 3, 2 1/2 et 2 polz tous enfustés en bois.

Item ung crappaudeau enmanchié de fer.

Item 50 coulovrines de fer 25 grosses et 25 moyennes.

Item 4,005 pierres appartenant aux Veulglaires dessus dits.

Item quatre gros crappaudeaulx et deux veuglaires de cuivre à tout douze chambres pour tirer pierres et plomb sur six engins de bois tournans sur pivoz dont on a prins que le dessus.

Item trois autres engins de bois dont on n'a prins que le dessus.

Item ung millier de plomb à faire plommées.

Item une petite laïette pleine de plommées pour les crappaudeaux de cuivre dessus dits.

Item cent cinquante barreaux de fer pesant 2,205 livres pour garnir ladite nave.

Item pour enfuster les canons dessus dits 3,307 livres de fer.

Item 1,500 livres de poudre à canon et 500 de poudre de couleuvrine.

Arbalestes, dondainnes, demie dondainnes, chaussetrappes, maillez de plomb, arcs, trousses, lances, lanternes, marteaux, guindaulx, jusarmes, haches, fils d'Anvers, cordeaux d'engins, harnois entiers sans harnois de jambe, bancs à tendre grosses arbaletes, faloz, tourteaux, cuirasses et garde bras, bacinets, guindaulx.

Folio 41.

Aultre artillerie estant ou balenier que M. le duc a achetté du s^r de la Verre.

Et premièrement.

Sept veuglaires, chacun à trois chambres.

Item cent livres de pierres.

Juisarmes, lancs et arcs.

Suit le recepissé donné le 8 mai 1449 à B. Lambin par Joffroy de Toissi ecuyer capitaine de la grant nave et autres navires que le duc envoie en Rodes.

Folio 41, v°.

Aultre artillerie despensée en la manière cy devant escripte au partement de Dijon pour venir en Luxembourg.

Arcs, flesches, cordes d'arcs.

Folio 43.

Aultre despense d'artillerie faite au siège devant Villi en la conté d'Yvry ou fut assiegé Jaquemin de Beaumont capitaine dudit lieu et ceulx de sa compaignie par M. de Saveuse par l'ordonnance et commandement de mondit s^r le duc. Lequel siege fut mis et assis le 9 septembre l'an 1443 et fut ladite place de Villy réduite et mise en l'obéissance de mondit s^r le 6e jour d'octobre après ensuivant en la manière cy après déclarée et aussi pour la prinse de Luxembourg.

Et premièrement.

La quantité de 2,300 livres de pouldre de canon pour avoir tiré de trois bombardes, l'une estant à M. de Vernembourg et les deux autres au damoiseau Jaques de Lamarche, 90 pierres de mabre chacune tenant cest assavoir celle de Vernembourg 36 livres et celles du damoiseau Jaques chacune 34 livres de pouldre. Pour ce pour avoir tiré contre ledit castel de Villi, lesdites quatre vingt dix pierres, 2,300 livres de poudre.

Item pour quatre gros veuglaires qui continuellement tiroient durant ledit siege pour abattre chastaux et estaudis que ceulx de la forteresse faisaient, 120 livres de pouldre pour avoir tiré 300 pierres de mabre.

Item pour quatre crappaudeaulx et six coulovrines qui tiroient continuellement jour et nuit, 140 livres tant de colovrines que canon, pour avoir tiré 200 pierres et 400 de petites plommées pour coulovrines.

A M. de Saveuse, Gui de Roye, M. de Neufville, Georges de Rosimbois et plusieurs autres capitaines et chiefs de chambre, avant ce que le s^r de Commarcy vint devant ledit siege le cuidant (faire) lever, 120 arcs et 160 douzaines de cordes.

Item fut emporté par les gens du s^r de Commarcy qui gaignièrent les tentes ou estoit l'artillerie et où fut prins le contreroleur d'icelle, cens douzaine de cordes.

Item 600 douzaines de flesches ferrées délivrées aux archers estans audit siège, pour rebouter ledit s^r de Commarcy et ceulx de sa compaignie.

Aux gens de l'Ostel de mondit s^r et à M. Simon de la Laing et ses gens que mondit s^r envoia audit siège pour le secourir, pour ce qu'on disoit que ledit s^r de Commarcy y retourneroit, 54 arcs, 250 douzaines de flesches; 120 douzaines de cordes, 17 lances ferrées.

Aux archiers estans oudit siège après ladite escarmouche, leur fut délivré pour ce que on disoit que lesdits ennemis retourneroient, pour ce soixante douzaines de cordes.

Item a esté despensé tant durant ledit siège que quand le sieur de Commarcy vint devant ledit siège pour le cuidier (faire) lever, cinq casses de trait d'arbalestes tant dondainnes que demi dondainnes chacune casse tenant 300. Pour ce 1,500.

Item a esté despensé tant en venant de Bourgoingne, à faire le guet à l'entour des charriots et pour avoir arcs audit siège, faire le guet de bombardes et autrement, 6,000 tourteaux à faloz.

Aux seigneurs et capitaines estans audit siège seize pavais qui leur furent délivrés pour aler et faire aprouchier, comme pour oster l'eaue des fossés dudit Villi, les quelz furent rompus et perdus.

A plusieurs macons qui servoient audit siège, tant à faire pierres de bombardes, de veuglaires et de crappaudeaulx et autres choses nécessaires, démolir et abatre ladite place, furent rompus et perdus 60 marteaux à maçon.

Ausdiz macons pour ladite cause 11 ciseaulx aussi perduz et rompuz.

A plusieurs charretons en venant de Bourgoingne, pour faire mettre à point les mauvais passaiges et les pons leveiz, fut délivré 10 pics, 11 pioches, 12 congnées, 10 loiches, 13 pelles ferrées, et huit sarpes qui furent perdues.

Aux seigneurs et compaignons estans audit siège pour faire leur logis et pour eulx fortiffier et aussi les affusts de bombardes, veuglaires, estaudins, engins voulans et à vouidier l'eaue des fossés et à faire fagoz, 16 pics, 15 pioches, 13 congnées, 12 loiches, 15 pelles ferrées et 22 pelles à ferrer.

A plusieurs manouvriers du pays de Rethelois, Ardaine, Luxembourg et la conte de Chiny, qui furent mandés pour venir démolir et abattre ladite place de Villi, 15 serpes et quatre congnées pour faire fagoz, pour bouter le feu es estançons de quoi la muraille estoit estançonnée, les quelles furent perdues.

A plusieurs ouvriers estans à l'entour des bombardes, pour démolir ladite place, treize piez de chièvre qui ont esté perdus.

A plusieurs charteurs et autres tant en venant de Bourgoingne, pour aler à lentour de charioz, comme à faire les euvres durant ledit siège, qui leur a esté baillé et despensé cent livres de chandelle de suif.

Aux charretons et autres ouvriers estans à l'entour desdites bombardes, tant pour oindre les charioz desdites bombardes et autres et aussi pour les manteaulx, 65 livres d'oingt qui ont esté despensés.

Ausdiz charretons pour aler à l'entour des charrioz et pour souffler le feu pour les bombardes et coulouvrines, six lanternes, 3 soufflés, 25 faloz.

A plusieurs autres ouvriers estans à l'entour desdites bombardes, engin roulant et veuglaire et à plusieurs qui ont cherroié icelle, bois, fagoz et autres nécessités pour ledit siège, leur a esté délivré tout le cordaige et toille dont cy devant est faite mention, tant pour loier fagoz sur les manteaulx desdites bombardes, que ceulx de la place rompoient cop à cop, comme pour amener icelles audit siège et les ramener dudit siège à Luxembourg. Et aussi pour loier l'artillerie sur les charrioz qui fut menée d'Iwys à Aix (la Chapelle) pour prendre Luxembourg. Et la toile pour enserpiller et enfardeler les eschielles qui furent menées dudit Iwys devers mondit s^r à Fleuranges. Lesquelles parties furent perdues.

Aux seigneurs et capitaines étant audit siège, 148 lances ferrées.

Aux mêmes étant tant audit siège qu'à celui de Luxembourg, 200 arcs, 760 douzaines de cordes et 646 douzaines de flèches.

A plusieurs cappitaines archers et autres gens estans soubs et en la compaignie de M. d'Estampes le jeudi 21 novembre 1443 pour la prise de Luxembourg, 80 arcs, 80 douzaines de flesches ferrées, 80 juisarmes, 12 espiez, 20 cognées, 100 maillez de plomb, 6 arbalestes d'acier, 4 guindaulx, sept coulovrines, une queue de trait contenant trois cent douzaines.

A plusieurs canoniers et coulovriniers qui ont tiré de veuglaires de crappaudeaulx et de coulovrines contre le chastel dudit Luxembourg puis la prinse de ladite ville, 240 livres de pouldre et 200 livres de plomb pour faire plombées.

Auxdits capitaines 1,200 de trait d'arbaleste.

A J. de la Plume capitaine de la grange devant Thionville, pour la garde et seureté de ladite grange, 100 livres de poudre de canon, 2 coulovrines, 2 arbalets d'acier, un guindal double et 300 de trait.

Guerre contre le sire de la Marck.

Eberhard de la Marck, puissant seigneur du pays des Ardennes, mécontent du résultat d'un arbitrage menagé par le duc Philippe dans un débat qu'il avait avec deux seigneurs voisins, envoya défier ce prince et renonça à l'hommage qu'il lui avait prêté lors de la prise de possession du Luxembourg. Il appela à son aide plusieurs capitaines français et confia à l'un d'eux, Regnaut, frère de la Hire, la garde de son château d'Harchimont et se remit du soin de la défense de celui de Rochefort à Nandonnet, neveu de Xaintrailles. De son côté le duc ne se fit point attendre. Tandis que le sire de Croy entrait sur les terres du sire de la Marck par le comté de Namur, les Liégeois, avec leur évêque en tête, les envahissaient d'un autre côté. Pressé de tous côtés, Nandonnet vendit Rochefort aux assaillants. Regnaut, mieux secondé, opposa une plus vive résistance, Philibert de Vaudrey, maître de l'artillerie, fut obligé d'y mener des canons dont la présence détermina la remise de la place, et termina cette guerre insensée.

FOLIO 50.

Aultre despense d'artillerie faite tant pour l'armée qui a esté faitte contre le damoiseau Evrard de la Marche, pour le siege mis devant Roicheffort et Agimont (Harchimont) par M. de Liege en l'an 1445 pour les archiers de corps du duc, comme autrement.

Et premièrement :

A esté delivré deux veuglaires de fer, chacun à deux chambres pesant 1,970 livres, dont l'un a esté baillé au capitaine de Montaigle en la conté de Namur pour la garde dudit lieu et l'autre à M. de Croy bailli de Hainau pour en faire son plaisir.

Item trois crappaudeaulx de fer pesant 525 livres de fer, l'un mené audit Montaigle, l'autre au chastel de Lembourg et l'autre à Kerpen.

Item deux crappaudeaulx de fer garnis de deux chambres, pesans ensemble 264 livres et donnés en don à messire J. de Croy.

Item deux coulovrines de fer et 3 livres de pouldre données en don à ceulx de Vazages en la conté de Namur, pour la garde de leur forte église.

Item huit coulovrines de fer mises pour la garde du chastel de Lembourg.

Item quatre autres coulovrines de fer, délivrées au chatelain de Kerpen pour la garde dudit lieu.

Item aux archiers de corps du duc, envoyés en l'armée, 10 arcs, 18 douzaines de fleches, 75 douzaines de cordes et 25 livres de poudre de canon.

Item pour l'essay de plusieurs crappaudeaulx essayés devant Mgr à Bruxelles et devant M. de Croy à Namur, un petit caque contenant 80 livres de poudre de canon.

FOLIO 52, v°.

Artillerie delivrée à M. (Corneille) le bastart de Bourgoingne (gou-

verneur du Luxembourg) *comme il appert par deux certifications de sa main données les* 13 *et* 16 *juillet* 1445.

382 arcs, 440 trousses de flesches, 124 douzaines de cordes d'arcs.
Item 151 livres de poudre de coulovrines.
Item 250 livres de poudre de canon.
Item cinq coulovrines de cuivre.
Item quatre coulovrines de fer.
Item 5 arbaletes d'acier, 4 guindaulx, 1,200 de trait d'arbaleste, 12 maillez de plomb, 3 haches d'armes, une langue de buef.
Deux veuglaires chacun de deux piez 1/2 de long, portans pierres de cinq polz, enchassiés en bois, l'un de fondue d'une pièce et l'autre de fer, chacun de deux chambres, seize pierres.
Item deux quaquès de poudre de canon.
Item 25 livres de pouldre de colovrine.

Folio 54, v°.

Audit siège d'Agimont et Roicheffort ont esté deppensées les parties d'artillerie cy après déclairées, comme appert par lettres signées de la main de J. Noirart, secrétaire de M. de Liège, le 30 *août* 1445.

Et premièrement,
3,248 livres de pouldre de canon.
Item 640 pierres de 2 à 3 polz de grosseur.
Item 167   —   4 à 5   —
Item 88   —   10, 13 et 14 —
Item 8 arbelestes d'acier, cinq guindaulx, 1,800, tant dondainnes que demi-dondainnes et 1,200 de trait commun.
Item 88 arcs, 48 trousses de flesches, et 200 cordes.
Item 462 livres de plomb pour coulovrines.
Item 18 lances, 50 jusarmes, 27 maillez de plomb.
Item 50 livres de fil d'Anvers.
Item deux queues et demie de tourteaux à faloz.
Item trois coulovrines de cuivre, quatre de fer.
Item 11 haches à copper bois, 24 serpes, 17 pics et pioches, 9 pelles ferrées.
Item trois chevilles ferrées, et huit euches de roes de charriot.

Folio 56.

Arcs délivrés aux capitaines des archers au partement de Dijon pour aler en Luxembourg, 24 trousses et 74 douzaines de cordes.

Folio 58.

Aultre despense d'artillerie faite et délivrée à M. d'Auxi pour la garnison des chastcaulx d'Audenarde et de Courtray, dont il est cappitaine, à l'encontre des Gantois. (Le duc tenait les Gantois révoltés en état de blocus et interceptait toutes leurs communications avec les villes voisines.)

Et premièrement six veuglaires garnis chacun de deux chambres.
Item six crappaudeaulx garnis chacun de deux chambres.
Item ung gros veuglaire tirant sept polz de pierre, pour rompre estaudiz, garnis de deux chambres.
Pesant ensemble les dits veuglaires et crappaudeaulx, 4,765 livres.
Item 12 coulovrines de fer, à tirer à la main.
Item dix-huit arbalestes d'achier, douze guindaux moitié doubles et sangles.
Item 3,000 de trait tant dondainnes que demie dondainne.
Item 18 lances ferrées.
Item 50 livres de pouldre de canon et 50 livres de pouldre de coulovrines.
Item un demi cent de plomb à faire plomées.
Item 1,248 pierres de mabre, servans aux veuglaires et crappaudeaux.
Item 50 livres de fil d'Anvers, pour faire cordes d'arbalestes et cordeaux de guindaulx.

Folio 59.

Artillerie menée ou voiage que Mgr a fait dernièrement à Luxembourg au mois d'octobre 1451 et se parti de Brouxelles le 30 septembre.

Et premièrement 254 arcs à main, 300 douzaines de cordes d'arc, 960 douzaines de flesches, et 3,000 tourteaulx à faloz.

Siège du Crotoy.

Au mois de décembre 1437, le duc Philippe, voulant réparer l'échec essuyé l'année précédente devant les murs de Calais, résolut de ressaisir sur les Anglais la petite place du Crotoy, située à l'embouchure de la Somme, rivière dont le traité d'Arras lui avait engagé les villes principales. Il la fit investir par un corps de troupes flamandes aux ordres du sire de Croy et y dirigea le matériel considérable dont le détail est ci-après rapporté. Déjà la place était vivement serrée, une attaque par mer avait été repoussée, quand à la nouvelle que lord Talbot arrivait avec un secours de 5,000 hommes, les Flamands, sourds aux exhortations de leurs chefs, renouvelèrent les hontes de Calais, ils décampèrent en toute hâte abandonnant armes, canons, munitions, qui tombèrent au pouvoir de l'ennemi.

Folio 67.

Artilleries prinses es garnisons estant à St-Omer et aussi d'autres artilleries envoyées de plusieurs lieux au siège du Crotoy en la manière cy après déclarée.

Et premièrement,

Fut amené dudit St-Omer en cinq queues 1,000 douzaines de flesches.

Item en une quaque 8,000 de trait de dondaines et de trait commun.

Item 900 de grosses dondainnes toutes ferrées, 1,900 demi-dondainnes.

Item ung muy cinq queues et ung ambourg de salepestre.

Item ung ambourg de soulfre.

Item trois quaques de pouldre à canon.

Item deux petis tonnelez de pouldre de colouvrines.

Item 300 lances ferrées.

Item une laïette plaine de plombées de plusieurs façons.

Item deux veuglaires de fer chacun à deux chambres.

Item deux chambres de veuglaires de fer qui n'avoient point de volée.

Item quatre veuglaires de fer deux grans et deux petis, chacuns à deux chambres.

Item cinq crappaudeaulx de fer à 20 chambres.

Item 23 coulovrines de fer.

Item treize guindaux garnis et six paires de cordeaux.

Item 18 pavaix.

Item 20 arbalestes d'acier, 12 arbalestes d'if, garnies de guindaux.
Item ung tonnelet de fil d'Anvers.
Item une queue de charbon de saulse à faire poudre de canon.
Item deux grans louches de fer à faire fondre plomb, pour faire plombées.
Item deux moles de fer à faire pierres de bombarde.
Item quatre tamis à tamiser pouldre.
Item une queue de tourteaulx à talon.
Item 28 bastons de bois à chacun d'eux une coulovrine de cuivre.
Item 1 ambourg et une quaque de chauchetrappes.
Item un cent de fers de lance.
Item trois coulovrines tenant ensemble.
Item 12 marteaux de fer pour faire pierre de canon.
Item une fillette de pouldre de coulovrine.

Folio 68.

Autre artillerie envoyée d'Abbeville au Crotoy et achettée par le Receveur general de toutes les finances.

Et premièrement 112 maillez de plomb, 16 pics et tranches, deux congnées, 200 de fagoz tous secs, 250 tourteaux à faloz gras, 200 de tourteaux sans gresse, 50 fondes à tout les bastons, trois faloz, 12 houstes, deux douzaines de bretelles et fincelles, deux quaques de graisse, deux quaques de poix noire, ung quaque d'uille.
Item six coulovrines de fer.
Item 24 douzaines de fil d'Anvers, une grant paelle à fondre graisse, 50 fondes sans bastons.

Folio 69.

Aultre artillerie délivrée par les bourgois et eschevins de Rue qui a esté menée audit Crotoy.

Et premièrement ung crapaudeau de fer qui estoit à messire Parpin de Ricaumer.
De Jehan Lorbe, sept lots de tart, quatre lots d'ouille et demi cent de fagots secs, 32 sols.
De lui une balance et les poix, pour peser estoffes à faire poudre de canon, 16 sols.
Item une forge garnie d'une enclume, une paire de soufflez, une

bigorne, ung marteau devant, ung traversain, trois tenailles croichues.

Item à J. Courtois, 23 livres de fer, une tonnelle, ung berthemer, deux tenailles droites, ung ciseau à fendre fer, une hache à copper fer, ung graveur, ung martel à main.

Item 80 livres de fer prinses à J. Lefèvre.

Item que messire Jehan de Croy fist venir de Rue au commenchement [du siège] dudit Crotoy pour vouloir ardoir deux ou trois basteaulx qui estoient au plus prés dudit Crotoy, c'est assavoir deux lots d'ouille prins dudit J. Horbe.

Item de Henry Vorlan, 18 lots de tart.

Item 18 pics, ung marteau à macon, trois gons à vervelles, trois verroux.

FOLIO 70.

Autre artillerie délivrée par les habitans de Lille et menés à Abbeville et baillez en garde à J. Doucet.

Et premièrement, six ribaudequins estouffez de six veuglaires, chacun à deux chambres, garnis de pavaix, de roes, de limons, d'aisseulx.

Item douze petites coulovrines à main à chacune deux chambres.

Item ung crappaudeau enfusté en bois, assis sur ung chevalet.

Et sont touts les menus ferrages dedans ung tonnel, c'est assavoir les chambres desdiz veuglaires des crappaudeaulx et des coulovrines, 120 pierres et 120 tampons, ung mole pour faire les plomets des coulovrines et plusieurs autres fers.

Délivrance de l'artillerie cy devant escripte faite aux seigneurs cy après nommés, estans en la bastille devant le Crotoy et aussi à M° Robert de Saveuse qui avoit la garde d'une tour, que on avoit fortifiée emprès icelle bastille pour leurs gardes, avec ce qu'il leur en fut délivré, quant les vasseaulx vindrent par mer avitailler le chastel dudit Crotoy et aussi quant les ennemis vindrent par terre les 3°, 4° et 5° jours de décembre 1437, en la manière cy après déclarée.

Et premièrement,

A Messire Robert de Saveuse, pour la garde de sadite tour, deux gros veuglaires gettans pierres, chacun garnis de deux chambres.

Item deux crappaudeaux, chacun garnis de deux chambres, une colovrine de fer, quatre bastons de bois à chacun bout une colovrine de cuyvre.

Item 4 arbalestes d'acier, quatre d'if, quatre guindaux, traits commun, dondainnes, demi dondaines, chauchetrappes.

Item bottes de fil d'Anvers, maillez de plomb, lances ferrées.

Item un cent et demi de plomb, 200 plommées pour crappaudeaux.

Item douze pierres de canon.

Item ung quaque de poudre et six fondes.

A Messire Harpin de Ricauvez pour sa garde.

Ung gros veuglaire gettant pierre garni de deux chambres, deux coulovrines de fer, un crappaudeaul de fer garni de deux chambres, lances, maillez et fondes.

A M. le Galoix de Renti pour sa garde.

Quatre coulovrines de cuivre en deux bastons, lances, maillez de plomb et fondes à jetter pierres.

A M. de Beauvoir et à M. Emond de Moncy pour leurs gardes.

Six coulovrines de cuivre gettant plombées de deux livres, 300 de plommées, arbaletes, guindaux, traits, maillez de plomb, lances, fondes.

A M. Baudot de Noïelle pour sa garde.

Six coulovrines de fer, arbaletes, guindaux, traits, lances, frondes.

A M. Florimont de Brimeu pour sa garde.

Deux canons gettant pierre chacun à deux chambres, ung crappaudeaul à deux chambres, deux coulovrines, arbaletes, guindaux, traits, maillez de plomb, lances, chaussetrapes, fondes.

A M. Walleran de Moreuil pour sa garde.

Maillez de plomb et lances.

Au bastart de Barlette capitaine d'un certain nombre de gens pour sa garde.

Deux coulovrines de fer, deux bastons à chacun bout une coulovrine de cuivre. Maillez de plomb, lances, fondes, arbaletes, guindaulx, traits.

A J. Pergon maistre de Laguille.

Deux bastons à chacun bout une coulovrine de cuivre, 25 plommées, deux livres de pouldre de coulovrine.

Chacun de ces seigneurs donne au contrôleur une lettre contenant récepissé des objets mentionnés ci-dessus.

Folio 73.

Aultre artillerie délivrée sans lettre aux seigneurs les 2ᵉ, 3ᵉ et 4ᵉ jours de décembre que les vaisseaulx vindrent par mer pour avitailler le Crotoy et les ennemis par terre devant la Bastille.

Bottes de fil d'Anvers, maillez de plomb, arbaletes d'if et d'acier, quatre coulovrines, fondes, lances, dondaines, flesches
trois batons où il y a six coulovrines.

Folio 75.

Artillerie qui a esté despensée, perdue et demourée en la bastille devant le Crotoy au déslogement et désemparement d'icelle, tant de celle de mondit seigneur que de celle qui y a esté envoiée par ceulx de Rue et d'Abbeville.

Et premièrement de celle de mondit sʳ.
600 douzaines de flesches, 8,700 de trait divers, ung muy de salepestre, trois caques de pouldre, une fillette et deux petis tonnelés de pouldre de coulovrine, une queue de soufre, une de charbon, 250 lances et 100 fers, 2 laïettes plainnes de plommées, deux veuglaires de fer, chacun à deux chambres, une chambre de veuglaire, quatre veuglaires de fer, deux grans et deux petis chacun à deux chambres. Cinq crappaudeaulx de fer et 20 chambres, 21 coulouvrines de fer, trois guindaulx et six paires de cordeaux, 18 pavaix, 29 arbalestes d'acier et d'if, garnies de guindaulx, un tonnelet de fil d'Anvers, deux grandes louches de fer à fondre plomb, deux moles de fer à faire pierres de bombarde, une queue de tourteaux à faloz, 15 bastons, à chascun bout une coulovrine. Un ambour et une quaque de chauchetrappes. Trois coulovrines de cuivre tenant ensemble. Un marteau de fer pour faire pierre de canon.

Folio 76, vº.

Aultre artillerie envoiée d'Abbeville qui a esté perdue en laditte bastille et que M. le duc a paiée.

Et premièrement 2 maillez de plomb tous emmanchés, 6 pics, deux congnies, 400 de fagoz secs, 400 de tourteaux de faloz gras et sans graisse, 100 fondes, avec ou sans bastons, trois faloz, 10 pics et tranches, 12 houstes, deux douzaines de bretelles et fiscelles, deux quaques de graisse, deux de poix noire, une d'ouille, une grande paelle à fondre graisse.

4 coulovrines de fer, 6 coulovrines de cuivre.

Ung boulevart de bois en manière de tresteaulx et plusieurs grandes ais.

Dix arbaletes d'if, 24 douzaines de fil d'Anvers.

Folio 77, v°.

Aultre artillerie envoyée de Rue qui a esté perdue en ladite bastille, que mondit s^r n'a point payée et qu'on doit aux bonnes gens.

Voir le détail plus haut, page 141.

Folio 78, v°.

Artillerie trouvée à Rue et tout ce qui est demeuré de l'artillerie dont cy devant est faite mencion et qui n'a point esté menée au Crotoy et aussi de celle qui a esté recouvrée en la Bastille et baillée en garde à M. Harpin de Ricaumez, cappitaine dudit Rue.

Et premièrement,

Cinq queues, un ambourg et 150 livres de salepestre de Champaigne. Ung tonnelet de pouldre de coulovrine, les trois quarts d'un muy et un ambourg de soufre, deux queues de flesches, 46 lances.

Folio 79.

Aultre artillerie qui a esté recouvrée au deslogement de ladite bastille faite devant le Crotoy, baillée en garde au mesme.

Et premièrement 11 arbalestes d'if, 7 d'acier, 9 guindaulx, douze coulovrines de fer, 12 bastons à deux coulovrines, 13 maillez de plomb, une chambre de canon.

Folio 80.

C'est l'inventaire de l'artillerie de M. le duc de Bourgoingne estant à Dijon en l'ostel de la femme de Messire Jehan de Clugny, en la rue de la Charbonnerie, lequel inventaire a esté fait par ordonnance de mondit s^r le 19e de juillet 1442 par J. Monnot, clerc auditeur des comptes de mondit s^r, présent à ce Berthelot Lambin,

*contreroleur de l'artillerie, et Jaques de Rocheffort, escuier, frère
et héritier de feu Jehan de Rochefort, jadis maistre de ladite
artillerie, lequel Jaques a rendu d'icelle artillerie ce qui sensuit :*

Premièrement, 60 arbalestes et 5 arcs de bois d'if, et huit quartiers d'arcs.

240 fusts de lances, 76 douzaines de cordes d'arc, 85 trousses de flesches.

Item 186 pavaix que bons que mauvais.

Item 5 bars de facon et 4 haches.

Item en une casse de bois, 180 dondainnes ferrées et empennées d'arain.

Item, sept livres de fil d'Anvers.

Item ung guindal double, six maillez de plomb sans manche.

Item 16 queues et demie de flesches.

Item 300 chevilles de fer à faire estaudiz environ chacune ung pié de long.

Item deux sies à sier de long.

Item six lanternes et trois queues et demie plaines de tourteaux à faloz.

Item environ un quart d'un muy de souffre.

Item la moitié d'un quart d'un muy de pouldre de canon, la plus grant partie a esté despendue depuis ledit inventaire, à essaïer la bombarde.

Item 34 crappaudeaulx gettans plommées, aïans queues de fer.

Item ung grant et deux petiz sercles de fer de moles de pierre de bombarde.

Item environ 200 chevilles de bois pour tantes.

Item 25 hottereaux d'osières.

Item 117 fusées vieilles et 400 pourries qui ne valent rien.

Item 5 fourchiez de fer à traire bois du feu, deux bastons ferrés.

Item quatre affustements de veuglaires defferés.

Item deux pièces de bois d'engin à chargier bombarde.

Item quatre fers à faloz.

Item une culée de corde de bombarde, six gros chables de cordes et deux pièces de plus menu cordail, cinq paires de traiz neufs pour bombardes.

Item quatre tours de bois à tendre arbalestre.

Item une queue plaiune de petiz poz de terre, plains de chaux et de chauchetrappes et ung tas de petis poz, garnis comme dessus est dit, montant environ deux queues qui guères ne valent.

Item 356 loiches ferrées, 36 pelles ferrées, 48 copes de bois à vuider eaue.

Item deux grans veuglaires enchassés en bois et ferrés tous neufs.

Item trois bombardelles de fer tout d'une piece, dont l'une est de fondue rompue et sont de nulle valeur.

Item une grosse chambre de canon de fer et deux petites de veuglaires de fer.

Item 21 pierres de veuglaires de six pouces de haut.

Item 53 bandes de fer pour lier veuglaires en bois.

Item 42 pioches et 45 pics.

Item 5,470 futs de dondaines, demi dondaines et viretons.

Item 6 congniées.

Item 2 grans leviers de fer à manier bombardes.

Item 400 de piez de chièvre.

Item 6 coulovrines de cuivre à pié.

Item — tenant ensemble.

Item — — et qui sont à fondre.

Item — bossés.

Item une coulovrine de cuivre à mains à trois chambres.

Item 6 coulovrines de cuivre.

Item 4 — rompues, pour fondre.

Item 27 chambres de coulovrines de cuivre qui ne valent rien.

Item 46 verges de fer à chargier coulovrines.

Item une grosse polie de cuivre.

Item deux gros crappaudeaux de cuivre rompus.

Item une grande coulovrine de cuivre rompue au bout et ne vaut que pour fondre.

Item 64 marteaux à macon.

Item deux coultres à fendre aisseulles.

Item deux cullers de fer de veuglaires.

Item six rouelles de fer pour assis de charriot.

Item six grosses tarelles de fer à percier polies, deux coings de fer.

Item 17 chevilles de fer que grandes que petites et douze petites rouelles y servans.

Item deux gros verroulx de fer, garnis de vervelles et deux estaiches.

Item deux eschillons de fer servans à coulovrines.

Item une grosse cheville de fer courbée es deux bouts.

Item ung tronsson d'une grosse chaine de fer, en laquelle a neuf mailles.

Item une cuillier de fer à charger bombarde.

Item 50 livres de fer de petite valeur.

Item une forge garnie de deux souffléz, de cinq tenailles, deux gros marteaulx, deux bigornes et une enclume.

Item deux grans tonneaulx fermans à clef et huit autres tonneaux tant muys que demi muys qui ne valent riens.

Item deux grans coffres de sappin à mettre arcs.

Item 9 milliers de chaussetrappes.

Item 21,600 de fers de flesches à main.

Item 4,600 de cloux de 2 dois de long, 4,800 de quatre dois.

Item une vieille balance de trois poix de plomb pesant 18 livres.

Item une bombarde nommée Katherine, laquelle J. Mareschal doit reffaire et a reçu dudit feu J. de Rocheffort 500 de fer.

(Laquelle bombarde est en l'artillerie avec les aultres bagues baillées à Philibert de Vaudrey.)

Item une chambre de fer servant à la Bombarde nommée Griette.

Item ung canon de fondue de fer.

Item une pièce de fondue de fer d'un canon de nulle valeur.

Item une grosse chambre de fer pour veuglaire.

Item une pièce de bois ferrée servant à....

Item à en l'hotel de J. Quenot à Dyon, deux soufflés, une enclume, une bigorne et une cournue.

Toutes les parties d'artillerie cy après déclairées, ont esté bailliées et delivrées audit Phelibert de Vaudrey, maistre dicelle artillerie par ordonnance de mondit s^r et de MM. des comptes par Monnot Berthelot, contreroleur dessus nommé le 23e jour d'octobre 1442. Et en doit faire ledit Phelibert sa lettre de recette.

Le 19 juillet 1448. Mise en charge à Phelibert de Vaudrey de 400 futs de lances.

Folio 85.

Aultre artillerie baillée audit Phelibert de Vaudrey le 24e jour d'octobre 1442, laquelle a été amenée de Flandre à la venue derrièrement faite par mondit s^r en Bourgoingne.

400 douzaines de flesches ferrées, 1,000 douzaines de traits communs, 550 douzaines de cordes d'arc, 24 fers de faloz, 23 pelles ferrées, 24 esquipars, 12 grans piez de chièvre, 25 pics, 23 pioches, 17 cognées.

Douze coulovrines de fer et de cuivre emmanchées de bois, 300 fers de lances, 16 serpes, 46 livres de pouldre de coulovrines, 300 arcs pour les archers du corps et 1,000 arcs communs.

Folio 91.

Inventaire baillé à J. de Rochefort, maistre de l'artillerie de M. le duc de Bourgoingne, de l'artillerie qui a esté menée de Flandres au pais de Bourgoingne le 8ᵉ jour de mai 1433.

(C'est l'artillerie qui suivait l'armée avec laquelle le duc Philippe reprit Mussy, Lesines, Avallon et d'autres places sur la frontière du duché. Voir le chapitre IV, page 65.)

Et premièrement,

Treize queues de trait à main, 700 arcs entiers et 150 rompus, dont on ne se peut aidier.

Item trois coulovrines tenant ensemble.

Item six autres petites coulovrines à main, tenant ensemble.

Item ung coffre plain de coulovrines à main, de cuivre, qui font en somme 38 pièces qui sont neuves.

Item sept grosses coulovrines de fer.

Item six grosses coulovrines de cuivre qui ont boistes.

Item deux crappaudeaulx de cuivre qui n'ont chacun que une chambre.

Item ung crappaudeaul de fer dont l'afustement est rompu et de quoi on se pourra bien aidier avec sept chambres de fer.

Item deux gros chables de bombarde.

Item ung tonnel plein de salepestre de Champaigne, pesant 245 livres.

Item ung petit quaque de souffre ou peut avoir 50 livres.

Item une douzaine de pics, demie douzaine de hauyaulx, et une douzaine et demie de louches.

Item 20 arbalestes d'if.

Item 19 guindaux.

Item 2,500 de dondainnes, demi-dondainnes ferrées.

Item 75 douzaines de cordes d'arc.

Siège de Calais.

Le traité d'Arras était à peine conclu, que les Anglais, profondément irrités contre le duc de Bourgogne, dirigèrent leurs attaques contre ses Etats. Philippe n'était pas homme à laisser longtemps ces agressions impunies, secondé des Flamands qui parurent épouser chaudement sa querelle, il fit d'immenses préparatifs en artillerie, matériel de siège, armes, ustensiles et munitions de toute espèce et vint, au mois de mai 1436, suivi de 30,000 combattants, mettre le siège devant Calais. Chemin faisant, il s'empara des châteaux d'Oyé, Marc, Vauglinchen et fit attaquer Guines. Mais les Anglais, bien informés des projets du duc, s'étaient préparés à le bien recevoir. Si ce prince disposait de formidables moyens d'attaque, il se trouva en face d'une garnison nombreuse, résolue à bien se défendre, incessamment ravitaillée et que soutenait l'espoir d'une prompte diversion. Elle défendit donc pied à pied les approches de la ville, escarmouchant sans relâche et ajoutant encore par ses sorties incessantes aux difficultés d'ouvrir des tranchées dans ce sol inondé. En attendant la flotte qui devait bloquer le port de Calais et intercepter toutes les communications par la mer, le duc fit construire une bastille sur la grève, l'arma d'une nombreuse artillerie qui tirait sur la ville, sous la direction du maître Philibert de de Vaudrey. Enfin, le 25 juillet, arriva la flotte si impatiemment attendue, mais sa coopération aux travaux du siège se réduisit à couler dans la passe quatre vieux vaisseaux qui à la basse mer furent brûlés par les assiégés. Après quoi, la mer devenant mauvaise, la flotte mit à la voile pour la Hollande. Les Flamands, qui avaient beaucoup espéré de ce secours et qui d'ailleurs n'attendaient qu'un prétexte pour rompre une entreprise qui ne les charmait plus, crièrent à la trahison. S'excitant les uns et les autres, et sans vouloir écouter ni leurs chefs, ni le duc lui-même, ils décampèrent une belle nuit, laissant dans les tranchées non seulement l'artillerie et le matériel considérable appartenant au duc et dont ce contrôle donne le détail, mais la leur propre. Force fut donc au prince désespéré de leur lâcheté de les suivre dans cette honteuse déroute. Bruges et Gand expièrent cruellement leur conduite. Leur châtiment ne compensa point les pertes immenses que cette entreprise manquée, fit subir au duc de Bourgogne.

FOLIO 92.

C'est le contrerolle de l'artillerie appartenant à M. le duc de Bourgoigne prinses et levées en ses ordonnances et garnisons en ses païs de Flandres, Hollande, Zellande, Bourgoingne et Picardie et aussi de celles qui ont esté achettées tant pour les sièges des chasteaulx de Hoye, Marc, Vauclinglichen et Guines comme pour l'ost devant la ville de Calais, ycellui contrerolle tenu par Guillaume de Troies depuis le 10ᵉ jour du mois de mai 1436 jusques au 21ᵉ jour de juillet après ensuivant.

Et premièrement.

Bombardes.

De Maistre Guérard, maistre canonnier de M. le duc, trois grosses bombardes de fer amenées par lui du pays de Hollande.

Item de Camus Can, deux autres bombardes de fer par lui prinses des garnisons de M. le duc au païs de Picardie.

De Jean de Rocheffort maitre de l'artillerie du duc, trois autres bombardes de cuivre par lui prinses es garnisons de M. le duc en Bourgoingne.

Veuglaires des garnisons de mondit seigneur.

De maitre Guérard dessus nommé, 11 veuglaires, que grans que petis par lui admenés du païs de Hollande et sont fournis de 31 chambres.

Item ung autre gros veuglaire prins au Damp, à tout une chambre.

Item deux autres veuglaires prins en l'ostel de M. le duc à Bruges et n'ont nulles chambres.

Aultres veuglaires achettés de Jehan Cambier.

Trois gros veuglaires, chacuns fournis de deux chambres.

De lui, quatre volées de veuglaires que ledit J. Cambier a faites pour servir à six chambres appartenant à M. le duc.

De lui seize petis veuglaires, chacun fourni de deux chambres.

De lui quatre autres petis veuglaires, chacun fourni de trois chambres.

Autres veuglaires achettés par Phelibert de Molant.

De Philibert de Molant, 23 veuglaires, chacun fourni de trois chambres enchassés en bois, par lui achetés es villes de Bruges et Lescluse.

Pierres de bombardes prinses des garnisons de Monseigneur.

De maistre Guérard maistre canonnier de M. le duc, 96 pierres de bombardes par lui amenées du païs de Hollande.
Des garnisons de M. le duc à Bruges, 60 pierres de bombardes.
Des garnisons de mondit sr de St-Omer, 120 pierres de bombardes.

Pierres de veuglaires achettées de J. Cambier.

Dudit J. Cambier, 2,000 pierres de veuglaires par lui venduz.

Crappaudeaulx achettées dudit J. Cambier.

Dudit J. Cambier, 12 crappaudeaulx de fer chacun garni de deux chambres.

Coulovrines de fer achettées dudit Cambier.

Quatre grosses coulovrines de fer, chacune d'une piece.
Quatorze coulovrines de fer plus petites d'une piesce.
Vingt quatre grosses coulovrines de fer d'une pièce.

Autres coulovrines de cuivre vendues par maistre Pierre, le fondeur.

Deux cent coulovrines de cuivre d'environ demi pié de long et sont pour enmenchier deux en ung baston.
De lui une autre coulovrine à escappe, qui a la chambre d'elle mesmes.
De lui une autre coulovrine à escappe, fournie de deux chambres.
De lui trois autres coulovrines garnies de deux chambres.

Lances.

De J. Cambier 1,150 fers de lance.
Achat de 592 lances ferrées, et de 188 demi-lances ferrées.
De J. de Rochefort 1,200 lances amenées du pays de Bourgogne.
Achat de 168 dardes.
— 257 juisarmes.
— 250 maillez de plomb à dague et 100 sans dague. Soixante seize arcs d'arbalestres d'acier amenés de Bourgoingne par J. de Rochefort.

Achat de soixante seize arbrières fournies de bonnes et faulses cordes et de noix pour monter ces arcs.

Soixante douze arbaletes, 60 autres arbalestes de bois à tendre à croq, venues des garnisons du duc.

Achat de 22 arbalestres de Romenie.

— guindaulx doubles et sanglés et de vingt paires de cordeaux.

Achat de 163 livres de fil d'Anvers.

— 400 futs de dondainnes, de 50,000 futs de demi dondainnes de 128,000 futs de trait commun.

12,000 futs de trait commun et 500 dondainnes provenant des garnisons du duc.

Achat de 11,000 fers de dondainnes, 70,000 de demi dondainnes, 120,000 de traits commun et 6,700 de viretons touts prêts.

600 arcs appartenant au duc.

Achat de 5,300 douzaines de fers de flesches.

— 116 douzaines de fers pour les trousses des archers.

— 2,600 douzaines de flesches non ferrées.

— 647 douzaines de flesches non ferrées.

Quatre grosses de cordes d'arc appartenant au duc.

Achat de neuf grosses de ces cordes.

— 53,050 de chaussetrappes.

Du Camus Can, 484 livres de salepestre appartenant au duc.

De maistre Guérard canonnier du duc, 6,880 livres de salepestre en vingt tonneaux, le poix des tonneaulx rabatu.

De Camus Can, 800 livre de solfre appartenant au duc.

De maistre Guérard canonnier, 1,120 livres de solfre net, mis en cinq tonneaulx.

De Philibert de Molan, 500 livres de solfre net par lui acheté en la ville de Bruges.

Cinquante picoys appartenant au duc.

Achat de 300 sarpes, 100 loiches, 100 congnées, 100 esquipars ferrés, 100 pelles ferrées, 8 sacs à sacer pouldre à canon et à coulovrine, 12 faloz à mettre tourteaux, 35,000 de tourteaulx, 34 lanternes, 100 livres de vieil oingt et 25 livres de chandelles, 50 pavais couvers, 50 pavais à potence, 50 pavais à main pour la mer, 26 seaulx de cuir bouilli.

Achat de 4,018 livres de fer d'Espaigne, de trois saulmons de plomb pesant 1,880 livres, de 40 botes d'acier qui poisent 80 livres et de 69 sols d'acier.

De Jehan Lambert, Michel Malbesoinne chartons, Jacot Mote, et Roland Dromble, fèvres, tous demeurans à Bruges, trois gros charrioz à charroier bombardes, fournis de limons, timons, volées, porterrestz, chaînes de fer et toutes autres abillements necessaires à iceulx chariots.

De Jaques Jansson et Jehannin de Bremont et leurs compaignons cordiers, huit gros chables pour servir à tenir les ponts faits sur la rivière de l'A, au droit de Gravelinghes et aussi pour charger et mener bombardes et gros veuglaires.

Des dessus dits seize lieures pour lier sur les chars les bombardes et gros veuglaires en les charriant de Bruges à Saint-Omer.

D'eulx 37 paires de traiz pour les charioz des bombardes et veuglaires.

Quinze pinces de fer pour manier bombardes et gros veuglaires.

Huit cercles de fer de plusieurs sortes pour faire arrondir les pierres des bombardes et veuglaires.

Six cuillers de fer à fondre plomb pour faire plombées à crappaudeaulx et coulovrines.

Quinze mandrins de fer à chargier coulovrines, 300 barreaulx de fer pour mettre aux hunes des vaisseaux.

Ung gros crapin de fer à tout une longue chaine, à mettre à ung vasseau de mer pour acrocher autres vasseaulx.

Une polie de cuivre servant à ung engin voulant ou à façon.

Trois camyons chacun à deux roes pour charrier et mener à hommes, longues pièces de marien et autres pesans fardeaulx.

Item 1,290 pots de terre à mettre chaux vive.

Item 15 marteaulx de plomb à chargier coulovrines.

Item 15 coffres de bois à mettre pouldre à canon et coulovrines vasseaulx de mer, deux estuis de cuir à mettre ce qui sensuit c'est assavoir neuf moles de pierre à faire plomées pour coulovrines.

Item trois livres, trois turquoises.

Item ung charriot de charbon.

FOLIO 101, v°.

Sensuit la distribution des artilleries de mondit s^r le duc, faite tant par la mer que par la terre et depuis le 10e jour de may 1436 jusques au 6 du mois de juillet suivant.

Et premièrement.

A Symon de Hustenove, maistre et gouverneur de la nef ordonnée par mondit s^r, 27 jusarmes, 430 pots de terre à mettre chaulx vive, un estuit de cuir, trois moles de pierre, une lime, une turquoise, cinq coffres à mettre pouldre à canon, cinq marteaulx de plomb, cinq mandrins de fer, 10 livres de fil, 31 arbaletes, 4,000 dondaines, 108 barreaux de fer, 2,250 demi-dondainnes, 2,250 traits communs, 10 lances ferrées.

A Daniel Le Vaast, maistre gouverneur de la nef ordonnée par M. de Baussegenes, à Messire Alaire de Bric, pour sa nef. Semblables armements.

Item huit coulovrines de cuivre à main.

Item deux autres coulovrines de cuivre à escappes dont l'une à chambre d'elle mêsmes et l'autre (à) deux chambres.

Item trois autres coulovrines de cuivre chacune à deux chambres.

A M. de Baussegènes, 100 coulovrines de cuivre d'environ de demi-pié de long.

Item 10 veuglaires de fer chacun garni de deux chambres.

Item quatre autres veuglaires de fer chacun fourni de trois chambres.

Item 24 grosses coulovrines de fer d'une pièce.

Item 2,000 pierres de veuglaires.

Item 12,000 de chauchetrappes.

Item 76 guindaulx sangles à monter arbelestes.

Item en ung tonnel 548 livres de salepestre.

Item en ung barril 69 livres de fil d'Anvers.

A Parent Fave, bailli de l'eaue de l'Escluse 44 bottes de six à huit lances chacune. Quatre bottes de dardes de 25 chacune et 36 tant de fer de lances que de dardes, un barril de fil d'Anvers et trois bottes de cloz pour cloer les fers des lances.

Au même 23 canons ou veuglaires chacun fourni de deux chambres.

Item cinq autres veuglaires fournis de 11 chambres.

Item 50 pavaix et 24 dardes d'Espaigne.

FOLIO 104.

Autres artilleries délivrées pour le fait de la Terre.

Lances fournies à MM. Simon de la Laing, de Vavrin et de Saveuse pour eulx et leurs gens qui aux escarmucheurs devant Calais rompirent leurs lances.

Au capitaine des archiers de corps du duc, 150 arcs, 150 trousses de deux douzaines chacune et 12 jusarmes.

Aux gens de l'office de l'ostel, 48 maillez de plomb.

A M. Guilbert de Lannoy capitaine du chastel de Lescluse, 10 milliers de tourteaulx en quatre queues pour la provision dudit chastel.

Folio 105.

Autre artillerie baillée et emploiée pour le fait de ladite armée.

Et premièrement.

Devant le chastel de Marcs durant le siege ont esté employés, 89 pierres de bombardes, — 56 pierres de veuglaires, — 8 quaques de pouldre de canon contenant 800 livres, — 150 livres de pouldre de coulovrine, — 60 livres de plomb enplombées, — quatre grans eschielles doubles rompuz et despeciez, — 36 pavaix à potence tant rompus que prins et emportez par les Flamens de fait et de force, — 10 milliers de tourteaux tant devant ledit chastel de Marc comme devant Calaix, — 52 loiches, 21 congnées, rompus et perdus, — 11 serpes, 4 lanternes, 25 livres de chandoilles.

Folio 106.

Autre artillerie delivrée pour mettre en ouvraige.

Et premièrement.

Tout le salepestre, soulfre et charbon contenu en ce contrerole a esté délivré à Jehan de la Masure ouvrier de pouldre pour mettre en œuvre.

Item le 4,018 livres de fer ont esté livrées à Gales de Monceaulx et autres forgeurs ses compaignons, pour mettre en œuvre, et en ont fait les pinces, sercles, mandrins de fer et ferrures de plusieurs crappaudeaulx sur les affûtemens et aussi en ont esté faites les grosses chevilles de fer, servans aux manteaulx des bombardes.

Item audit J. de Monceaulx fevre a esté baillé pour 69 sols d'acier, pour refferrer les marteaulx des tailleurs de pierres qui faisaient les pierres pour les bombardes et veuglaires.

Item à lui encore 10 livres d'acier prinses sur les 80 livres mentionnées plus haut.

Item aux ouvriers qui feirent à St-Omer les pavaix à potence et les casses à mettre traits d'arbalete furent baillés les clots achetés plus haut.

Item a esté employé le vieil oingt tant pour oindre les moieux et asseulx des chars et bombardes et autres servans continuelment en l'artillerie, comme pour les manteaux des bombardes.

Item ausdiz charioz ont este rompus la plus grand partie des heuches et traiz contenus en ce present contrerole.

Folio 107, v°.

Inventoire fait par Mahieu des Prez contreroleur de l'artillerie M. le duc de Bourgoingne le 24ᵉ jour de juillet 1436, qui a esté trouvée en l'artillerie devant Calais.

Et premièrement :

109 lances ferrées, — six bottes de maillez de plomb, — 44 arcs, — quatre queues et ung tonnelet de flesches, — 7 arbalestes, — une quaque de trait, — 11 barrilles de pouldre de coulovrine, — ung quaque de pouldre de canon, — une de dondaines, — 36 jusarmes, — des casses de trait commun, — des pavaix, — des traits communs, — une queue de tourteaux à faloz, — une queue de charbon, — une queue et demie de congniés, — une queue de cordaige, — une casse et demie de plommets, de la chandoille.

Folio 108.

C'est l'inventoires des artilleries que Mgr le duc a en ses parties d'Artois et de Flandres.

Et premièrement :

A Abbeville, deux bombardes de fer portant environ 120 livres.

Item le veuglaire nommé Anvers, lequel est sans chambre.

Item deux veuglaires garnys chacun d'une chambre.

Item une bombarde d'une piece, portant telle pierre que lesdits veuglaires.

Item trois crappaudeaulx.

Item deux petiz veuglaires gettans deux livres de pierre.

Item deux arbelestres, 4 doubles guindaulx — 2,000 traits d'arbelestes, 3 à 400 arcs — 600 douzaines de flesches.

Item ung manteau de bombarde.

A Hesdin, 3 à 4 milliers que de soulfre que de salepestre sans affiner.

Item deux petits canons, garnis chacun de deux chambres.

Item 200 arcs à main — 200 douzaines de flesches et 50 douzaines de cordes d'arc.

FOLIO 109.

C'est l'artillerie qui est à Lescluse.

Premièrement :
Le bois, la ferrure et le cordaige de cinq engins voulans.
Le bois d'une bricole.

Item plusieurs bois servans aux manteaulx tant pour bombardes que pour guet de gens d'armes, mais les couvertures ne peuvent plus servir.

Item plusieurs tresteaulx pour servir à tranchié.

FOLIO 109, v°.

Inventoire fait le 3e aout 1436 par Phelibert de Moulant escuier d'escuierie de M. le duc de Bourgoingne, Jehan de Rocheffort, maistre de l'artillerie et Mahieu des Pretz controleur des artilleries du duc des artilleries de l'abbaye de St-Bertin en la ville de St-Omer, tant de celles qui y estoient au devant et durant le logis fait par mondit seigneur devant la ville de Calais, comme de celle qui autour dudit logis y a este amenée.

Et premièrement :
Vint caques de pouldre de canon qui pevent (peser) environ six milliers.

Item neuf petis caques de pouldre de coulovrines qui pevent environ tenir deux milliers.

Item cinq queues et ung poinçon de salepestre de Champaigne.

Item quatre ambours de salepestre d'Espaigne, qui peuvent tenir environ 1,600 livres.

Item environ 4 ambours de soulfre.

Item 655 lances — 25 jusarmes — 43 congnies — 250 sarpes — 70 maillez de plomb — 3 guindaulx.

Item 39 coulovrines de fer.

Item cinq coulovrines de cuivre, qui sont enfustées en bastons par les deux bouts.

Item ung millier de plomb enplommées de plomb de plusieurs sortes.

Item une bombarde de cuivre appellée *Pruce*.

Item une autre bombarde de cuivre appellée *Pruce*.

Item une autre bombarde de cuivre appellée *Bergière*.

Item la chambre de [la bombarde appellée] *Bourgoingne* qui est de cuivre et de quoy la volée fut perdue à Guines.

Item une bombarde de fer qui a esté rompue devant Marc et la quelle on refait à St-Omer.

Item ung gros veuglaire rouge à tout une chambre.

Item quatre gros veuglaires de fer, lesquelz n'ont point de chambre.

Item 34 pics et hoyaulx, — 100 pelles ferrées — 30 seaulx de cuir.

Item 250 arcs à main — 2 queues et une fillette de trait commun — 100 douzaines de cordes d'arcs.

Item ung tonnelet de fil d'Anvers.

Item ung petit tonnelet et six nix d'acier.

Item six grosses cordes appellées chables.

Item deux grans barreaulx et six limes de fer.

Folio 111.

Délivrance d'artillerie faite aux personnes et par la manière cy après déclarée.

Et premièrement :

A Phelibert de Vauldrey pour la ville de Gravelinghes huit coulovrines de fer.

Item 5 crappaudeaulx garnis chacun de deux chambres.

Item 6 arbalestes — 3 guindaulx — six casses de trait — un poincon de dondainnes, 2 petits barils de pouldre de coulovrine — trois aubourgs de pouldre de canon.

Item 600 de petites plombées de deux façons, selon les coulovrines et 400 aussi de deux façons, selon les crappaudeaulx.

Item 400 de bastons de coulovrines ferrés es deux bouts.

Item 100 lances ferrées, 50 arcs à main — une queue de trait — une queue de tourteaulx — quatre faloz.

Item le gros veuglaire que on a eu de J. Cambier, à tout une chambre.

Ung gros veuglaire rouge, à tout une chambre.

Folio 112.

Aultre artillerie delivrée à G. Rainnequin, receveur d'Ardre le 2ᵉ juillet 1436.

Deux quaques de pouldre de canon, une de pouldre de coulovrines, trois casses de traits.

Autre artillerie recouvrée de l'armée par mer de Messire Jehan de Hornes.

24 jusarmes — 21 arbelestes — 13 guindaulx sanglés — 2,000 de trait commun — 850 de dondainnes — 83 petis piez de chièvre.
Environ 20 livres de pouldre.

Folio 112, vº.

Autre artillerie trouvée en l'Escluse, au logis de Messire J. de Hornes.

Quatre veuglaires de fer, dont l'un a cinq chambres et les autres trois.

Item cinq autres veuglaires de fer sans affusts, dont les deux ont chacun trois chambres, une à deux chambres et les autres une chambre.

Item trois veuglaires sans chambre

Item quatre chambres sans veuglaire.

Item 24 bastons qui ont aux deux bouts chacun, une couleuvrine de cuivre.

Item ung baston qui n'a que une coulovrine.

Item quatre autres veuglaires de fer sans affusts, dont les deux ont chacun trois chambres et les autres deux chambres.

Folio 113.

Autre artillerie qui a esté trouvée en la nef de M. le duc en 1436 et y fut laissiée par son ordonnance.

Et premièrement :

Quatre gros veuglaires enfustez en bois, gettant pierres de 5 à 6 livres pesans garnis de 10 chambres.

Item deux petits crappaudeaulx enfustez en bois, gectant pierres ou plommées du gros d'un esteuf.

Item trois gros veuglaires qui sont de la nef, garnis chacun de trois chambres.

Item 84 lances — 24 arbalestes — 8 guindaulx — 21 petites dardes 3,000 de trait — 26 jusarmes — 8 maillez de plomb — 20 pavaix.

Item trois petiz veuglaires et trois chambres.

Item 80 petiz barreaulx de fer à getter de la hune.

Folio 114.

Autre artillerie qui est en la barge Eliment Fay.

Deux veuglaires de fer enfustés en bois, garnis de quatre chambres.
Deux douzaines de lances, deux arbalestes.

Le surplus a esté emporté par certaines gens qu'il nommera quand mestier sera.

Folio 114, v°.

Autre artillerie recouvrée en l'ostel du bailli de l'caue de l'Escluse.

Guindaulx — arbaletes — traits — chauchetrappes — fil d'Anvers.
Une queue de pierre de canon.

Délivrance d'artillerie qui a esté recouvrée de l'armée par mer de feu messire J. de Hornes.

A M. Guilbert de Lannoy capitaine du chastel de l'Escluse pour mettre audit chastel.

Deux grosses arbaletes — 36 guindaulx — une caque de fil d'Anvers.

Item dix veuglaires de fer et 21 chambres.

Item 33 coulovrines de cuivre enfustées en 17 bastons par les deux bouts.

Item 502 pierres servans à petiz veuglaires.

Item 650 de traits communs — une quaque de chauchetrappes — 48 fers de javeline — 10 queues de tourteaux à faloz.

Item ung gros veuglaire de fer garni d'une chambre, enfusté en bois qui estoit en la ville du Damp.

Folio 115, v°

Autre artillerie de ladite armée par mer, délivrée le 26 août 1436 pour mettre en la Galée que M. le duc a fait faire à l'Escluse.

Quatre veuglaires de fer sans affust à dix chambres.

Onze vingt petites pierres à canon servans à petis veuglaires, six arbaletes, six guindaulx.

Item huit coulovrines de cuivre enfustés en quatre bastons par les deux bouts.

Autre artillerie de ladite armée par mer baillée le 26 août 1436 à A. de Rochebaron pour porter à Avennes-le-Conte.

Deux veuglaires de fer sans et quatre chambres.
Item deux coulovrines enfustez en deux bastons.
Item deux arbalestes et ung guindal.

Folio 116.

Autre artillerie de ladite armée delivrée le 25 août 1436 à J. Blancard chevalier, capitaine de la Tour de Bourgoingne sur le havre de Lescluse, pour mettre dedans icelle tour.

Quatre veuglaires de fer enfustez d'eux-mêsmes, garnis de neuf chambres.

Item quatre petites coulovrines de cuivre enfustées en deux bastons par les deux bouts.

Artillerie prinse à St-Omer et mise par messire Girard-Rolin chevalier, en provision en la forteresse George du Wez.

Deux petiz barils de pouldre de coulovrine pesant environ 51 livres.
Arcs, — flesches, — dondainnes, — jusarme.
Cinq fussées à getter fer.

Folio 16, v°.

Autre artillerie prinse à St-Omer et mise en provision ou chastel de la Montraire le 12 novembre 1436.

Trois gros canons de fer enchassés en bois et garnis de sept chambres.
Item neuf coulovrines de fer.
Item deux quaques et demi de pouldre de canon.
Item traits — jusarmes — hostes — maillez de plomb — pioiches — lances et arbalestes.

Folio 17.

Autre artillerie prinse en ladite artillerie de St-Omer, mise et delivrée le 3 nov. 1436, en la ville d'Ardres.

Trente coulovrines de cuivre.

Item lances — jusarmes — pics — pioches — serpes — paelles ferrées — loiches — pelles — traits — congnies.

Item six quaques de pouldre de canon.

Item un petit quaque de pouldre de coulovrine.

Item ung petit quaque plein de plommées pour crappaudeaulx et coulovrines.

Item ung gros veuglaire de fer garni de deux chambres tenant 25 livres de pouldre ou environ.

Item ung autre veuglaire de fer à tout une chambre tenant huit livres de pouldre.

Item deux crappaudeaulx de fer garnis chacun de deux chambres.

Item faut recouvrer l'artillerie de Godeffroy Lelong maistre canonnier de la ville de Dunkerke appartenant à M. le duc, à lui bailliée en garde durant le logis de Calais par J. Cambier, marchant d'artillerie, lequel J. les a vendues à mondit s^r avec plusieurs autres artilleries montans à la somme de 4 à 5,000 l. de 40 gros la livre. De quoy ledit J. de Rocheffort et Mahieu des Prez n'ont aucun enseignement des parties d'artilleries par lui délivrées et aussi n'ont point son marché ni le controrolle de G. de Troyes, lequel ne le voulu bailler, par quoy on peut savoir la vérité.

Et premièrement :

Environ 800 maillez de plomb.

Item 24 coulovrines de fer.

Item une chambre de fer servant à ung gros veuglaire pesant 50 livres.

FOLIO 118, v°.

Cy après sensuivent les parties que ledit Jehan Cambier doit encore de reste à mondit s^r le duc, de son marchié qu'il fist et a fait des artilleries qu'il lui devoit livrer pour la guerre de Calais.

Et premièrement :

Deux gros veuglaires de fer chacun à deux chambres pesant six milliers.

Item 30,000 dondainnes — 10,000 de traits communs — 2,000 de demi-dondainnes — 650 mailles de plomb, à dague et sans dague, 300 fers de lance.

Item 2,000 chevilles de fer à faire manteaux, de quoi il doit avoir le patron.

Item 32 guindaulx — 1,000 douzaines de fers de flesches et 8,000 de cloux de trois sortes.

Pour la mer.

400 pierres de canon — 44 guindaulx sangles — 100 jusarmes.

FOLIO 119, v°.

Cy après s'ensuit l'artillerie qui a esté despendue et perdue au logis fait par mondit s^r le duc devant la ville de Calais, depuis le 15° jour du mois de juillet l'an 1436, que moy Mahieu des Prez, contreroleur dessus dit fu mis ce dit jour ou dit office de contre-rolleur par le commandement de mondit s^r, jusques au 29° jour dudit mois que on desloga de devant ladite ville.

Et premièrement :

Cinq jusarmes — 41 arcs et une queue et 18 trousses de flesches delivrées aux archers pour aller aux escarmouches.

FOLIO 120.

Délivrance de 93 maillés de plomb aux compagnons de l'escuierie, de la cuisine, de l'armurie, de la panneterie, de la fourrière, de l'hôtel du duc, aux valets de chambre, au secrétaire, aux archers du corps, aux deux compagnons du maître de l'artillerie.

A J. de Vauldrey maître de l'artillerie, une arbaleste d'if et un guindal pour porter à son belouert sur les grèves de la mer.

FOLIO 121.

Autre délivrance d'artillerie.

Crannequins et traits communs délivrés au damoiseau de Nassawe et à ses gens.

Autre délivrance d'artillerie.

Le 21 juillet porté au baulouart devant la ville de Calais ung barillet de pouldre de coulovrine.

Le 24 porté audit baulouart ung quaque de pouldre contenant de 80 à 100 livres.

Le 28 ensuivant ung barillet de pouldre de coulovrine et ung demi barril de pouldre de canon.

FOLIO 121, v°.

Autre despense d'artillerie despensée et perdue au logis devant Calaix.

Et premièrement :

Trente louches — 28 sarpes — 10 cognies.

Item une forge toute garnie d'enclume, marteaulx et autres choses à ce appartenant — 4 grans barreaux de fer.

Item tous les pavais.

Item huit leviers de fer que grans que moïens pour charger bombardes et gros veuglaires.

Item le jour du partement devant la ville de Calais à minuyt et en desroy fut délivré à plusieurs compaignons qui vindrent en foulle et en grand nombre environ 200 maillez de plomb, deux queues de trait à main, 200 arcs à main, 50 jusarmes et 80 lances ferrées.

Item audit logis furent laissées trois grosses bombardes qui furent amenées du pays de Hollande, ensemble les chariots et plusieurs manteaulx et cordage par défaut de chevaulx et charroy pour les emmener.

Item furent laissées audit logis plusieurs veuglaires et crappaudeaulx dont je ne say le nombre, pour ce que avant ledit 15° de juillet je fus mis en l'artillerie par l'ordonnance et commandement de mondit s' ils avaient les anciens, esté mis en plusieurs places et venues dudit logis pour la deffense d'icelluy tant au boulevart Philibert de Vaudrey qui estoit sur la grève de la mer comme ailleurs.

Et au regart des artilleries despensées et distribuées au siege devant le chastel de Guines, je n'en fais point de mencion en ce présent contrerole, pour ce qui je n'y estoye point, mais Jehan de Rocheffort, maistre de l'artillerie qui estoit audit siege ; de ce qui y a esté et fut despensé, en doit prendre et rapporter certiffication de messire Girard Rolin, chevalier, qui par l'ordonnance et commandement de mondit seigneur, estoit en icellui siege de Guines pour avoir regart sur ladite artillerie et ouvrage fait en icelle.

Je Mahieu des Prets, commis de par M. le duc de Bourgoingne au contrerolle des artilleries, après Guillaume de Troies, certiffie les parties escriptes en ce présent contrerolle estre vrayes es lieux ainsy par la forme et manière que cy dessus est déclairé. Tesmoing mon saing manuel cy mis le 27° jour de janvier l'an 1436. Ainsi signé, M. des Prez.

Folio 124.

Inventoire de l'artillerie faite et livrée par J. Quenot, varlet de chambre de M. le duc de Bourgoingne, sur l'artillerie que le 3ᵉ jour d'aoust 1445 il marchanda de faire pour mondit sʳ le duc et laquelle a esté essayée à Dijon, les darrenier jour de janvier et premier de fevrier 1446 et baillée et delivrée a Philibert de Vauldrey, maistre de l'artillerie de mondit sʳ et mise en son hostel des Loges audit Dijon.

Et premièrement,

Ung petit vuelglaire de 4 piez de long de volée, portant pierre de environ trois polces, garny de deux chambres, chacune tenant environ une livre de pouldre, pesant ensemble 219 livres et demie fer. Signez à tel saing
Pour ce, 219 livres 1/2.

Item ung autre vuelglaire de la longueur que dessus, la volée garnie de deux chambres, pesant ensemble 281 livres et demie, fer, chacune chambre tenant environ une livre de pouldre. Signez à semblable seing
portant pierre comme dessus. Pour ce, 281 l. 1/2.

Item ung autre de la longueur que dessus, la volée garny de deux chambres pesant ensemble 203 livres fer, chacune chambre tenant environ une livre pouldre et signez à semblable saing
portant pierre comme dessus. Pour ce, 203 livres.

Item ung autre de la longueur de trois piez et demi de long, la volée garny de deux chambres, tenant environ une livre pouldre pesant ensemble 142 livres fer, portant pierre de environ deux polces demy de hault, signez à tel saing
Pour ce, 142 livres.

Item ung autre de la longueur de trois piez et demy de long, la volée garny de deux chambres, chacune tenant une livre pouldre, pesant ensemble 105 livres fer, portant pierre de environ deux polces demi de hault et est signé
Pour ce, 105 livres.

Item ung autre de la longueur de trois piez et demy de long, la volée garny de deux chambres, chacune tenant environ une livre pouldre, pesant ensemble 150 livres fer, portant pierres de environ 2 polces demy de hault, signez à tel saing

Pour ce, 150 livres.

Item ung autre vuelglaire de la longueur de trois piez demy de long, la volée garny de deux chambres chacune tenant environ une livre pouldre, pesant ensemble 155 livres, portant pierre d'environ 3 polces demy de hault, signez à tel saing

Pour ce, 155 livres.

Item ung autre de la longueur trois piez demy largement de long, la volée garny de deux chambres, chacune tenant environ une livre, pesant ensemble 190 livres, portant pierre de environ 2 polces, 2 tiers, signez à tel seing

Pour ce, 190 livres.

Item ung autre de la longueur trois piez largement de long, la volée garny de deux chambres, chacune tenant une livre pouldre pesant ensemble 176 livres, portans pierre d'environ deulx polces, deux tiers. Signez à tel saing

Pour ce, 176 livres.

Item deux autres petis vuelglaires de trois piez demy de long, chacune volée garny chacun de deux chambres, tenant chacune chambre demie livre de pouldre, pesant ensemble 218 livres demie fer, portant chacune pierre de deux polces, l'une signée à tel saing

et l'autre à tel saing
218 livres 1/2.

Item ung canon vuelglaire de quatre piez demi de long, la volée pesant à part soy 765 livres, garnys de deux chambres pesans lesdites deux chambres 277 livres et demie et tenant chacune chambre quatre livres pouldre, portant pierres de six polces demi de hault, signés à tel seing

Ainsi poise ledit canon avec lesdites deux chambres 1,042 livres et demie fer. Pour ce, 1,042 livres 1/2.

Item ung aultre canon de quatre piez et demi de long la volée pe-

sant à par soy 976 livres fer, garny de deux chambres, pesant lesdites chambres, 306 livres, chacune chambre pesant quatre livres pouldre portant pierre de sept polces de hault signez à tel seing
le tout pesant ensemble 1,284 livres. Pour ce, 1,284 livres.

Item une autre volée d'un gros veulglaire à façon d'une bombardelle de la longueur de trois piez deux tiers marqué à tel seing
portant pierres de huit polces et demi de hault, pesant par soy 700 livres et la chambre pesant 356 livres et tenant douze livres de pouldre. Pour tout que poisent lesdites volées et chambres 1,056 livres. Pour ce, 1,056 livres.

Item une autre volée d'ung vuelglaire de quatre piez et un tiers de long, pesant par soy 712 livres portant pierre de six polces de hault, et les deux chambres pesans 268 livres et demie et tenant chacune quatre livres de pouldre. Pour tout qui poisent les voulées et chambres 980 livres demie et ainsi signé
Pour ce, 980 livres demie.

Item ung autre vuelglaire de la longeur de quatre piez demi, portant pierre de cinq polces et demi de hault et les deux chambres tenant chacune trois livres de pouldre. Et poisent tout ensemble volée et chambre 780 livres, qui sont signez à tel seing
780 livres.

Item ung autre vuelglaire d'environ quatre piez de long, signé et marqué au seing figuré à la fin de cest article, pesant avec les deux chambres qui tiennent chacune trois livres de pouldre 418 livres demie et porte pierre de quatre polces un tiers de hault
Pour ce, 418 livres 1/2.

Item ung aultre vuelglaire de la longueur de quatre piez un tiers et les deux chambres tenant chacune trois livres pouldre et portant pierre de cinq polces demi de hault, pesans ensemble 850 livres signé
Pour ce, 850 livres.
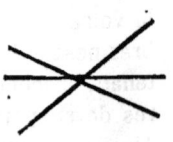

Item une autre voulée d'un vuelglaire de quatre piez et deux do z

de long et les deux chambres tenant chacune environ trois livres de pouldre et portant pierre de quatre polces et un tiers de hault, pesant ensemble 538 livres, marqué et signé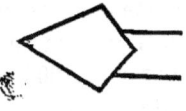
Pour ce, 538 livres.

Item une autre semblable voulée de la longueur de la précédente et les deux chambres tenant chacune environ trois livres de pouldre et portant pierre de quatre polces et un tiers de hault, pesant ensemble 492 livres marqué à tel seing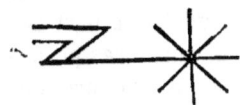
Pour ce, 492 livres.

Item une autre voulée de quatre piez de long. Et les deux chambres gettant pierre de quatre polces de hault ou environ, le tout pesant ensemble 550 livres, marqué à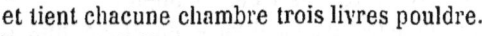
et portant les chambres chacune trois livres poudre. Pour ce, 550 livres.

Item une autre voulée de vuelglaire de quatre piez demi de long et deux chambres getant pierre de six polces de hault, pesans 844 livres et les deux chambres pesant 262 livres demie tenant chacune quatre livres de pouldre. Signez à tel seing
le tout pesant 1,106 livres fer.
Pour ce, 1,106 livres.

Item une autre volée d'un vuelglaire de quatre pieds demi, garny de deux chambres gectant pierre de cinq polces demi de hault, pesant ensemble le tout 728 livres de fer marqué à tel seing
et tient chacune chambre trois livres poudre.
Pour ce, 728 livres.

Item une autre volée de vuelglaire de quatre piez demi de long, garny de deux chambres gettant pierre de cinq posses demi de hault, pesant ensemble 775 livres de fer, marqué à tel seing
et tient chacune chambre trois livres poudre.
Pour ce, 775 livres.

Item une autre volée de vuelglaire de quatre piez demy de long, garni de deux chambres getant pierre de six polces un tiers de hault. Pesent ladite volée à part soy 788 livres de fer. Et lesdites deux chambres pesent à part 312 livres de fer, et tient chacune chambre

environ quatre livres de pouldre. Et est signée ladite voulée et aussi lesdites chambres à tel seing
Ainsi pesent tout 1,100 livres fer.
Pour ce, 1,100 livres.

Item une autre volée de vuelglaire de quatre piez deux tiers de long, garny de deux chambres getant pierre de six polces trois quars de hault, pesant ladite voulée à part soy, 818 livres demie fer. Et les deux chambres pesans à part 312 livres fer et tient chacune chambre quatre livres pouldre signées à tel seing
Ainsi poisent tout 1,130 livres demi de fer.
Pour ce, 1,130 livres 1/2.

Item une autre volée de vuelglaire de quatre piez et demy de long, garny de deux chambres gectans pierre de six polces de hault, pesant ladite volée à part soy, 800 livres de fer et les deux chambres pesant à part 225 livres et tient chacune chambre environ trois livres pouldre et est signée à une croix saint Andrieu
Ainsi poisent tous 1,025 livres fer.
Pour ce, 1,025 livres.

Item une autre grosse volée de vuelglaire de cinq piez de long garni de deux chambres getant pierre de sept polces un quart de hault, pesant ladite voulée à part soy 1,151 livres de fer et lesdites deux chambres pesant 430 livres et tient chacune chambre quatre livres de pouldre. Ainsi poisent tout 1,481 livres. Et est signée ladite volée et les chambres aussi à tel seing
Pour ce, 1,481 livres.

Somme toute 17,178 livres et demie fer, qui au feur de 15 deniers tournois la livre valent 1,073 livres 13 sols 1 denier obole.

Je Phelibert de Vaudrey, maistre de l'artillerie de M. le duc de Bourgoingne, confesse avoir eu et reçu de Jehan Quenot dessus nommé par les mains des gens des comptes de mondit s^r à Dijon les vint et huit vuelglaires et canons cy-dessus inventoriez et declairiez, garnis et fournis, c'est assavoir les 27 chacun de deux chambres et l'autre vuelglaire ou bombardelle déclairiée cy devant fourni d'une chambre de la longueur tenant pouldre et portant pierre selon et par la manière que cy devant est déclairée. Lesquelx 28 vueilglaires et canons comprinses lesdites chambres poisent en tout 17,178 livres demie de fer, lesquelz je promets bailler et distribuer où il appartiendra et ainsi que par mondit sr me sera ordonné et d'iceulx rendre bon et loyal compte et reliqua toutes et quantes fois que requis en seray. Tesmoing mon saing manuel cy mis le 9e jour de février 1446. Signé Phelibert de Vaudrey.

Folio 129

Estat abregié de Phelibert (de Vaudrey) maistre de l'artillerie de M. le duc de Bourgoingne depuis qu'il fut institué audit office jusques au 4e jour d'avril 1445 avant Pasques, qui fut mis et baillié en la Chambre des comptes à Lille par ledit Phelibert tant de la recepte comme de la despense de ladite artillerie par lui faite par le commandement et ordonnance de mondit seigneur.

Et premièrement :

Recepte.

Deux grosses bombardes de fer que J. Cambier a faites qui pevent peser environ 60,000 livres de fer portant pierres de 22 polces.

Item trois autres bombardes de fer l'une nommée *Bergier*, l'autre venant du damoiseau Jaques (de La Marche) et l'autre que ledit Jehan Cambier a derrièrement livrée à Namur ; qui pevent peser environ 24,000 livres portant pierres de 13 à 14 polz et une autre de cuivre venant dudit damoiseau Jaques.

Item deux autres bombardes nommées *Le damp,* chacune a trois chambres qui pevent péser environ 22,000 livres portans pierre de 12 polz.

Item trois veuglaires de fer pesant environ 11 milliers, portant pierre de dix polces.

Item cinq autres veuglaires de fer pesant environ quatre mille livres portans pierre de cinq polces.

Item deux autres veuglaires que l'on fait pour Lembourg et Crapan et qui sont encore à Mons et qui pevent peser environ 4,500 livres, tirant pierre de sept polz.

Item ung gros veuglaire de fer qui peut peser environ 4,500 livres, tirant pierre de 10 polz.

Item 120 crappaudeaulx de fer chacun à trois chambres, tirant pierre de deux polz, qui pourront peser environ 23,000 livres.

Item douze autres veuglaires de fer, chacun à trois chambres, qui pourront peser environ 6,000 livres tirant pierres de cinq polz.

Item 50 autres crappaudeaulx de cuivre pour mettre sur ribaudequins, chacun à trois chambres, qui pourront peser environ 7,000 livres.

Item 16,500 de mitaille qui a esté menée à Luxembourg pour faire la volée de (la bombarde de) Bourgoingne.

Item pour faire la bombarde nommée Luxembourg, tant pour façon que pour achat de mitaille avec celle qui fut trouvée à Luxembourg qui monte somme toute 48,086 livres et aussi pour la façon de la volée de Bourgoingne.

Item salepestre tant trouvé à Luxembourg que d'achat, 11,927 livres.

Item soulfre pareillement 8,080 livres.

Item pareillement pouldre de canon 6,242 livres.

Item semblablement pouldre de coulovrine 440 livres.

Item arcs à main 5,400.

Item flesches 4,907 douzaines.

Item de cordes d'arc 2,283 douzaines.

Item arbalestes d'acier 266.

Item dondainnes fusts et fer, 6,000.

Item demi dondainnes, fusts et fer, 6,000.

Item fers de dondaines et demi dondainnes, 2,250.

Item trois queues de trait, tant de dondainnes que de demie dondainnes, que trait commun, qui furent mises à Aire, avec autre artillerie, pour mener à Namur, pour le voïage que Mgr entendoit faire derrièrement en Bourgoingne.

Item fil d'Anvers, 1,000 livres.

Item guindaux, tant doubles que sangles, 311.

Item lances ferrées, 550.

Item falos de fer, tous emmanchés, 50.

Item tourteaux de faloz, 12,600.

Item 33 marteaulx et 30 ciseaulx à maçon.

Item une forge garnie.

Item 25 broiches de fer à chargier coulovrines.

Item chauchetrappes et plante malan, 20,000 plus deux quaques.

Item cinq coulovrines de cuivre, chacune à deux chambres.

Item deux crappaudeaulx de cuivre, chacun à deux chambres.

Item six autres grosses coulovrines de cuivre, chacune à deux chambres.

Item trois gros crappaudeaulx de cuivre, chacun à deux chambres.
Item seize coulovrines de cuivre.
Item 86 coulovrines fer.
De Bouloigne, jadis garde des joiaux, 14 perdriseaux.
Item 410 plommées pour coulovrines et 1,600 de plomb pour crappaudeaulx.
Item pierres de marbre, tant pour bombardes que pour veuglaires, 1,000.
Item tant jusarmes, langues de beuf qu'espiez, 280.
Item pavaix, 16.
Item pics, 125.
Item pioches, 125.
Item cognies, 73.
Item sarpes, 66.
Item loiches, 125.
Item pelles ferrées, 125.
Item piez de chievre, 75.
Item chaines de fer, mille quatre toises.
Item aneaulx de fer, 600.
Item esses de fer, à coupler chaines, 500.
Item croiches de fer, 400.
Item chandelle de fusil 100 livres.
Item 6 soufflez et 8 lanternes.
Item oingt a oindre charrioz et chievres de manteaux 115 livres.
Item seaulx de cuir à puisser eaue, six.
Item des habitans de Monmedi, ung charriot à quatre roes.
Item de Jacquemin, cordier d'Yvys, 32 paires de gros traiz, 21 livres de menu cordaige, deux esperons de cordes pour enrouer, trois grosses piéces de cordes, 30 toises de menu cordaige, 132 livres de fer et 44 aulnes de toille.

FOLIO 132.

Despense faite par ledit Phelibert sur la recepte dudit estat en la manière cy après declarée.

Premièrement.

Deux veuglaires de fer garnis chacun de deux chambres.
Item cinq crappaudeaulx garnis chacun de deux chambres.
Item 41 coulovrines de fer.
Item 5 coulovrines de cuivre.

Item 6,038 livres de pouldre de canon.

Item 221 livres de pouldre de coulovrine.

Item de pierre de marbre, 390.

Item plommées pour coulovrines et crappaudeaulx, 400.

Item plomb pour faire plomées, 200.

Item 1,910 arcs à main — 1,445 douzaines de cordes — 2,914 douzaines de flesches.

Item 66 arbalestes d'acier — 12,600 dondainnes et demi dondainnes — 300 livres de d'Anvers — 15 guindaulx.

Item 346 lances ferrées, — 16 pavaix.

Item 25 falotz — 6,000 tourteaux à faloz.

Item 9 marteaulx, — 11 ciseaulx, — 26 pics, — 26 pioches, — 22 louches, — 52 pelles ferrées, — 43 cognées, 23 sarpes et 14 piez de chievre.

Item 100 livres de chandelles, — 65 livres d'oingt.

Item 3 soufflez, — 6 lanternes.

Item 80 tant jusarmes qu'espiez et langues de beuf.

Item tout le cordaige toile et fer dont cy devant est faite mencion, fut despensée tant au siege de Villi, que au charroi pour la prinse de Luxembourg.

Folio 134, v°.

Demeure de net les parties qui s'ensuivent :

Et premièrement.

Deux grosses bombardes de fer que J. Cambier a faictes.

Item trois autres bombardes de fer, l'une nommée *Bergier*, l'autre du damoiseaul Jaques et l'autre qui a este derrierement achetée à Namur dudit Cambier.

Item deux autres bombardes nommées *le damp*.

Item trois autres bombardes nommées, *Bergier*, *Artois* et *Prusse*.

Item quatre gros vueiglaires de fer.

Item deux autres vueigloires de fer.

Item 22 autres vueigloires de fer.

Item 115 crapaudeaulx.

Item 5 autres crapaudeaulx de cuivre.

Item 16,500 livres de matière pour faire la voulée de Bourgoingne.

Item 14,000 de traits divers.

Item 18,086 livres de matière pour la bombarde de Luxembourg.

Item 11,927 livres de salepestre et 8,180 livres de poultre.

Item 203 livres de pouldre de canon.

Item 219 — coulovrine.

Item 3,490 arcs à main — 1,993 douzaines de flesches — 828 douzaines de cordes d'arc.

Item 200 arbaletes d'acier — 700 livres de fil d'Anvers — 296 guindaux.

Item 204 lances ferrées.

Item 25 faloz de fer enmanchés — 6,600 tourteaulx à faloz.

Item 24 marteaux — 29 ciseaux à maçon — une forge garnie.

Item 25 broiches de fer à chargier coulovrines.

Item 20 chaussetrappes et plante malan et un caque.

Item 45 coulovrines de fer.

Item 11 coulovrines de cuivre.

Item cinq — chacune à deux chambres.

Item 2 crappaudeaulx de cuivre chacun à deux chambres.

Item 3 gros —

Item 14 perdrizaux.

Item 1,400 livres de plomb à faire plommées.

Item 610 pierres de marbre.

Item 200 jusarmes, langues de beuf et espiez.

Item 89 pics — 99 pioches — 30 congniées — 42 sarpes — 103 loiches — 73 pelles ferrées et 61 piez de chièvre.

Item 1,003 toises de chaine de fer — 600 aneaulx de fer — 500 esses de fer à coupler chaines — 400 crochés.

Item six seaulx de cuir.

Item un charriot à quatre roes.

Item deux cuillers à fondre plomb.

Sans en ce comprendre l'artillerie estant tant à Luxembourg, Aire et autres places de par deça comme en Bourgoingne, dont cy devant en ce contrerole est faite mencion, excepté le soulfre salpestre et pouldre qui fut trouvé audit Luxembourg qui est cy comprins.

Et aussi sans en ce comprendre la despense d'artillerie, faite devant Rocheffort et Angimont.

FOLIO 140.

Cy après sensuit l'artillerie qu'il convient avoir pour fournir une gallée oultre et par dessus autres menues choses qu'il y convient avoir qu'il la vouldroit entièrement armer.

Et premièrement :

Douze grosses arbalestes d'acier pour monter à guindaulx.

Item douze guindaulx, c'est assavoir huit sangles et quatre doubles.

Item douze autres arbalestes d'acier pour monter à croc et les porter à pié.

Item pour les grosses arbalestes, 1,800 de trait, moitié dondainnes et demi dondainnes qui se mettront en six casses.

Item pour les petites arbelestres à crocq, sept vingt cinq cent de trait commun — 200 livres de fil d'Anvers.

Item cinq veuglaires portant pierre de quatre poulces en croixière, chacun à 3 chambres et lesdites chambres servans aussi bien à l'ung des veuglaires que à l'autre. Et aura chacun veuglaire quatre piez de long, volée et chambre et se boutera la pierre par derrière.

Item deux coulovrines pour tirer sur chevalez, chacun à trois chambres, chacune chambre servant autant à l'ung qu'à l'autre.

Item douze autres coulovrines pour tirer à main.

Item 600 livres de pouldre, moitié pour canon, l'autre pour coulovrine.

Item 36 juisarmes legières et bien forgiées, — 150 lances ferrées, — 50 demies lances ferrées.

Item 32 pavaix de popelier, pour faire rambades, lesquels conviennent estre de six piez à seule de hault et quatre de large.

Item 120 autres pavais à main, bien garnis et bien estoffez comme il appartient de six pieds à seule de hault et de deux piez et demi de large.

Item 12 carqons tous de popelier et les plus legières que faire se pourront.

Item une quaque de chaussetrappes.

CHAPITRE VII

ARTILLERIE DU DUC CHARLES LE TÉMÉRAIRE

Ce chapitre qui, si on en jugeait par les guerres continuelles du duc Charles, devrait être le plus important du recueil, se trouve, au contraire, le moins bien partagé en fait de documents historiques. Ainsi, quelques pièces isolées, des notes inscrites au Livre d'artillerie, un seul compte de la Recette générale; voilà ce que la Chambre des Comptes a gardé sur ce règne si fécond en évènements de tout genre. Encore n'y faut-il rien chercher de ce qui peut concerner les sièges de Beauvais et de Nancy, et encore moins Grantson, Morat ou Nancy. Trois causes, il faut le dire, ont contribué à cette pénurie si regrettable de documents sur l'histoire militaire dans les archives de Dijon. D'abord la continuation de l'examen des comptes généraux des finances par la Chambre de Lille, puis la création d'un receveur particulier chargé de tout le service d'artillerie, lequel ressortissait à cette même Chambre, et enfin la disparition des archives de la Chambre des Comptes de Dijon, ainsi que de celles des principales villes du pays, de la presque totalité des pièces relatives au règne du duc Charles et à la réunion de la Bourgogne à la France.

En résumé, les pièces que nous offrons ici, appartiennent toutes à l'année 1474. Charles le Téméraire vient de conclure avec Louis XI une trêve qui lui permet de porter toutes ses forces sur le Rhin, où l'appellent de graves intérêts. Les habitants du comté de Ferrette, excités par les Suisses, viennent de secouer son joug et Robert de Bavière, archevêque de Cologne, dépossédé de son siège par son propre chapitre, implore son secours pour y rentrer par la force des armes. Le duc rassemble une nombreuse armée et la pourvoit d'un matériel d'artillerie inconnu jusque-là. Mais tandis que le siège de Neuss se prépare, il songe à occuper les gens de Ferrette, en attendant que, l'archevêque rétabli, il puisse tomber sur eux avec toute sa puissance. Il enjoint alors au sire de Neufchatel, son lieutenant en Bourgogne, de rassembler aussitôt des troupes sur la frontière de ce comté et de commencer les hostilités. Il informe en même temps les gens du conseil ducal, à Dijon, de l'envoi qu'il fait à cette armée d'une *batterie* d'artillerie placée sous le commandement d'un lieutenant créé tout exprès et les charge de la compléter en hommes et en munitions.

Nous transcrivons ces pièces qui renferment des détails curieux sur la composition de cette *bande* ou *batterie* de campagne, ainsi que la mention des dépenses payées à cette occasion par J. Vurry, receveur général de Bourgogne.

De par le duc de Bourgoingne, de Brabant, de Lembourg, de Luxembourg et de Gheldres, conte de Flandres, d'Artois, de Bourgoingne, de Haynnau, de Hollande, de Zéllande, de Namur, de Zutphen.

Très chiers et bien amez, Nous vous envoyons cy dedens encloz, l'estat de l'artillerie que avons ordonnée estre menée et conduite par devers notre cousin le s^r de Neufchastel, pour faire la guerre à l'encontre des Ferretois, nos subgects rebelles et qui se sont distrais de notre obéyssance. Par lequel estat appert que la despense pour la conduite d'icelle artillerie pourra monter par jour à la somme de 78 livres 6 s. 6 d. de 40 gros ou environ; partie de laquelle despence, mesmement de ce qui est par deça, avons fait fournir de nos deniers de par deça pour ung mois. Et au surplus avons ordonné que ladite despence d'icelle artillerie, se fera et conduira de nos deniers de par delà si longuement que ladite artillerie sera aux champs. Si voulons et vous mandons bien expressement et acertes que veez et visitez ledit estat et en ensuivant le contenu en icelui, bailliez et delivrez à Estienne Ferroul, que avons ordonné lieutenant particulier du maistre de notre dite artillerie pour la conduite d'icelle, la bombarde et ung maistre bombardier, canonniers, charpentiers, pionniers et toutes les autres choses déclarées en icellui estat nécessaires pour la conduite d'icelle artillerie. Et avec ce lui faictes délivrer argent pour avoir et recouvrer cordail, train, ferraille, tous et autres menutez servant à ladite artillerie. Et si faites faire à toute diligence par delà cinquante pierres de bombardes, le tout selon la declaration dudit estat; et y faites tel devoir et acquit que riens ne soit retardé à ceste cause sans y faire faulte comment qu'il soit. Car notre plaisir est tel. Très chiers et bien amez, Notre-Seigneur soit garde de vous. Escript en notre ville de Malines, le 10ᵉ jour de juillet, anno (14) 74.

  Charles.

De Beere.

A nos amez et feaulx, messire Jean Joard, chief de notre conseil et président de noz Parlemens de Bourgoingne, le sʳ d'Eschanetz, chevalier, notre chambellan, commis sur le fait de nos demaine et finances de par delà et les gens de nos comptes à Dijon et à chacun d'eulx.

Estat de ce qui semble estre necessaire pour le fait et conduite de l'artillerie que mon très redoubté seigneur M. le duc de Bourgoingne a ordonné estre menée en Bourgoingne, de celle qui se doit prendre en son dit pays de Bourgoingne à la conduite de Estienne Ferroux par lui commis au gouvernement et exercité d'icelle.

  Primo.

A mondit seigneur ordonné estre méné deux courtaulx de métal estans presentement à Luxembourg et convient pour iceulx mener, 16 chevaux.

Item pour mener cinq moïennes serpentines et quatre petites, fault avoir assavoir aux moïennes serpentines, trois chevaulx et aux petites deux; font 23 chevaulx.

Item pour mener trente cacques de pouldre à compter sur chacun charriot cinq cacques feront six charriots qui font 24 chevaulx.

Pour mener deux cent pierres de courtaulx à compter 40 pierres sur chacun (charriot) à quatre chevaulx font 20 chevaulx.

Pour mener les plomets servans ausdites 9 serpentines ung charriot et demi, 6 chevaulx.

Item pour mener 2,500 arcs, 2,700 douzaines de flesches, 6,000 cordes, 11 charriots qui feroient 44 chevaulx.

Pour mener picqs, horeaulx, lochets, ung charriot à 4 chevaulx.

Pour mener oingt de garnison, les baghes du carrelleur et du cuvelier, ung charriot, 4 chevaulx.

Pour mener les baghes de Estienne Ferroux et ses aides par un commis du receveur de l'artillerie, 6 chevaulx.

Prendre en Bourgogne une bombarde à Dijon et pour mener celle convient du moins avoir 24 chevaulx.

Pour mener ung manteau servant icelle, convient dix charriots qui font 40 chevaulx.

Pour mener ung affusts, 4 chevaulx.

Pour mener du moins cent pierres servans à ladite bombarde à dix pierres, ung charriot à quatre chevaulx, font 40 chevaulx.

Convient mener les baghes des charpentiers leurs hostiz et harnaix, 4 chevaulx.

Pour mener les baghes des harnesqueurs et autres menues gens de ladite artillerie, 4 chevaulx.

Pour mener les baghes des canonniers deux charriots, 4 chevaulx.

Convient avoir pour conduire le fait de ladite artillerie les gens qui sensuivent.

Primo.

Pour ung maistre bombardier qui jouera de la bombarde. Pour ce par jour, 10 sols 8 den.

Convient avoir neuf canonniers pour les neuf serpentines, assavoir ung maistre cannonier à 8 sols par jour et huit à 4 sols par jour font 40 sols.

Item pour ung carreleur par jour, 4 sols.

Item pour ung cuvelier par jour, 4 sols.

Item pour ung gentilhomme ayde dudit Et. Ferroux par jour, 12 sols.

Pour deux hommes à cheval pour lui aydier à conduire, chacun à 6 sols par jour, 12 sols.

Ung maistre charpentier par jour à cheval, 8 sols.

A six autres charpentiers, chacun à 4 sols par jour, 24 sols.

A huit compaignons harnesqueurs, chacun à 4 sols par jour, 24 sols.

A 120 pionniers qui se prendront audit pays de Bourgoingne, chacun à 3 sols feront par jour 18 livres.

Somme 267 chevaulx qui au pris de 4 sols pour chacun cheval, monte par jour 53 livres 8 sols.

Et pour les gaiges des gens de ladite artillerie pour la conduicte dessus dicte aussi par jour 24 livres 18 sols 8 d.

Pour tout que monte icelle despense par jour 78 livres 6 sols 6 deniers, qui feront pour ung mois 2,350 livres.

Et pour l'expédition de Estienne Ferroux qui conduira ladite artillerie est nécessaire que Monseigneur y ordonne ses lettres par lesquelles il lui baille povoir de lever et prendre les parties d'artillerie nécessaires pour l'expédition de sa charge.

Item aussi que mondit seigneur le commecte en lui baillant povoir, que toutes parties par lui certifiées durant son voiaige, soient passées et allouées en la despense des comptes de Claude de Monestey, receveur d'icelle artillerie.

Item aussi que mondit seigneur escripve à MM. du conseil et des comptes en Bourgoingne qu'ils facent bailler et délivrer audit Estienne Ferroux les parties d'artillerie à lui nécessaires pour sa charge.

Item pour ce qu'il n'(y) a à Dijon que 50 pierres pour servir à ladite bombarde, en convient faire faire cinquante qui cousteront la pièce 6 sols, qui seroient la pièce 15 livres.

Item convient avoir du ferrail, traiz, ferrailles, clous et autres menuetez servans à ladite artillerie; et aussi pour plusieurs menues reparacions qu'il convient faire sur les chemins que pourront tout couster environ 60 livres.

Pour tout que fault fournir pour l'expedicion de sa charge, 2,425 livres.

CHARLES.

Commission de lieutenant du maître de l'artillerie, donnée par le duc Charles à Etienne Ferroul.

Charles par la grâce de Dieu duc de Bourgoingne, de Lothier, de Brabant, de Lembourg, de Luxembourg et de Gheldres, conte de Flandres, d'Artois, de Bourgoingne, palatin de Haynau, de Hollande, de Zellande, de Namur et de Zuytphen, marquis du St Empire, seigneur de Frise, de Salins et de Malines. A touz ceulx qui ces presentes lectres verront, salut. Comme pour réduire et remectre en notre obéissance noz subgectz rebelles et désobéissans de nostre pays de Ferrectes et resister aulx entreprinses de leurs aliez, assavoir de ceulx de Basle, Strasbourg, Zelstat et Colomnier, nous avons ordonné notre cousin le seigneur de Neufchastel, notre lieutenant, pour la conduite des gens de guerre de noz ordonnances que avons ordonné soubs lui et aussi avons ordonnez qu'il aura certaine quantité d'artillerie pour exploitier la guerre à lencontre d'eulx selon que lui avons ordonné. Pour conduire laquelle artillerie et avoir l'ueil et le regard sur icelle et ce qui en déppend et aussi pour certiffier toutes les parties de la despense de ladite artillerie qui se fera pendant que ledit seigneur de Neufchastel aura la charge dessusdite; est besoing de commettre ce et ordonner homme ydoine et souffisant à ce. Savoir faisons que nous ce considéré et pour les sens et bonne conduicte en fait d'artillerie que par expérience de fait savons et congnoissons estre en la personne de notre bien amé Estienne Ferroul, escuier, icelluy confians à plain de ses sens loyaulté, preudommie et bonne diligence, avons commis, ordonné et establiy, commectons, ordonnons et establissons par ces presentes lieutenant particulier de maistre de notre dite artillerie, et lui avons donné et donnons povoir et auctorité de en l'absence dudit maistre d'icelle notre artillerie, de avoir la conduicte, administration et gouvernement de toute l'artillerie que avons ordonné estre menée en la compaignie de notre dit cousin, le seigneur de Neufchastel, pour exploitier la guerre dont cy dessus est faite mencion et de ce qui deppend et peut déppendre d'icelle artillerie seulement. De laquelle artillerie à son retour il sera tenu de rendre compte à tel et ainsi qu'il appartiendra, de bailler toutes certifficacions necéssaires de la despence qui se fera pour la conduite de ladite artillerie et autrement. Les parties de laquelle despense voulons estre alouées es comptes du receveur de notre dite artillerie en vertu desdites certifficacions. Et au surplus luy avons donné povoir et auctorité de faire bien et loyaulment tout ce que audit estat compete et appartient et quil lui sera ordonné par ledit s^r de Neufchastel. Aux gaiges de 15 sols de deux gros de notre monnoye de Flandres de solt par jour que lui avons tauxé et ordonné, tauxons et ordonnons prendre et avoir de nous par chacun jour et en estre paié de mois en mois, tant et si longuement qu'il sera occupé en la conduicte de ladite artillerie et par les mains de notre argentier, oultre et par dessus neuf sols par jour que despieça par autres nos lettre et pour les causes y contenues lui avons accordé prendre et avoir sa vie durant par les mains de notre receveur de Luxembourg et aux autres drois, prerogatives, franchises, prouffitz, et emolumens acoustumez et qui y appartiennent. Sy donnons en mandement aux aydes dudit Estienne, maistres bombardiers, canonniers, charpentiers, pionniers, charretons et autres cui ce regardera que audit Estienne Ferroul, ils obéissent en ceste partie en tout ce quil leur ordonnera et commandera touchant leur charge et conduite comme ils feroient au maistre de notre artillerie. Mandons en oultre à nos amiz et feaulx les trésoriers commis sur le fait de notre domainne que par notre argentier ils facent deci en avant tant et si longuement que ledit Estienne Ferroul sera occupé en la conduite de notre dite artillerie par la manière que dit est, païer, bailler et délivrer sesdits gaiges de quinze sols par jour de mois en mois oultre et par dessus lesdicts neuf sols dont cy dessus est faicte mencion. Et par rapportant ces presentes, vidimus d'icelles soubs scel autentique ou copie collacionnée et signée par l'un de noz secretaires où en l'une des chambres de noz comptes pour une et la première fois et pour tant de fois que mestier sera quictance souffisant dudit Estienne tant seulement. Nous voulons tout ce que ainsi paié, baillé et delivré lui aura esté à la cause dessus dicte estre passé alloué et comptez et rabattu de la recepte de notre dit argentier qui paié l'aura par noz amez et feaulx les gens de noz comptes à Malines. Ausquelz nous mandons que ainsi le facent sans aucune difficulté. Car ainsi nous plait-il. En tesmoing de ce nous avons fait mettre notre scel à ces présentes. Données en notre ville de Malines le 8ᵉ jour de juillet, l'an de grace 1474.

Ainsi signé par M. le duc. Nous le prévôst de sʳ Donas de Bruges, le sire de Berlectes et autres présens. J. Gros (B 11862).

Compte de J. Vurry, receveur général de Bourgogne, 1473-1474 (B 1773).

FOLIO 205.

Payé à J. Joffroy, marchant à Bourg-en-Bresse, la sᵉ de 339 l. 4 s. pour 3,392 livres de salepetre, mis en garnison en l'artillerie du duc; à raison de 10 l. le cent.

FOLIO 206.

Payé 9 f. à P. Angelin, mercier à Dijon, pour la fabrication de 600 livres de poudre. Il en fabrique 533 livres.

Achat de 361 l. de salpetre, moyᵗ 48 f.

FOLIO 206, vᵒ.

Payé 13 f. à Ph. de Moulevrain, macon, reste de 16 f. 1 gros qui lui étaient dues pour la façon de 50 pierres rondes, servant à la grosse bombarde de fer.

Folio 207.

Payé la somme de 74 f. 3 gros à H. de Thoisy, seigneur de Mimeures, pour remboursement d'avances faites en achat d'artillerie, notamment 10 colevrines dont six à crochet, quatre à main, 107 livres de poudre à canon, tenus pour la défense des places de Chatillon en Bazois, la Roche-Millay et Voultenay.

Folio 207, v°.

Payé 42 l. à A. de Grenant, artilleur à Genêve, pour avoir affiné et mis à nect 2,800 de salepetre, etant en garnison en l'artillerie du duc.

Folio 209.

Payé 103 f. à G. Fol, voiturier à Besancon, pour le charroi de la grosse bombarde de fer, depuis Dijon à Chatillon, Villiers-le-Duc, pour servir au siege que le Marechal voulait mettre devant Chacenay.

Folio 210, V°.

Payé 16 gros à un voiturier qui a vaqué deux jours avec ses quatre chevaux pour ramener de Gray à Dijon la grosse serpentine du duc. Juin 1474.

Payé 2 f. à un autres dont les six chevaux ont ramené également trois des serpentines du duc.

Payé 8 gr. à un autres dont les quatre chevaux ont ramené de Paques à Dijon, trois pièces du manteau de la grosse bombarde.

Folio 212, v°.

Achat de 5 livres de graisse pour engraisser les quatre serpentines, 2 g. 1/2.

Façon de 160 plombées, 2 g. 1/2.

Achat de quatre feulles de ferblanc à la grant forme (5 gr.), pour la façon de certains entonneurs, 1 gros.

Achat de six sacs de cuir pour mettre la poudre, 5 gros.

— petits clous pour clouer les deschargeurs, 2 bl.

Façon de quatre clefs à deux charnières pour les coffres des serpentines, 4 gros.

Ferrure de trois aissis, 4 gros. Brabans mis aux aissis, de six liens mis aux roes de la grosse serpentine.

Cette artillerie fut conduite à Chanceaux et ramenée à Dijon à cause de la trêve conclue avec le roi.

Folio 216.

Achat de 243 livres de poudre, à raison de 2 g. la livre, 40 livres 1/2.

Folio 218.

Achat de 564 livres de salpetre à 16 f. le cent, 90 francs.

Folio 232.

Achat de 500 livres de salpetre à 13 s. le cent, 65 f.

Folio 223.

Payé 10 gros pour un sercle de fer garny d'une ferrure et d'une clef servant à mettre sur le pertuis de la grosse bombarde qu'on devait mener à M. de Neufchatel du coté de Montbéliard.

Achat de quatre feulles de ferblanc servans à faire chargeurs à baston de feu.

Facon d'une verge de fer pesant huit livres, servant à tirer les pieces de bois du manteau de la grosse bombarde et de deux chevilles de fer mises et assises à ce manteau d'ancienne garnison.

Facon de quatre frotes de fer mises es boutans du char de la bombarde, de deux saichies à mettre sous la bombarde — deux lyens pendans — quatre fers d'aissis, quatorze liens à mettre aux bandes des roes dudit char, 14 chevilles de fer servans auxdits liens, le tout pesant 100 l. à 1 gros la livre.

Folio 228.

Payé à P. Douhet, marchand à Dijon, la somme de 41 f. 1/2 pour la vente de deux serpentines de fer pesant ensemble 664 livres au prix de 3 blancs la livre. Ces deux serpentines, quatre hacquebuses, 200 livres de plomb, 800 livres de poudre.

Facon de 865 livres de poudre à raison de 18 gros le cent, cette poudre mise en quatre quaques et 3,000 de traits furent conduits par ordre du duc à Epinal pour la sureté de cette ville.

Folio 230, v°.

Payé à J. de Gascogne, serrurier à Dijon, la somme 4 f. 7 g. 1/2 pour la ferrure du gros poulain servant à gecter la bombarde de métal; l'avoir garni de trois grosses bandes de fer, six chevilles, quatre platines mises es clefs dudit poulain, le tout pesant 111 livres à 2 bl. la livre.

Payé au même 6 s. 8 gr.

Folio 231.

Pour avoir reforgé tout à neuf les volées devant des deux petites serpentines de fer du chateau d'Arc en Barrois.

Pour une chambre neuve à une serpentine de Talaut.

Pour ung coing de fer servant à ladite serpentine.

Pour six verges de fer pour charger six coulevrines dudit chastel.

Folio 232.

Payé 48 f. à Benoit Marion, mareschal, pour l'achat de 16 grosses coulevrines de fer à croichet du prix de 4 f. chacune.

Cette batterie tomba l'année suivante au pouvoir des Suisses, à la bataille d'Héricourt. Mais dès le mois de décembre 1474, le personnel en avait été changé. Après avoir assiégé quelques places sur les frontières du pays de Ferrette, charretiers et canonniers étaient revenus à Dijon réclamer leur solde et l'autorisation de regagner la Flandre, ce que le conseil n'avait pu leur refuser, crainte de la désertion dont ils le menaçaient. C'est ce que le receveur général J. Vurry consigna ainsi dans son même compte :

Folio 233.

Payé à 5 voituriers la s⁰ de 30 f. pour prêt à eux faits pour leur peine d'avoir aidé à conduire l'artillerie envoyée de Flandres par le duc à M. de Neufchatel sous la garde d'Etienne Ferroul, lieutenant du maitre d'artillerie en Bourgogne, Mᵉ Gauvaux de Bailloel, pour les aider a retourner dans leur pays.

Payé en prêt à 6 canonniers la somme de 30 f. à raison de 5 f. chaque tant pour avoir conduit cette artillerie à M. de Neufchatel pour guerroyer contre les Ferrettois et leurs alliés que pour avoir été de l'ordonnance dudit sʳ en plusieurs places des frontières desdits Alemans pour jouer et tirer des bastons à feu. Laquelle somme leur a été allouée par les gens du Conseil pour les aider à s'en retourner vers le duc recevoir le reste de leur dû et en considération de ce que ces canonniers comme les charretiers s'étaient douluy à mesdits sʳˢ disant qu'ils n'avoient de quoy vivre ne eulx en retourner pour recouvrer leur paiement et affin qu'ils n'eussent occasion de habandonner le service de Mgr, ne eulx tourner contre son party. 7 déc. 1474.

- *Fragments de comptes en parchemin dont les feuillets recouvrent les registres d'arrêts du Parlement appartenant à M. Saverot, conseiller à la Cour impériale.*

Compte de J.   , receveur général, 1473-1474.

Jaques Bonne, garde de l'artillerie.

Item une serpentine de metail pesant 559 livres garnie de son affust de roes ferrées, coffres et lymonneure.

Item une autre serpentine pesant 547 livres.

Item 200 plombées de plomb esquelles a du fer deans, servant esdites serpentines, lesdites plombées pesans 505 livres.

Item 100 livres de poudre à canon délivrées par ledit garde pour la defense et garde des maisons de Lorme et de Pierre Perthuis.

It. 400 livres de poudre en deux caques à Cl. de Dinteville, s^r d'Eschanet, capitaine de Bar-sur-S. et d'Arc-en-Barois, pour la défense de ces places.

Item une hire pour charger la bombarde.

It. une grosse serpentine de metail pesant 1,549 livres 1/2, garnie de son affust et chariot à 4 rouhes ferrées de lymonneures.

It. 101 plombées ou il a du fer pesant 639 livres 1/2.

Barthelemy de Vaulx, canonier commis à la conduite de l'artillerie.

It. une colovrine de métail à croucher, pesant 44 livres.

—   —   41 —
—   —   37 —
—   —   47 —

It. 5 paulfers servant à la bombarde, de 4 pieds de long chaque.

CHAPITRE VIII

**L'ARTILLERIE DE LOUIS XI AU TEMPS DE LA RÉUNION DE
LA BOURGOGNE A LA FRANCE**

A la nouvelle de la mort de Charles le Téméraire, tué devant Nancy, Louis XI, sous prétexte de soutenir les droits de Marie de Bourgogne, enjoignit aux sires de Craon et de Chaumont, ses lieutenants en Champagne, d'entrer en Bourgogne avec leurs troupes et d'y faire reconnaître son autorité. Grâce aux intelligences ménagées par le prince d'Orange dans les deux provinces, tout s'accomplit suivant les désirs du monarque, qui du reste n'épargna ni l'or ni les promesses. Malheureusement la perfidie de Louis XI et l'insatiable rapacité de ses lieutenants, fournirent au prince d'Orange et aux nombreux partisans de la princesse Marie, l'occasion de secouer un joug que chaque jour rendait plus pesant. Le signal partit de la Franche-Comté. Dès la fin de février, la ville de Dôle se mit en pleine révolte, et sauf Gray, où commandait le vieux Sallazar, toutes les villes de la province suivirent cet exemple. Il fallut donc en entreprendre la conquête. Vesoul fut la première ville sur laquelle Craon dirigea ses coups; heureusement elle était défendue par Guillaume de Vaudrey, qui par une manœuvre habile mit le gouverneur en pleine déroute et le rejeta au-delà de la Saône. Mais Craon, ayant rassemblé de nouvelles troupes, rentra en Franche-Comté, battit les confédérés au pont de Magny, les poursuivit jusque sous les murs de Besançon et était à peine rentré dans Gray, que la révolte éclatant aussi à Dijon le contraignit d'y courir en toute hâte. La sédition noyée dans le sang de ses auteurs, Craon apparut dès la fin de juillet devant Dôle, et après plusieurs assauts repoussés, en convertit le siège en blocus. Tandis qu'il attendait que la famine lui livrât ses ennemis, les Comtois ne restaient point inactifs. Craon apprit bientôt que Gray venait de tomber en leur pouvoir et lui-même, surpris dans son camp au milieu de la nuit du 1ᵉʳ octobre, laissait aux mains des Dôlois toute son artillerie et cherchait honteusement son salut dans la fuite. Ce fut là son dernier exploit. A la nouvelle de cet échec, Louis XI le priva de son gouvernement et commit à sa place Charles d'Amboise.

Le compte de J. Vurry, receveur général de Bourgogne, 1476-1477 (B 1778), mentionne la plus grande partie des dépenses que nécessitèrent l'achat d'arquebuses, la façon ou la réparation des bombardes, canons, veuglaires et couleuvrines, l'achat et la fabrication de la poudre, des plombées et des pierres, les affûts, les manteaux, le charroi et les convois de l'artillerie employée dans ces diverses expéditions. On y remarque aussi des détails curieux sur une énorme bombarde que le comte de Bresse prêta au gouverneur et que son poids considérable empêcha d'arriver à temps utile à sa destination.

Folio 99.

Payé 72 f. à B. Marion, maréchal, pour la façon de 24 hacquebusses de fer à 3 f. pièce.

Charroi sur deux chers de six grosses pièces de bois d'orme dont on a fait les affusts des six serpentines dernièrement faites par Marion, 4 f. 1/2.

Folio 100 et suivants.

Achat de 3,092 livres de souffre à 4, 6 et 10 f. le cent.
Achat de 12,140 livres de salpetre à 10 et 12 francs le cent.

Folio 101.

Payé à B. Marion, maréchal, la sᵉ de 78 pour la façon de 26 hacquebusses à 3 f. pièce.

Folio 103.

Achat de 2,879 livres de charbon de saulce et de thillot à 20 gros le cent.

Façon de 3,920 livres de poudre à raison de 18 gros le cent.

Folio 104.

Payé à B. Marion, mareschal, 217 f. 11 gros 1 blanc pour la facon de sept serpentines de fer pesans :

La première 506 livres.
La seconde 488 —
La troisième 520 —
La 4ᵉ 552 —
La 5ᵉ 500 —
La 6ᵉ 492 —

Ces six serpentines furent menées au siège de Vesoul au mois de mars 1476/7 avec 220 plombées.

La 7ᵉ garnie de deux chambres, 492 livres.

En tout 4,487 livres à 3 bl. chacune.

Folio 111.

J. Chandelier, mirolier, empreint et vernit ces serpentines en coleur blanche et rouge, 3 f.

Achat et facon de quinze plombées de plomb pesant ensemble 26 livres pour l'essay de ces serpentines, 17 gros 4 engrognes.

Payé 9 f. 1/2 pour la facon de six affusts de ces serpentines.

Payé 11 f. 2 g. — de six paires de roues neuves garnies de leurs aixis ou ont esté assis les six affusts de bois.

Payé 45 f. 5 gr. au marechal, tant en bandes, clous que frotes. Pour avoir ferré six paires de quignons servans es aixis des roues. Ferré les six affusts de bois de quoy les ances des serpentines sont liées. Ferrure de six limonnières, trente chevilles, des crampons, chaines, le tout pesant 1,090 livres à 2 blancs chacune.

Payé 8 f. 10 gros au charpentier qui a drecié le manteaul pour servir à la grosse bombardelle.

Et le poulain sur lequel se gecte la petite bombardelle, lesquelles furent menées en mars 1476/7 devant Vesoul.

Payé 14 f. 10 gros, à V. Champagne, maréchal.

Pour quatre broches de fer, servant au manteau de la grosse bombardelle, ensemble les clefs et arondelles, le tout pesant 15 livres.

Pour une bande et deux grosses broches traversaines mises au poulain, pesant 33 livres.

Pour trois broches, les clefs et arondelles du manteau de la petite bombardelle, pesant 15 livres.

Pour 12 bandes de fer, clous, quignons des quatre roues du char de la grosse bombardelle, ensemble les frottes, housses, broche de fer pendant, broche traversaine pesant 268 livres.

Pour la ferrure de l'eslongue] et fourchotte ou brancard du char, pesant 27 livres.

Le tout pesant 358 livres, à 2 bl. la livre.

Folio 110.

Payé 8 f. 10 g. au macon qui a taillé 66 pierres de ces bombardes et de trois veuglaires de fer qui ont été menés devant Vesoul.

Folio 113.

Facon de 219 plombées, tant grosses que petites, pour servir à quatre serpentines de métail en garnison à Gray, lesquelles furent charroyées au quartier du gouverneur devant Vesoul.

Facon de 240 plombées, pesant ensemble 420 livres de plomb, pour servir aux six serpentines faites par Marion, à six francs le cent, y comprins 76 livres de fer, mises et employées aux dites plombées.

Folio 118.

Achat d'un millier de plomb, de J. de Helque, plombeur à Dijon, pour la somme de 40 francs.

Folio 124.

Payé à Viennot Gaignepain, rouhier, la somme de huit francs, pour huit paires de roes, trois limonnières, trois paires d'armons et trois esloingues, servans à trois canons de l'artillerie du roy, 8 f.

Payé à Viennot Champagne, marechal, 49 f. 2 g. pour avoir ferré ces roes, limonnieres, etc., et y employa 1,180 livres de son fer, à 2 blancs la livre.

Payé 24 f. 1 g. à M. Ph^t d'Essoye, maître des œuvres de charpenterie.

Pour la façon de six affusts de bois, dont trois furent rompus.

Pour trois pièces de bois mises au petit mantau servant aux dits canons.

Payé 20 f. 5 gr. à J. d'Angers, serrurier, pour avoir defferré et refferré deux de ces canons, y comprins les liens, bandes, chevilles et coings de fer, le tout pesant 491 livres.

Payé 40 f. 10 g. à J. de Gascogne, serrurier, pour reparations semblables à deux autres de ces canons, le tout pesant 980 livres.

Achat à Michel Lordelot cordier, moy^t, 10 g. 1/2 de quatre paires de traits et une livre et demie de cordes pour brater les limonnières des dits canons.

Folio 124.

Achat de deux bouchardes pour faire les pierres des deux canons, 12 gros.

Achat de douze feuilles de ferblanc pour faire les chargeurs des serpentines, 7 gros.

Folio 129.

Achat de demy muids pour y mettre la poudre à 9 bl. pièce.

Payé à P. Angelin, ouvrier de poudre, la somme de 211 f. 2 gros 4 engrognes, pour avoir fabriqué depuis le mois de janvier 1476/7 au 30 juin la quantité de 14,080 livres de poudre à canon au prix de 18 gros le cent.

Folio 134.

Payé à J. Vurry, receveur général, la somme de 106 pour les frais de la conduite de la grosse bombarde de Bourg-en-Bresse, pierres et autres choses servans à icelle, que Mgr de Bresse avoit prêtée à M. de Craon pour le service du roi le 2 juin 1477.

Il résulte des détails de cette dépense, que cette bombarde fut amenée de Bourgogne à Macon par 60 bouviers conduits par quatre sergents du comte de Bresse. 14 bouviers traînaient les pierres, 18 la chambre et 28 la volée de la bombarde. Les habitans des lieux traversés furent mis en requisition pour apparoiller les chemins et etançonner les ponts. Arrivée à Macon, 60 bouviers la menèrent à Montbellet, où 61 autres bouviers de la chatellenie de Verisset la conduisirent à Tournus. Mais le gouverneur de Bourgogne l'ayant contremandée, on l'embarqua sur la Saône et on la redescendit à Macon en faisant garder les passages difficiles par des gens armés, crainte des Comtois qui, disait-on, vouloient s'en emparer.

Folio 149.

Dans le compte des frais pour le fait et conduite de l'artillerie mise sus pour tenir les pays en l'obissance du roi depuis le 22 avril au 30 juin, on voit figurer maître Benoit, canonnier, et seize autres canonniers payés à raison de 2 gros 8 engrognes par jour.

Gilles Coulon et J. Tiercelin, bombardiers à six macons, deux rouyers, deux marechaux, six charpentiers, un tonnelier, recevant la même solde.

Plus deux canonniers et deux charpentiers aide-canonniers de Langres.

Sans préjudice d'un nombre considérable de charretiers qui conduisaient les pièces et les munitions, et dont voici le résumé du compte :

Deux chars attelés de trente chevaux, conduits par six hommes, menèrent la bombardelle, son poulain et de la poudre.

Un char attelé de onze chevaux conduit par deux hommes portait de la poudre et des plombées.

Deux chars à cinq chevaux chaque et deux hommes, portaient les pièces du manteau de la bombardelle.

Un autre à six chevaux et un conducteur, menait les pierres.

Quatre chars à cinq chevaux et 3 conducteurs portaient les pieces du même manteau.

Un autre semblable portait les tentes.

Dix-huit chevaux, groupés par trois et un conducteur, traînaient les six serpentines blanches et rouges.

Dix chevaux conduits par deux hommes menait la petite bombardelle, et ses bagues.

Quinze chevaux et trois conducteurs amenaient son manteau.

Dix chevaux et deux conducteurs étaient chargés des *tentes-loges*.

Six chevaux avec un homme, conduisaient quatre serpentines de fondue, un cuveau de poudres.

Trois hommes conduisant 24 chevaux amenèrent deux canons-perriers.

Un char attelé de 5 chevaux avec un conducteur mena 8 caques de poudre.

Deux autres semblables furent chargés de pierres de divers calibres.

Un autre semblable amena l'engin servant à descharger les bombardelles.

Trois chevaux attelés à une charrette et un homme amenèrent quatre caques de poudre.

Douze chevaux groupés par trois, conduits par quatre hommes, menaient quatre grosses serpentines.

Quatre couples de chevaux ayant chacun leur conducteur traînèrent les quatre serpentines d'Epoisses, après qu'elles eurent été affutées à Gray.

Deux chevaux et un conducteur furent chargés d'une serpentine gagnée à Rigny.

Un char « chargé d'ung coffre ou estoient lanternes, chandoilles, oingt, clous et ung cuveau de plombées, servant aux dites serpentines », fut amené par cinq chevaux et un conducteur.

Un char de même attelage amena les pales, pics, trenches, piez de chievre, tampons servans aux bastons à feu et autres bagues.

Le charroi des deux pieces dites les Frères de Langres, couta 80 f.

Folio 161.

Jacotin de Baudewitz, maître de l'artillerie, reçut 53 f. 6 gr. pour ses gages du 1er avril au 15 août.

Folio 164.

La solde continue sur le même pied, depuis le 1er juillet au 15 août, pour touts les personnages désignés ci dessus.

Folio 100.

Payé 2 f. a G. Varney de Gray, sur ce qui peut lui estre deu pour avoir affusté les quatre serpentines d'Espoisses et celle de Rigny.

Achat d'une corde de mofle contenant environ 140 toises, de quoy l'on a lié les canons perriers.

Facon de cinq paires de roes, tant grandes que petites, pour les cinq serpentines, de cinq lymonnures, garnies d'aissis, 15 f. 20 gr.

Réparation des aissis et des quignons des deux canons perriers.

Facon de treize sacs de cuir à mettre poudre, 4 gros.

Facon de 2,000 de plombées, 6 f. et achat de 600 livres de fer pour faire billes à mettre es plombées.

Folio 192.

Achat de trente feuilles de ferblanc à faire chargeurs, 2 f. 8 gr.

Achat de quatre cayers de papier à la grant marge, à faire chargeur, 10 gros.

Achat de 300 clous pour faire ces chargeurs, 3 blancs.

Payé à J. de Gascogne, serrurier, 2 gros, pour une serrure mise en un cuveaul, ensemble les gresillons et la clef, pour fermer les plombées des serpentines.

Paiement des deux cent de tampons de bois, servans aux deux bombardelles, à 8 gros le cent.

Folio 184.

Payé à Guillaume de Villebert, maréchal à Chalon, 20 gr. pour 54 livres de fer, tant en cloux par terre, courson pour coursener les Frères de Langres et en happés.

Achat de 32 livres de fer employées en frottes, heusses, cheville de la fourchette et liens, et brabans de l'aissis.

Paiement de la ferrure de lymonnures, liens de sellette, cheville à fermer serpentines. Arondelles, clefs, ferrure d'aissis de serpentines, l'un à quignon l'autre à long fer.

Paiement d'une croisée de serpentine, d'un timon d'une lymonnure, d'une esparre de serpentine, et deux sellettes faites par les rouyers, 3 f.

Les circonstances au milieu desquelles Charles d'Amboise prit possession du gouvernement des deux Bourgognes étaient fort graves. L'échec subi devant Dôle avait ranimé l'esprit de révolte dans le duché. Beaucoup de villes comme Beaune, Semur, Saulieu, Verdun, plusieurs châteaux avaient repris les couleurs bourguignonnes et des partis allemands à la solde de Maximilien d'Autriche, époux de la princesse Marie, parcouraient le pays, maintenaient les communications entre les révoltes des deux côtés de la Saône, et pour peu que leur nombre en augmentât, la Bourgogne entière échappait à Louis XI. Mais, dit Commines, le nouveau gouverneur était un très vaillant homme et saige et diligent. Tandis qu'à Dijon il faisait fondre de nouvelles pièces, qu'on réparait les anciennes, que des munitions de toute espèce s'entassaient dans l'arsenal, Louis XI lui envoyait à Cravant, par voie de terre et d'eau, bombardes, canons et un matériel considérable aux ordres d'un de ses meilleurs lieutenants d'artillerie. Ses préparatifs terminés, d'Amboise, qui avait durant ce temps *praticqué* les Suisses auxiliaires des Comtois et était parvenu à leur faire évacuer le duché, se mit aussitôt en campagne. Il assiégea et fit rentrer dans l'obéissance toutes les places qui avaient secoué le joug, Beaune fut soumise la dernière, elle se rendit à composition à la fin de juillet 1478.

Peu de temps avant cette capitulation, c'est-à-dire le 11 juillet, Louis XI et l'archiduc avaient signé une trêve d'un an, qui comprenait le comté de Bourgogne, mais au mois de juin 1479, les habitants de Cambrai et de Bouchain, ayant massacré les garnisons françaises pour se mettre sous la protection de l'archiduc, Louis XI dirigea une armée sur le comté de Bourgogne et prescrivit à Ch. d'Amboise « de remettre ce pays dans sa main ». Cette fois les Comtois, privés de tout secours étranger, ne purent lutter avec avantage contre les forces considérables dirigées contre eux. Le château de Rochefort succomba, une trahison livra la malheureuse ville de Dôle aux Français, qui lui firent cruellement expier leur défaite de l'année 1477, et bientôt toute la contrée, sans même en excepter Besançon, subit la loi du vainqueur.

Quatre comptes de la Recette générale fournissent des renseignements importants sur cette intéressante période de l'histoire des deux Bourgogne. Deux de ces comptes, rendus par J. Riboteau, receveur général du duché, pour les années 1477-1478 et 1479, nous ont conservé en matière d'artillerie, la mention des dépenses de la fonte des canons, de leur affutage et de tout ce qui en dépendait.

Les deux autres, non moins intéressants, embrassent les années 1478-1479, ce sont les comptes des depenses de la conduite de l'artillerie royale, dans ces deux campagnes. Ils renferment de curieux détails sur l'organisation de l'armée sous Louis XI et sur le mode de transport des grosses pieces et les difficultés souvent insurmontables que ce transport présentait. Je donne des uns et des autres les extraits qui suivent :

Compte de J. Riboteau, Receveur général de Bourgogne (1477-1478)
B 1781.

Folio 97 et suivants.

Payé 120 l. à Parisot de Cirey, savoir 100 l. pour 2,000 de metail pour faire deux bastons de fondue et 20 l. pour mille livres de plombées de fer fondu à 70 s. t. le cent.

Payé à Mongin Dondo, fondeur, 40 l. 20 s. 11 d. pour ses depenses d'avoir commencé les moles et autres choses nécessaires pour une grosse coulevrine que le gouverneur lui avait commandée.

Paiements divers pour la fonte des trois canons nouvelment faiz à Dijon.

Achat et façon de poudre.

Payé à Parisot de Cirey 223 l. 15 s. 6 d. pour la vendue de 2,440 livres de metaille employées en la grosse coulevrine appellée la Gouvernante, fondue par Mᵉ Mongin Dondo le 10 juin 1478, et 74 l. de fin etain qui y ont été ajoutées.

Payé à Mᵉ Mongin Dondo, fondeur, la somme de 81 l. 3 s. 11 d. pour laver et affiner certaine grenaille demourée de la matière des canons dernierement fondus.

Pour la facon des moles et fonte de la grosse coulevrine appellée la Gouvernante faite le 10 juin 1478. C'est à savoir en bois, fil de fer, carreaux, chandelle, 409 sacs de charbon, les journées de 36 souffleurs, dix benastons à porter charbon, sergens qui furent quérir les soufflets, souffleurs et manouvriers, dix paires de gans, ung bonnet, deux douzaines d'eguillettes (1), les despens de touche dudit Mongin, ses valez, aydes souffleurs, manouvriers, etc., qui travaillèrent audit mole et fonte. Aussi pour l'avoir desterrée après quelle fut fondue, les journées de ceulx qui la nectièrent, persèrent et ferrèrent; pour le maistre graveur qui grava les hommes sauvaiges et fleurs de liz et l'escripture qui sont en icelle colevrine.

Payé à G. Migney, mareschal à Dijon, 81 l. t., reste de ce qui lui est dû, pour avoir fait le lyaige du mole de la grosse coulevrine *pesant* 413 *livres et demie de fer,* le calibre d'icelle pesant dix livres, plusieurs chevilles et liens de fer servans audit mole, fait le noyau dudit mole.

Plusieurs broiches es touhères du fourneau.

Certains barreaulx de fer servans au grans fourneau.

Une resse à couper le bout de ladite coulevrine.

Plusieurs burinz, gouges, ciseaulx, marteaulx à main, tenailles, ressuyements, ralongement et ressarements de ces outils.

Un grand foret de fer pesant 237 livres, duquel a esté forée ladicte grosse coulevrine.

Livré deux grandes bandes longues, seize grandes chevilles, le cercle du bout de l'affust, deux couvertes pour les dites deux grandes bandes, 32 arondelles, 29 clefs, 24 cloux et une platine servant audit affust et au charriot.

Achat moyennant 33 s. 4 d. de tenailles de fer à tenir le mole à faire les plombées d'icelle coulevrine.

Achat moyennant 53 s. 4 d. d'une grosse corde pesant 56 livres,

---

(1) Ces derniers objets furent donnés aux mieulx soufflans le jour de la fonte de la couleuvrine.

pour monter et descendre ladite coleuvrine sur son affust et aussi pour plusieurs autres cordaiges pesant huit livres, mis et employés à braler, commander et lyer le charriot de ladite coleuvrine.

Payé 40 s. t. pour la facon des roes, esloigne et aisses dudit charriot.

Payé 23 l. 17 s. 6 d. à P. Cotheret, fondeur à Dijon, pour la refonte d'un canon, faite au mois de juin 1478.

Payé 100 l. t. à V. Champaigne, mareschal, pour divers ouvrages de son métier depuis le 1er avril 1478.

C'est assavoir pour bendes, cloux, broches, lymonneures, liens, de roes des charriots et affusts.

Deux grandes broiches qui tiennent les lymonneures et aissiz ensemble la platine qui est sur l'ance de la serpentine, deux frottes d'aissiz, chevilles, pointes, la ferrure de l'eschellecte pour monter et descendre lesditz canons.

Quatre marteaulx asserrez aux deux bouts, certains cossons, brabans, clous, bahuy.

Deux grosses bandes, huit grosses broiches, huit arondelles, huit clef, le lyen pour lier l'affust.

La ferrure d'une paire de roes du char devant, sur lequel est la grosse serpentine, une paire de quignons, une broche pendant brabans et clous.

Achat de 150 tant pelles, pics, tranches envoyées pour le siège de Beaune.

Achat de 140 demi muys pour mettre la poudre.

Achat de poudre et de salpêtre dans les pays limitrophes de la Bourgogne.

Payé 153 l. 13 s. 1 d. pour les dépens d'avoir fait rompre la chambre et la volée de la grosse bombarde de Bresse de laquelle on a fait 5 canons avec autre matière et pour la fonte de ces cinq canons.

Payé 100 l. à J. Bernard, garde de l'artillerie à Dijon outre ses gages qui sont de 20 l. par an.

Compte de J. Riboteau, recev. général de Bourgogne (1478-1479) B 1783.

Folio 111 et suivants.

Payé à Simon Mahenard, maistre de la forge de Diénay, la somme de 36 l. pour la délivrance de 127 pierres, de boulets de fer de fondue pour servir à la grosse colevrine appelée la Gouvernante pesant chascune desdites pierres 16 livres de fer.

Payé 36 l. t. pour la délivrance de 300 grosses pierres pour les canons amenés de devers le Roy.

Payé 973 l. 16 s. pour l'achat de 11,128 livres de metaille, employés à la refonte de la grosse coulevrine appelée Champaigne et à la tête de Jonvelle.

Payé à Anthoine de Maison, maistre forgeron de Beze, la somme de 140 l. pour 43 gros boulets de fer fondu, servans aux canons amenés de devers le roi, et 203 petits boulets de fer fondu, servant aux grosses couleuvrines Gouvernante, Champaigne et Jonvelle, lesquels pèsent ensemble 7,000 livres au pris de 20 l. t. le millier.

Payé à J. Lequeux, serrurier, 66 s. 8 d. pour avoir mis cinq vix en quatre coleuvrines et ung canon, avoir percié et foré les lumières desdiz bastons, pour y mettre lesdites vix.

Payé à V. Champagne, maréschal à Dijon, la somme de 78 l. 4 d. pour divers ouvrages notamment :

Avoir espondu et remis à point la grande bande des torillons de l'un des canons.

Ragrandi les deux bandes dessus les torillons de l'un desditz canons.

Ferré l'un des lymons desditz canons et mis deux lyens neufs.

Payé à V. Gaignepain, royer, demeurant à Dijon, 20 l. 1 s. 8 d. pour ouvrages de son métier notamment :

Pour six grosses paires de roes, pour servir es courtaulx de l'artillerie, des paires de roes pour les grosses coleuvrines.

Une paire de lymons et les almons et les falectes d'une de ces pièces.

Deux paires de lymons servants es affusts de ces mêmes pièces.

Pour le courtaut Anglois, une paire de lymons, une eschellette et le baston à lever les harnois.

Payé à Mongin Dondot, fondeur, la somme de 81 l. 9. s. 8 d. pour la façon et fonte d'une coleuvrine qui fut faillie, qu'on recommenca et pareillement de la coleuvrine dite Champagne, depuis le 1er mars au 8 mai 1478.

Payé 130 l. au receveur général pour remboursement d'avances faites à cette occasion. Notamment pour avoir fait refaire le fourneau, curer le crot pour mettre les moles avec la cuve qui a été mise au fons pour garder que l'eau n'entrast entour lesdiz moles, pour fournitures diverses, façon des chaffaux des soufflets, bois, charbon, gages d'ouvriers et manœuvres.

Payé à V. Champagne, mareschal, la somme de 51 livres pour divers ouvrages faits à cette occasion, notamment :

Trois cercles neufs et refait douze cercles pour le premier mole de la colevrine faillie, mis a point quatre bandes.

Refait et rengrossiz le noyau du mole.

Mis des crochez, lyens, ferré la synole qui tourne ledit mole.

Fait deux calibres pour cinq autres cercles neufs, pour lier le second mole.

Payé à V. Champaigne, mareschal, 29 l. 6 s. 8 d., pour une paire de quignons, les brabans, clous, ferrure, des sallottes pour le char de la *Réale*, broches mises en l'aissiz.

Payé à la veuve J. Cottrenet, mareschal à Langres, 17 l. 1 s. 8 d. pour notamment avoir ralongy et mis à point les fourotz à percer la *Réale*.... Ferré ung aixiz à quignon, mis à point une paire de quignons à la *Gouvernante*, deux couvertes pour l'affust de la *Réale*.

Payé à J. Chicaudet, lembroisseur, 20 s. t. pour ung calibre de bois à faire les pierres des canons — pour avoir readjusté et adrecié la molure du patron de Champaigne.

Facon de quatre gros ciseaulx assirés es deux bouts pour coupper et repairer les gorges desdites colevrines.

Salaire de six hommes qui ont vacqué chacun six journées à aider à parfaire le netoiement et perforement desdites colevrines.

Payé à Maître Ance, graveur, pour avoir gravé les hommes sauvaiges et fleurs de liz estans sur ladite colevrine, 20 s. t.

Sacs de cuir pour mettre la poudre, chargeurs en fer blanc.

Compte rendu par les hoirs de feu F. Chauveau, secrétaire du roi et par lui commis au paiement des frais et despens pour la conduite de l'artillerie envoyée par le roi notre dit sire pour servir en son armée qu'il avoit en ses pays de Bourgoingne aux mois de mars, avril, mai, juin et juillet 1478. B 11870.

La recette percue sur les differentes élections voisines de la Bourgogne s'élève à 8,190 f.

La depense se divise ainsi :

Charroy, conduicte et autres frais pour le fait de ladite artillerie, achat de matière servant à icelle et autre menue despense.

Mois de mars.

A Guillaume de Serimijon, canonnier escossois, suivant la certifficacion de J. Barrabin, lieutenant général de l'artillerie du roy et par lui commis à la conduicte, garde et gouvernement de l'artillerie envoyée en Bourgogne 13 l. 4 s. t. pour ses gages du mois.

A. P. Pateteau, aussi canonnier, 7 l. 10 sols.

A. P. Micheau, garde et conduiseur des bombardes prinses à Meaux et à Compiègne, 7 l. 10 sols.

A. J. de Paris, garde et conduiseur des bombardes prinses à Tours, 100 s. t.

A sept chargeurs et deschargeurs, chacun 100 s. t.

A B. Robert, maréchal, 100 s. t. et autant à un charron.

Payé 25 livres t. à un voicturier par eau pour le transport de Tours, jusques à Gyen, de trois grosses bombardes avec leurs chambres et costes, pour d'illec les mener sur la rivière de Loing.

Payé 50 l. t. à un autre voicturier par eau pour avoir amené de Meaux à Paris, Sens et Crevant, quatre grosses bombardes, en ung grant bateau et pour avoir fourny de gens, cordaiges, quatre ou six chevaux pour tirer ledit bateau contreamont où il vacqua 25 journées entières.

Payé 52 l. t. à un autre pour avoir amené de Compiegne à Crevant et de la même façon cinq grosses bombardes avec leurs afluts, cordaige, où il vacqua 26 jours.

Payé 30 livres à un marchand de Montargis pour avoir amené du port de Sepoy, près ledit Montargis, le long de la rivière de Loing et d'Yonne jusques à Crevant, les trois bombardes venues de Tours à Gien et de Gien au port de Sepoy par terre et pour avoir fourny de gens, bateau, cordaige, chevaulx et charretiers où il a vacqué douze jours.

Payé au même pour les journées de 77 chevaux pris à Montargis amenés à Gien pour amener lesdites bombardes, leurs chambres, affusts et cordages à Cepoy, ou ils ont vacqué trois journées.

Divers paiements faits :

Pour voyage fait à Montargis, pour prendre les calibres des bombardes pour faire les pierres. — Peau de parchemin employée à cet effet.

Pour quatre pinces de fer pesant 120 livres, employées à charger et decharger les bombardes.

Pour vieil oingt acheté pour engresser les roes des charriots.

Pour deux tonneaux à mettre gresse et ferraille.

Pour les charpentiers qui ont chargé et dechargé à Montereau le bateau venu de Sepoy.

Aux 26 pionniers qui de Gien à Montargis ont fait adouber les mauvais passages et chemins.

Aux douze manouvriers qui ont dechargé les bombardes des bateaux sur les charriots et vice versa.

A J. de la Vesve, charron, canonnier du roy à Paris, pour la façon sans ferrure et sans cordage de deux charriots à bombarde, 19 l. s. t.

Pour la ferrure de ces deux charriots où il est entré 1,874 livres de fer à 7 d. la livre, 58 l. 10 s.

Pour la fourniture à neuf de ces bombardes, de cinq douzaines de gros traits à bombardes, 14 peronneaulx, 12 paires d'entrappes, huit eureres, douze baguelines, trois gros cables, et une quantité de menu cordaige, le tout pesant 1,189 livres.

Pour le bois ayant servi à faire les sièges, costes et traynaulx des bombardes étant à Compiègne, pour les charger dans les bateaux.

Pour la ferrure garnie et renforcée de liens de fer de deux gros charriots faits à Gien, pesant lesdites deux ferrures 2,034 livres de fer.

Pour le voyage de M⁰ Pierre d'Orléans, de Paris à Dijon vers le gouverneur de Champagne et de Bourgogne pour lui porter les calibres des bombardes, afin d'ordonner où se feraient les pierres et en quelle quantité.

Autre de P. Michaux, pour s'enquérir près du gouverneur où se prendraient les chevaux pour amener les douze bombardes étant à Cravant avec leurs affusts et cordages.

Autre pour le voyage du même de Dijon à Auxerre vers le lieutenant Barrabin, lui porter lettres du gouverneur, afin que son bon plaisir feust laisser pour le charroi de l'armée et pour ladite artillerie, les chevaux des pays environnants la Bourgogne, par ce que ceulx de cette province ny eussent sceu fournir et d'Auxerre vers le roi, auquel ledit Barrabin en référa.

Mois d'avril.

Gages :

A Regnaut de Vaux, capitaine du charroy, 7 l. 10 sols.

A P. Michaut, commissaire général des chevaux et charroi, 7 l. 10 s.

A P. d'Orléans, garde et conducteur des douze bombardes, id.

A un canonnier et un maréchal, id.

A deux charrons extraordinaires, ensemble, 10 l.

A douze chargeurs et dechargeurs, chacun 100 s. t.

MÊME RÉPÉTITION AU MOIS DE MAI.

A cinq voituriers par eaue pour avoir amené de Cravant à Quin-sur-la-Cure, et en contremont les douze bombardes avec leurs charriots, affuts, costes et cordaiges, deux milliers de fer, gresses, bois et autres provisions, le tout chargé sur dix bateaux, pour ce que ladite riviere estoit petite et quelle ne pouvoit pas porter grans faiz. Et en chacun des bateaux trois hommes au feur de 4 s. t. pour chacun et 4 s. par bateau et 4 chevaux par [bateau à 5 s. t. chaque, lesquels vacquèrent deux jours entiers à venir de Crevant à Quin. Pour tout, 36 livres.

A 80 charretiers suyvant l'artillerie (requis dans toutes les Prevôtés royales environnantes), la somme de 1,113 l. 15 s. à repartir entre eux pour la fourniture de 297 chevaux pour 15 jours entiers (15 au 30 avril) au feur de 5 s. par cheval.

Achat de cognées et tranches à faire fossés, pics, pour servir à despecier bois, faire et radouber les chemins.

Achat de 3,290 livres de fer pour ferrer les roues, avec clous, heusses, happes, chevilles, gaches, crochets pour ladite artillerie.

Achat de 212 livres de vieil oing pour la provision du charroi.

Paiement de 15 livres aux vingt disiniers de différents villages qui ont travaillé à douber les chemins, faire les ponts en merrain, despecier bois et tirer avec les chevaux à force de bras et à cordes les douze bombardes, depuis Sermiselles jusques à Avallon pour illec les mettre en sureté, pour ce qu'il fut bruit que les Alamans adversaires du Roy estoient sur les champs.

A 30 charretiers la somme de 480 l. pour la solde de 120 chevaux employés pendant seize jours, commencant le 1er mai au prix que dessus.

Soixante sols payés à deux charbonniers d'Avallon envoyés au bois couper certaine quantité de bois de couldre, pour faire charbon à faire pouldre.

Voyage de J. Marquet, d'Avalon, vers le Roi porter lettres closes de Barrabin, touchant aucunes choses que le Roy lui avoit escript.

Gages de 10 l. t. par mois payés à 5 canonniers ayant un aide.
— 6 — 9 — sans aides.
— 100 s. t. — 9 charpentiers.
— 100 — 2 —
— 10 l. — au commissaire général du charroi.
— 100 s. t. — aux cinq gardes de chevaux.

A six charretiers pour la fourniture de cent chevaux venus d'Avalon pour le renfort de l'artillerie etant avec le Gouverneur pour 16 journées commencées le 16 mai.

Mois de juin.

Gages :

A Macé des Prey, la somme des 60 l. t. pour ses gages de trois mois qu'il a servy en l'absence de Barrabin en l'office de maistre et conduicteur de la menue artillerie que le Gouverneur avoit toujours fait mener avec lui en l'armée.

10 l. t. à cinq canonniers ayant chacun un aide.

6 l. t. à neuf — sans aide.

100 s. t. à sept canonniers extraordinaires (pris pour le siège) devant Beaune.

100 s. t. aux six charrons.

100 s. t. à 24 charpentiers ordinaires.

15 l. t. à Mᵉ Ph. Terrier, maître des œuvres de charpenterie en Bourgoingne, pour l'entretenement de quinze charpentiers extraordinaires qui ont vacqué de leur métier devant Beaune à faire affust, tauldis, chevretes, manteaux, pavaiz et autres choses avec les charpentiers ordinaires.

4 livres t. à 4 maçons ordinaires.

40 s. t. à deux maçons de creue.

17 l. 10 s. à Ph. de Monthevrain, maître des œuvres de maçonnerie à Dijon, pour l'entretenement de 15 à 16 maçons envoyés à Bracon faire des pierres ou devant Beaune où ils ont vacqué 12 jours.

4 l. à deux marechaux, un tonnelier et un serrurier.

100 s. t. à quatre chargeurs et deschargeurs.

7 l. 10 à deux capitaines de charroy.

100 s. t. à deux gardes de pouldres.

4 l. à 25 pyonniers et manœuvres ordinaires et 100 s. à leur chef.

25 l. à 160 pionniers amenés du baillage de Chaumont et 25 livres pour leur entretenement.

60 l. payée à 20 charretiers par ordre du gouverneur en faveur du service qu'ils ont fait aux bombardes et à les charrier de Beaune à Dijon.

Payé 1,712 l. 10 s. 2 t. à 31 charretiers qui durant le mois de juin et juillet ont fourni 228 chevaux chacun à 3 s. 4 d. par jour pour conduire la menue artillerie avec les affusts, pouldres, pierres, plombées, taudis, pics, pics pavois et autres choses nécessaires durant les sièges de Meursant, Verdun, La Roiche, Saulieu, Semur et Beaune.

320 l. payées à neuf charretiers tant pour eulx leurs gens et charroy que pour 128 chevaux de crue, qui ont servi pendant quinze jours tant pour avoir amené quatre bombardes d'Avalon jusques devant Beaune oultre l'artillerie qui avoit accoustumé estre en ladite armée, avec leurs pierres, tostes, affusts que les avoir remené à Dijon après le composicion et prinse de ladite ville.

Payé 25 l. t. à 5 voituriers de Dijon pour 36 chevaux et neuf charriots qui menèrent de Dijon à Beaune ung grant manteau de bombarde et autres affuts ou ils vacquèrent douze jours entiers qu'après la prise dudit Beaune, ils ramenèrent ledit manteau à Dijon.

Payé 20 à deux voituriers pour douze chevaux pour amener de la poudre et autres choses de Dijon devant Saulieu et dela à Semur où ils vacquèrent 15 ou 16 jours compris un voyage à Avalon, où ils furent envoiez quérir deux bombardes.

Payé 10 à deux autres pour 14 chevaux pris pour amener de Dijon à Beaune une grant coulevrine nouvellement faite appellée *la Gouvernante* avec les affusts, plombées et une certaine quantité de pouldre.

Achat de 200 livres de plomb à faire plombées à 4 l. le cent.

— 350 — de pouldre de coulevrine à 10 l. le cent.

Paiement de 80 l. pour la facon de 11 milliers de poudre à bombarde et canon, dans laquelle il est entré 8 milliers de salpêtre sur les 30 milliers achetés à Dijon.

Achat d'oing pour les roues du charroi.

de douze feuilles de fer blanc et de clous pour les bastons.

de souffre, de poix et de pots pour mettre le feu au boulevard de Beaune par ordre du gouverneur.

Reparations de roues de canons et de batons.

Fourniture d'essieux pour le charroi, d'eslongue de charriot.

Remise à point du brey, sur lequel on charge les pierres.

Fourniture de grands liens de fer pour essieux, de heusses à quignots, de trente clefs à mettre les broches tant des canons que des coulovrines, de grandes pointes pour clouer l'essieu sur le charriot, de frotes et de bahuets servans audit charriot.

Mois de juillet.

Répétition des gages du mois précedent.

Payé 230 l. à deux conducteurs d'artillerie pour avoir avec 100 chevaux mené de Dijon à Vezelay quatre bombardes, et d'Avalon audit Vezelay les huit bombardes qui y etaient restées.

Achat de 2,245 livres de souffre à 4 l. 3 s. 4 d. le cent.

Paiement de 4 l. aux deux marechaux de l'artillerie pour des fers d'aissis, des arondelles du cher sur lequel est le baston appellé Champaigne, une grappe de limonnière, une grosse frote pour l'un des canons, une broche traverse de cher, des liens de roue, une grosse broche pour le gros canon, etc.

Facon de deux paires de grosses roes et de six essieux pour remonter deux serpentines (devant Beaune) qui étoient toutes froissées et rompues.

Achat de 200 pierres de canon moyennant 30 livres.
— 400 — 12 —
— 700 — 14 —

Achat de J. Servant, marchand à Troyes, moyennant 500 l. t. de 20,000 boulets de fer servant aux coulevrines.

La dépense de ce compte monte à 8,602 l. 10 s. 11 d. t.

Compte de D. Pasquet, commis par le Roy notre sire au paiement des frais pour le charroy et conduite de l'artillerie envoyée en Bourgoingne pour soy en aydier en son armée (1480). B 11871.

Gages des mois de février et mars 1479.

A Macé des Prez, chargé de la conduite de l'artillerie 40 f. Continué en avril.

A sept canonniers extraordinaires qui ont tiré les gros canons et autres petiz bastons devant plusieurs places du Comté de Bourgoingne tenant party contraire au Roi, à chacun 6 l. Continués en avril. Ils sont réduits à trois en mai.

A 13 aides canonniers ordinaires et extraordinaires qui durant le dit temps ont aidé les canonniers ordinaires qui tiroient les bastons de la bande (de) Barrabin (Maître de l'une des bandes de l'artillerie du Roi) à chargier lesdiz bastons et mettre le feu quant ils estoient devant les villes et places dudit Conté, à chacun 4 l. Continués en avril. Ils sont réduits à neuf en mai.

A cinq marechaux, charron et tonnelier qui servirent de leur métier à l'entour de ladite bande, à chacun 100 sols. Continués en avril et mai.

A six deschargeurs qui servirent à charger et descharger l'artillerie de dessus les affusts, quant elle étoit tombée par les champs. A chacun 100 s. t. Continués en avril. Réduits à 4 en mai.

A 22 charpentiers amenés de Tours pour rabiller les chemins et ponts par ou passoit l'artillerie, faire eschielles pour assaillir villes et places et autres choses servant à l'artillerie à chacun 100 s. t. Continués en avril. Réduits à 20 en mai.

A sept maçons et verriers, pour quinze jours de solde, pour avoir servi à faire pierres pour les canons et abattre les murailles de certaines places du Comté; à chacun 100 s. par mois. Continués en avril.

Autant à dix charpentiers de Paris et de Troyes, réunis aux précédents. Continués en avril, réduits à 4 en mai.

Gages du commis nommé par le Roi pour faire les montres et revues de chevaulx, pyonniers, maçons, charpentiers et autres gens servant à ladite bande, 20 l. Continué en avril.

A Claude Joly, capitaine et à 67 pionniers, 50 s. chacun, pour 20 jours de solde. 167 l. 10 sols. Continués en avril. Ils sont 34 en mai.

A 88 charretiers pour le paiement de 419 chevaulx employés pour charroyer l'artillerie devant plusieurs places du Comté. 1,092 l. 8 sols. Ils sont 99 au mois d'avril, pour 488 chevaux, qui coutent 2,938 l. et pour 477 chevaux en mai coutant 1,358 l. 4 s.

A 103 autres charretiers pour le paiement de 464 chevaux qui ont servy 15 jours à charroyer l'artillerie que le Roy faisait mener es pays de Bourgoingne 1,392 l.

Paiement de 16 l. 10 s. à deux faiseurs de pavais à Dijon, pour la fourniture de certaine quantité de pavais.

Autre de 33 s. 4 d. à un fondeur de Dijon pour un certain nombre de patrons de murtrières pour servir en ladite artillerie.

Paiement de 20 l. 14 s. 2 d. à plusieurs personnes qui ont livré les gros bois et les chevrons dont fut fait le manteaul nouvellement fait par P. Servant à faire les approuches de ladite artillerie et de 65 livres de fer employées en chevilles et en boucles pour ledit manteau.

Fourniture de neuf batons de sappin appelés chargeurs pour charger de pouldre les bastons de l'artillerie et de douze feuilles de fer tant blanches que noires pour faire les chargeurs.

Id. de deux soufflez de forge pour servir à la forge de l'artillerie.

Achat de 80 livres de vieilles gresses pour les roes des affusts des canons, des charriots et des charretes sur quoy se mènent les pouldres.

Somme de 28 s. payée aux pionniers qui ont recueilly un certain nombre de boulets de fer servants aux canons et coulevrines de la bande Barrabin, lesquelz avoient esté tirez dedans le chastel de Faucogney.

Façon par P. Pomceart, marechal à Dijon, d'une eschiellette et un baston pour lever les gros canons et mettre sur leurs affusts — trois chevilles pour lesdits affusts — six liens pour lier les roes des affusts et autres petites ferailles, le tout pesant 59 livres.

Payé 6 l. t. à H. Virejon d'Auxonne, pour ses peines et salaires d'avoir guidé ladite artillerie par tout le comté de Bourgoingne.

CHAPITRE IX

PERSONNEL DE L'ARTILLERIE DES DUCS DE BOURGOGNE

§ I

Artilleurs des ducs.

Avant que la progression de plus en plus marquée de l'emploi des bouches à feu eut nécessité le service d'hommes spéciaux, ces pièces, mises sur le même rang que les aspringales, les engins, les arbaletes à tour, qui alors constituaient l'artillerie, étaient placées sous la direction d'un officier qui prenait le titre d'*artilleur du duc*. Cet officier, sur lequel il convient de dire ici quelques mots, était une sorte de fonctionnaire, moitié civil, moitié militaire, ouvrier et soldat tout à la fois, qui achetait, réparait, fabriquait ou faisait confectionner, emmagasinait et distribuait en campagne ou dans les places toutes les armes relevant de son office. Tantôt ses gages étaient annuels, tantôt il était payé à la journée. Et le prix des ouvrages qu'il confectionnait lui-même, soldé d'après un tarif arrêté à l'avance.

Le compte de Dimanche de Vitel, receveur général du duché de Bourgogne (1359-1360), B 1408, mentionne :

« Jehan de Quingey, Jehan son fils et Jehan Chauchet, leur varlet, artilleurs, retenus de nouvel de mondit seigneur, ses ouvriers pour ouvrer es artilleries de ses chasteaux si comme il appert par ses lettres du 3 juillet 1360, à 30 florins de gages par an, pour chacun, à 3 termes et une robe de sept aunes de roye pour chacun à la foire froide de Chalon. »

Celui du même receveur pour l'année 1361 et 1362, B 1410, ainsi que le compte-rendu la même année par Antoine de Gennes, gouverneur de la prévôté d'Auxonne (1361-1362), B 2894, font connaître :

Hugues ou Huguenin l'arbalestrier qui recevait pour son salaire de visiter et garder l'artillerie de la ville d'Auxonne du commandement de MM. des comptes. 60 sols estevenans val. 4 florins. Ce qui n'empêche pas Jehans de Lyons, sergent d'armes du Roi et maître de son artillerie, de donner quittance le 14 juin 1368 d'une somme de 40 francs d'or pour réparation de l'artillerie des chasteaux du duc. (Titres de la Chambre des Comptes.)

Plus tard Amiot Arnaut, receveur du bailliage de Dijon, porte dans son compte de 1374 à 1375, B 4421 :

Payé à Louys, l'artilleur de M. le duc, les journées de son metier qu'il a vaquées aux ouvrages du duc, à raison de 3 s. 9 d. t. par jour.

Missions faites par le même pour couper, tronssener, scier en billot de travers, amener de la forêt d'Argilly et pour tronssener certains plots de bois de fô, nécessaire à l'artillerie de Monseigneur, 19 gros.

Jehan d'Auxonne, successeur d'Amiot Arnaut, inscrit dans son compte de 1384-1485, B 4426 :

Paiement au même des journées ouvrées de son metier en l'artillerie du duc, au même prix que dessus.

L'article du compte porte en outre que suivant certaines convenances faites entre ledit Loys et la duchesse :

Il aura pour chascune arbaleste à un pié que il rendra toute assouvie et parfaite, avec toute matière comme corde, clerfs, estiers et autres choses nécéssaires, 15 gros d'argent.

Pour une arbeleste à deux pieds garnie et assouvie comme dessus, 20 gros tournois.

Pour une arbeleste à la manière de Gennes à liens de fer, garnie et assouvie comme dessus, 20 gros tournois d'argent.

Pour chacun millier de traiz, enpennez et assouviz sens fer pour arbelestes à un pié ou à tour, trois gros. (Le bois étant fourni par le duc.)

Ce même paragraphe reparaît dans touts les comptes qui suivent jusques à l'année 1398, que le duc dechargea Louis de son office pour l'antiquité de sa personne et pour ce qu'il ne povoit plus entendre ne bonnement besoigner au fait de ladite artillerie et le remplaça par maitre Pierre Roy, arbaletrier.

Celui-ci, qui avait été institué artilleur du duc en ses duché et comté de Bourgogne par lettres de patentes, les présenta le 8 octobre 1398 à la Chambre des Comptes de Dijon, qui vérifia ses lettres, l'admit à remplir son office sur le même pied que son prédécesseur aux mêmes conditions, fixa le prix de sa journée à trois gros, à deux celle de son valet, l'obligea à résider à Dijon et lui fit prêter le serment accoutumé (1).

Jacques des Roches qui lui succéda fut retenu de nouvel par le duc en son artillerie et aux mêmes conditions par ses lettres données à Paris le 21 juin 1402. Il fit le serment es mains de MM. des comptes le 16 aoust, lesquels par la tradicion desdites lettres le mirent en possession et saisine dudit office (2). Jean sans Peur le confirma dans ses fonctions par lettres du 18 avril 1409 et augmenta le prix de sa journée et des armes qu'il devait fournir (3), Jacot assiste aux sièges de Valexon et de Château-Chinon. Les documents sur l'artillerie nous le montrent en 1413, passant un marché avec la Chambre des Comptes pour fabriquer de la poudre à canon, en 1414 essayant des canons achetés par la ville, en 1417 achetant de la poudre pour l'envoyer au siège de Nogent-le-Roi (4) et enfin beaucoup plus tard, en 1431, confectionnant des fusées incendiaires (5).

Après lui nos ducs continuèrent à avoir un artilleur en titre spécialement chargé des arcs et arbalestes.

Mais, dès le milieu du règne du duc Philippe le Hardi, le développement toujours croissant des bouches à feu, avait eu pour effet d'amoindrir les fonctions de ces artilleurs à l'avantage des canonniers, dont le nombre au contraire s'augmentait de plus en plus, ce qui nécessita bientôt la création d'un service tout spécial, qui comprit dans son ensemble l'ancienne et la nouvelle artillerie.

(1) 1er reg. de la Ch. des Comptes, B 15, fo 49, vo. — Compte de Guill. Chevilly, receveur du bailliage de Dijon (1398-1399), B 4441.
(2) 1er reg. de la Ch. des Comptes, B 15. Fo 62.
(3) Id. Fo 115, vo.
(4) Premier livre de l'artillerie, B 11865. Compte de Maciot Estibourt, grenetier du grenier à sel de Dijon (1405-1417).
(5) Compte de Mah. Regnaut (1430-1431), B 1647.

§ II
Maître des canons.

Les premiers chefs de l'artillerie à feu des ducs de Bourgogne furent les deux frères Jacques et Rolant de Mayorque, Aymeri de Traisnel, et Colas de Dinant, dont j'ai parlé plus haut, chapitre de l'artillerie du duc Philippe le Hardi, au règne duquel ils appartiennent (1).

Après eux apparait Jehan Manus, maître canonnier et valet de chambre du duc Jean sans Peur, qu'il accompagne dans presque toutes ses expeditions. C'est lui notamment qui dirige l'artillerie au siège de Vallexon (Voir pag. 20), qui en 1412 mène au duc l'artillerie que celui-ci conduit devant Bourges (2) et que nous retrouvons en 1417 canonnant Nogent-le-Roi (3). Manus avait 100 l. de gages par an.

§ III
Maitres de l'artillerie.

Cependant, comme ces maitres des canons si habiles qu'ils fussent n'en étaient pas moins, de même que les artilleurs, de simples ouvriers-militaires, ayant tous une tendance à se rendre independants les uns des autres, ce qui pouvait donner lieu à de graves inconvénients, le duc Jean y pourvut, lors des expéditions, en donnant aux deux artilleries un chef unique, qui fut le plus souvent un écuyer d'écurie. En 1414, c'est-à-dire l'année même où il obligeait la Chambre des Comptes à ouvrir le Livre d'artillerie (4), il concentrait la direction des deux armes en une seule main par la création d'un maître et garde de l'artillerie; fonction toute nouvelle, d'abord très modeste, mais qui grandit avec l'arme et fut, comme on va le voir, briguée par les chevaliers les plus renommés de la cour de nos ducs.

Le maître de l'artillerie avait sous sa garde et répondait personnellement de tout le matériel confié à sa surveillance et dont il donnait récépissé à la Chambre des Comptes.

---

(1) Voir plus haut, page 13.

(2) Compte de Robert de Bailleux, receveur général des finances du duc (1411-1412), B 1570.

Payé à J. Manus, varlet de chambre et maistre canonnier du duc, 45 l., pour avoir vacqué, lui deuxième, à deux chevaux l'espace de 45 jours à mener de Paris à Dijon certaine artillerie, canons, bombardes, poudres, etc.

(3) Voir page 48.

(4) Voir page 36.

Il assistait à touts les marchés de fourniture et de fabrication d'artillerie ou de matériel.

Il pouvait dans certaines circonstances traiter lui-même de ces fournitures.

Il était présent à toutes les receptions des objets achetés ou fabriqués et devait assister à l'essai de toutes les armes à feu commandées par le duc ou la Chambre.

Il inscrivait ces divers objets sur un registre particulier à leur entrée et à leur sortie de l'arsenal.

Il veillait à l'entretien et à la réparation du matériel placé sous sa garde.

Il organisait les convois d'artillerie pour les expéditions, pour le ravitaillement ou la défense des places, en dressait l'état dont un double était remis à la Chambre des Comptes. Il se pourvoyait des canonniers, des hommes, des ouvriers et des chevaux nécessaires; arrêtait les prix de journées et le plus souvent conduisait le convoi à sa destination.

A l'armée, le maître de l'artillerie dirigeait les batteries, veillait à leur approvisionnement. C'était aussi à lui qu'incombait le soin de distribuer aux autres troupes les lances, les arcs, les arbaletes, les pavois, les mailletz de plomb, ainsi que les tentes et les pavillons. Chaque chef de corps était tenu de lui en donner récépissé dont le maître devait justifier à l'appui du compte ou de l'état qu'il produisait à la Chambre des Comptes.

Plus tard, quand sous l'influence des progrès toujours croissants de l'artillerie, la charge de maître fut devenue une des plus importantes de celles de la maison de Bourgogne, les titulaires s'en remirent, pour les détails de l'administration, aux gardes, aux receveurs et aux contrôleurs placés sous leurs ordres. Ils se réservèrent seulement la haute surveillance et la direction militaire de l'armée. Le maître de l'artillerie, dit Olivier de La Marche dans son Estat de la maison du duc Charles, a telle auctorité qu'il doit estre obéy en son estat comme le prince.... « En la plupart des armes du duc il meine » avec lui pour le fait de l'artillerie seulement plus de 2,000 charriots » et certes le duc peut avoir 300 bouches de l'artillerie sans les har- » quebuses et couleurines dont il a sans nombre. Le maître de l'artil- » lerie a prévot en son artillerie, lequel a juridiction et auctorité de » justice sur ceux de l'artillerie et en peult faire justice criminelle ou » civile telle qu'il lui plaist. »

Le premier maitre fut Germain de Givry, ancien fourrier du comte de Charolais et huissier d'armes, du duc Jean, qui l'institua par lettres patentes du 13 mai 1415.

En prenant possession de son office, le premier soin de Germain de Givry fut de déloger l'artillerie qui occupait les salles basses de la Chambre des Comptes et de l'installer dans une maison offrant plus de garantie de sureté, située sur la place Charbonnerie (1).

Outre ses gages fixes de 100 l. par an, Germain de Givry, toutes les fois qu'il partait pour une expédition, recevait une solde de 10 gros, de 12 gros ou un franc par jour. En 1425, le duc Philippe le Bon, qui l'avait promu à la dignité d'ecuyer, voulant le récompenser des services rendus à son père et à lui et sachant qu'il était sur le point de se marier, lui accorda une gratification de 100 l. (2).

---

(1) Le duc ayant prescrit de bouche à Guillaume Courtot, M° des Comptes de bailler toute l'artillerie qui etoit en la Chambre des Comptes à Germain de Givry, son huissier d'armes, pour la mettre en une maison seure, en la ville de Dijon et en la garde dudit Germain, institué par lettres du 13 mai 1415, la Chambre la remet sur inventaire audit Germain qui en donne son recepissé.

1ᵉʳ Reg. de la Chambre des Comptes, B 15, f° 115 v°.

Le 16 mai Germain de Givry vient declarer à la Chambre que cette artillerie est déposée dans une maison de la Charbonnerie, laquelle est de pierre et votée dessus et dessoubs.

(2) Compte de J. Fraignot, receveur général de Bourgogne (1418-1419). B 1598.

Payé 80 l. t. à Germain de Givry, huissier d'armes et maitre de l'artillerie du duc, pour 80 jours employés tant à ramener d'Auxerre à Dijon, l'artillerie que le duc avait dans son armée que de mettre à point cette artillerie et faire affiner la poudre. F° 130.

Compte du même (1419-1420). B 1605.

Payé à Germain de Givry, huissier et maitre de l'artillerie, la somme de 481 f. 9 g. 1/2, outre et par dessus ses gages ordinaires pour avoir depuis le 10 septembre 1419 jusques au 15 juillet suivant tenu par ordonnance du duc, sa demeurance à trois chevaux, à Dijon, tant pour faire à faire canons, bombardes, faire affiner salepestre, faire à faire poudres et pierres desdits canons et bombardes, chariots, engins et autres choses touchans l'artillerie. F. 75 v°.

Compte du même (1420-1421), B 1611 (1422-1423), B 1623.

F. 107. Paiement à G. de Givry de gages extraordinaires à raison de 10 gros et de 1 f. par jour.

Compte du même (1425-1426). B 1631.

F° 137. Le duc, outre ses 100 de gages, accorde en don à G. de Givry une somme de 100 f. tant en considérations de bons services rendus à son père et à lui que en accroissement de son mariage.

Ce maître de l'artillerie organisa le service non seulement dans le duché, mais dans toutes les provinces qui reconnaissaient l'autorité des ducs de Bourgogne. Il prit une part active soit comme administrateur, soit comme soldat, dans toutes les campagnes du duc Jean sans Peur et de son fils, Philippe le Bon. Les documents que nous avons reproduits plus haut nous le montrent aux sieges de Allibaudières (1420) (1), de Melun (1420) (2), de la Bussiere, de Solutré en Maconnais (1424) (3), et de Mailly, en 1426 (4).

En 1431, le duc Philippe, considérant l'ancienneté de Germain de Givry, lequel ne pouvait plus bonnement travailler, ainsi que l'office le requeroit, l'en dechargea par lettres patentes données à Lille le 12 décembre 1431 et « retint » à sa place Jehan de Rochefort, écuyer, qui déjà suppléait G. de Givry dans les expeditions du dehors et que l'avait en cette qualité remplacé au siege de Sancenay (5) et au ravitaillement d'Auxerre (6). Seulement le duc par forme de pension reservé à l'ancien titulaire la moitié de ses gages, qu'en consequence il toucha jusques à sa mort arrivée le 14 mai 1436 (7).

Jehan de Rochefort, qui fut l'oncle de Guillaume de Rochefort, nommé chancelier de France par Louis XII, preta serment entre les mains du duc, le jour même de sa nomination (8). Le 13 mars 143 1/2 son prédécesseur lui remet le service en présence d'un conseiller

Comptes de Mahieu Regnaut, receveur g^l de Bourgogne (1427-1428), B 1639 (1429-1430), B 1645 (1430-1431) B 1647.

Gages de 100 f. par an, payés à G. de Givry, maître de l'artillerie. Reduits à 50 en 1430 par mesure d'économie, ils furent rétablis sur l'ancien pied l'année suivante.

(1) V. plus haut, p. 88.
(2) Id., p. 89.
(3) Id., p. 94.
(4) Id., p. 95.
(5) Id., p. 103.
(6) Compte de Mahieu Regnaut, receveur général de Bourgogne (1432-1433). B 1651.

F^o 62. Jehan de Rochefort, ecuyer retenu par le duc, maistre et garde de son artillerie en son pays de Bourgogne en lieu de Germain de Givry, lequel pour son ancienneté et pour ce que doresnavant il ne pourroit bonnement travailler ainsi que l'office le quiert, en fut deschargé par lettres patentes données à Lille le 12 dec. 1431, en conservant par forme de pension la moitié du traitement, J. de Rochefort prête serment entre les mains du duc.

(7) Id. (1434-1435). B 1655.
(8) Id. (1432-1433). B 1651.

auditeur de la Chambre des Comptes et délégué par elle qui assista à l'inventaire (1) du matériel de l'arsenal, qui fut dressé et dont un double lui fut remis. C'est sous son gouvernement qu'apparaissent pour la première fois les controleurs d'artillerie (2).

Durant les douze années qu'il exerça les fonctions de maître, J. de Rochefort figure très peu dans nos documents. On sait qu'il dirigeait l'artillerie de l'armée, que le duc Philippe le Bon amena des Flandres en 1433, et avec laquelle il reprit les places du Duché dont les Français s'étaient emparés (3). Lors du siège de Calais, en 1436, il rassembla l'artillerie de Bourgogne et la conduisit devant cette ville. C'était à lui que le duc avait confié le commandement du boulevard construit sur les grèves à l'endroit le plus rapproché de la place (4).

Jean de Rochefort mourut le 5 juillet 1442 (5). Le duc Philippe commit pour le remplacer Philibert de Vaudrey, écuyer, son conseiller et chambellan, Bailli d'Amont au comté de Bourgogne et l'un des capitaines les plus distingués de son armée (6). Le nouveau maître prit

---

(1) Voir Livre d'artillerie, page 165.
(2) Voir page 107.
(3) Voir page 193.
(4) Voir pages 151, 158, 159, 164, 165.
(5) Compte de J. de Visen, receveur général de Bourgogne (1441-1442). B 1680.
(6) Voici le sommaire de ses lettres d'institution, extraites du registre de la Chambre des Comptes de Dijon. B 6. F° 16, v°.

Phelippe par la grace de Dieu, duc de Bourgoingne, etc. A touz ceulx qui ces presentes lettres verront salut. Comme nous avons aujourd'hui retenu et ordené notre ami et féal conseiller et chambellan Phelibert de Vauldrey, escuier, maistre de notre artillerie, au lieu de feu Jehan de Rochefort ainsi que par noz autres lettres. A cause duquel office ou de la charge qu'il a ou pourra avoir souventeffois tant pour le gouvernement de l'artillerie, comme pour faire entreprinses ou les cas se offreront touchans fais de guerre ou autremement, tant par son commandement que par celui du marechal de Bourgogne, il conviendra par necessité audit Philibert, faire plusieurs frais et depens qu'il ne pourroit supporter attendu les petiz gaiges qu'il prant pour raison dudit office qui ne sont que de 100 francs par an. C'est pourquoi il tauxa à la somme de 2 f. monnoie royale en ses pays de Bourgogne, de 2 f. de 32 gros monnoie de Flandres, en ses pays de Picardie, Flandres, Artois et autres de cette part pour chacun jour qu'il vaquera hors de son hotel au fait et exercité de son dit office et à les prendre outre et par dessus ses gages....

A la charge que lorsqu'il faudra marcher pour son dit office il advertira MM. des Comptes de Dijon, pour Bourgogne, et de Lille pour les autres pays, avec certification du nombre des journées. Donné à Dijon le 25 octobre 1442.

une part active à la conquête du Luxembourg (1443) (1). Lors de la guerre contre Everard de la Marck (1445), il assiégea et prit lui-même le château de Harchimont, défendu par Regnant, frère de Lahire (2). En 1453, fatigué des loisirs que lui laissait la longue paix dont jouissaient les pays soumis au duc de Bourgogne, il accepta la proposition que lui fit Guillaume de Châlon, sire d'Arguel, fils du prince d'Orange, d'aller guerroyer sous ses ordres dans le Milanais au profit du duc de Milan et mourut dans cette expédition (3) le 14 mars 1455 2/3 (4).

Sa succession échut à François de Surienne, dit l'Aragonnais, comte de Pisy, chevalier, conseiller et chambellan du duc, aventurier espagnol qui s'était fait un nom dans l'armée anglo-bourguignonne au même titre que son compatriote Villandrando dans l'armée française. Nous ne possédons sur ce maître que certaines lettres inscrites dans les Registres de la Chambre de Comptes. Elles témoignent que ce maitre conserva toujours les habitudes du routier.

C'est un mandement du duc adressé le 10 février 1465 aux gens des finances et des comptes à Dijon et à Lille par lequel informé, que nonobstant les défenses expresses faites au premier écuyer et au maître de l'artillerie de percevoir un droit du 20ᵉ denier sur touts les achats qu'ils faisaient pour leur service; ce droit se percevait toujours en ce qui concernait l'artillerie. Il leur enjoint très expressément de rapporter à la suite de touts paiements « des parties d'artillerie », des certifficacions bonnes et souffisantes, tant des marchands que du contrôleur et du receveur, constatant que les conditions du marché ont été remplies et que rien n'a été payé dudit 20ᵉ. Si ajoute le duc il est trouvé que du temps de feu François l'Aragonais des lettres ayent été obtenues au préjudice de la première ordonnance, il veut qu'on les considère comme nulles et de nulle valeur (5).

Après François de Surienne, les maitres de l'artillerie dont les noms sont parvenus jusques à nous sont :

(1) Compte de J. de Visen (1441-1442). V. p. 123. B 1680. Contrôle de l'artillerie.
(2) V. p. 137, id.
(3) Clerc, *Hist. de la Franche-Comté*.
(4) Compte de J. de Visen (1451-1452). B 1724. Labarre, Etat de la maison du duc Ph. le Bon, 241.
(5) Ces lettres, enregistrées dans le reg. de la Ch. des C. de Dijon, B 16, fol. 138, ont été reproduites par Labarre, p. 239.

Jacques de Venières, ecuyer, rapporté par Labarre (1) d'après un compte de J. de l'Escaghe finissant au 30 septembre 1472 et qui n'existe plus, mais que nous trouvons également mentionné dans un rôle de piétons levés pour le service de l'artillerie en juillet 1472 (2).

Etienne de Rosières, écuyer, que le compte de J. Vurry, receveur général de Bourgogne finissant le 30 septembre 1474, montre (f° 204, v°) conduisant en 1473 un convoi d'artillerie au maréchal de Bourgogne assiegeant Chassenay sur la frontière de Champagne (3).

Gauvain de Balloel, chevalier, mentionné dans le même compte au f° 233, et qui dirigeait l'artillerie bourguignonne au siège de Neuss.

Et enfin Jacques de Rosières, parent du précédent, connu seulement par le compte aujourd'hui perdu de Guillaume Charnot, receveur des bailliages d'Autun et de Montcenis, finissant le 30 septembre 1475 et rapporté par Labarre (4).

§ IV

Contrôleurs de l'artillerie.

Nous renverrons au chapitre du contrôle (5) pour tout ce qui touche aux attributions et aux fonctions de ces officiers d'artillerie. Les documents que nous avons extrait de la Chambre des Comptes de Dijon signalent seulement trois de ces fonctionnaires. Ce sont Guillaume de Troyes qui en 1436 préside aux préparatifs du siège de Calais (6). Mahieu des Prés qui le remplace dans cette expédition (7) et Berthelot Lambin, ancien notaire à Dijon, valet de chambre du duc, institué en 1439, qui accompagnait le duc à la conquête du Luxembourg (8) et

---

(1) Page 177.
(2) Voir plus bas au § 8, canoniers, couleuvriniers et piétons.
(3) Compte de J. Vurry (1473-1474). B 1773.
F° 204, v°. Payé 10 l. à Etienne de Rosières, ecuyer, maitre de l'artillerie de Bourgogne, pour ses depens au voiage de l'artillerie à Chassenay devers le maréchal de Bourgogne.
F° 214. Il recoit 15 l. pour 15 jours de service. Donné quittance le 12 mai 1474.
(4) Page 277.
(5) Page 107 de ce recueil.
(6) Id., 151.
(7) Id., 157.
(8) Id., 121, 123 et 215.

§ V
Receveur de l'artillerie.

Ce fonctionnaire, qui sous les deux derniers ducs centralisait toutes les depenses ordinaires de l'artillerie : solde du personnel, achat et entretien du matériel, est celui sur lequel les renseignements nous font absolument défaut. Le duc Philippe le Bon en parle pour la première fois dans le mandement de 1465 relatif à F. de Surienne et Charles le Téméraire désigne dans une lettre de l'année 1474 Cl. de Monestey comme etant revêtu de cette charge (2). Nous savons seulement qu'il était justiciable de la Chambre des Comptes de Lille, mais dépendait-il de la maison ducale ? Quelle était l'origine des fonds qui servaient à acquitter les depenses de l'arme ? Lui étaient-ils versés directement, comme au maitre de la Chambre aux deniers ou à l'argentier par le Receveur général de toutes les finances ? C'est ce que les pièces conservées à Dijon n'ont pu nous faire connaître.

§ VI
Gardes de l'artillerie.

Quand, avec l'importance de plus en plus marquée de l'artillerie à feu, les fonctions de maîtres devinrent une des charges principales de la maison de Bourgogne, les besoins toujours croissants du service, la nécessité d'une surveillance impossible pour un seul contrôleur amenèrent la création de nouveaux officiers appelés *Gardes de l'artillerie*. Ils exerçaient les mêmes fonctions que le maître dont ils furent considérés comme les lieutenants et suppléèrent le contrôleur pour tout ce qui tenait à l'exécution des marchés et à l'ordonnancement des dépenses. Seulement leurs attributions, au lieu de s'exercer comme celles du maître et du contrôleur dans toutes les possessions du duc, furent restreintes à une circonscription distincte et séparée. En ce qui concerne nos pays, le garde de l'artillerie institué à Dijon eut, dans son ressort, les deux Bourgognes et les pays et comtés adjacents.

Le livre de l'artillerie mentionne parmi les premiers gardes de

---

(1) Id., 108.
(2) Id., p. 181.

l'artillerie de Bourgogne, Guillaume de Tarnay, écuyer, nommé en 1456 et que plus tard le duc Charles attacha à sa personne en qualité de maréchal des logis. Ce qui ne l'empêcha pas de diriger une batterie au fameux siège de Neuss ou, par parenthèse, il fut blessé (1).

Le même livre signale encore, en 1466, Jaques Bonne, écuyer, qui mourut maire de Dijon en 1477, juste au moment où les commissaires de Louis XI prenaient possession de la Bourgogne.

Et enfin Jehan Bernard, qui déjà pourvu en 1474 conserva ses fonctions sous le régime royal (2).

§ VII

Lieutenants d'artillerie.

Ces officiers apparaissent pour la première fois sous le duc Charles. Ils remplaçaient le maître dans les petits corps d'armée qui agissaient en dehors des circonscriptions assignées aux gardes *provinciaux* d'artillerie, seulement leur commission n'était que provisoire et cessait avec la cause qui l'avait motivée. Et. Ferroux, que le duc Charles avait attaché en 1474 à l'artillerie de l'armée que M. de Montaigu menait contre les gens de Ferrette, avait de solde 15 sols de 2 gros monnoie de Flandre par jour (3).

---

(1) Compte de J. de Visen, receveur général de Bourgogne (1456-1457). B 1737.

F° 123. Payé 15 l. t. à Gérard Margolet, conseiller du duc et auditeur des Comptes et à Jaques Bonne, écuyer, pour leurs peines d'avoir inventorié, mis par ordre et bonne déclaration toute l'artillerie grosse et menue, laquelle estoit en lhotel des Loges appartenant à feu Philibert de Vaudrey, maître de ladite artillerie. Laquelle a été transportée en l'hotel Courtot, près l'eglise S¹ Jean et remise à Guillaume de Tarnay, commis par le duc à ladite garde.

Comme aussi pour avoir inventorié et pesé 11,400 livres de poudre delivrée par J. Quenot sur les 15,000 qu'il doit fournir et les avoir fait mettre en queveaulx.

Payé 5 ecus d'or à J. Torchon, pour le transport de l'hotel des Loges à l'hotel Courtot des deux grosses bombardes, l'une de fer et l'autre de cuivre, gaignées sur le damoisel Evrard de la Marche.

Payé 188 f. à Guillaume de Tarnay, ecuyer, garde de l'artillerie du duc, pour 94 jours employés à visiter par ordre du duc, l'artillerie des forteresses.

Voir aussi archives municipales de Dijon. Reg. de correspondance.

(2) Comptes de J. Vurry (1473-1474, 1476-1477), B 1773, 1778, J. Riboteau (1477-1478 et années suivantes). B 1781, 1783, 1800, 1804, 1805, 1806.

(3) Voir pages 177 et suivantes.

§ VIII
Bombardiers, canonniers, couleuvriniers.

Le développement considérable pris par l'artillerie à feu sous le règne du duc Jean sans Peur, eut pour effet immédiat d'accroître, comme nous l'avons dit, le nombre, non plus des maîtres des canons, remplacés désormais par le maître de l'artillerie, mais des ouvriers-soldats qui, sous le nom de canonniers, fondaient, forgeaient, réparaient les bombardes, les canons, fabriquaient la poudre, les fusées et faisaient le service des pièces aussi bien dans les sièges que sur les champs de bataille.

Toutefois, si on en juge par nos documents, leur nombre, borné dans le principe à deux ou trois au plus dans les sièges ou les expéditions peu importantes, quelle que fût d'ailleurs la quantité des pièces, s'accrut progressivement et de telle sorte que sous le duc Charles il y avait, pour l'ordinaire, un canonnier pour chaque veuglaire ou serpentine, sans préjudice des charretiers, ouvriers et piétons attachés à la batterie.

Ainsi, en prenant pour exemple la batterie d'artillerie (1) envoyée par le duc Charles à l'armée rassemblée en 1474 contre les gens de Ferrette, on voit que cette batterie, placée sous le commandement d'un lieutenant du maître, assisté d'un gentilhomme et de deux chefs conducteurs tous à cheval, était composée d'une bombarde avec son bombardier, aux gages de 10 s. 8 d. par jour, menée y compris son manteau sur dix charriots attelés de 40 chevaux.

De deux courtauts attelés chacun de huit chevaux.

De cinq serpentines moyennes, attellées chacune de trois chevaux; de quatre petites serpentines attellées chacune de deux chevaux et toutes les neuf accompagnés d'un canonnier, dont un le maître touche 8 sols par jour et les autres 4 sols seulement.

D'un maître charpentier à cheval touchant 8 sols et de six autres touchant 4 sols.

D'un carreleur chargé de la bourrellerie et sellerie, et d'un cuvelier pour mettre à point les caques, payés à raison de 4 sols par jour.

De huit charretiers dits harnesqueurs payés du même prix.

De 120 pionniers payés eux à raison de chacun 3 sols.

Que le convoi se composait en outre :

(1) Voir plus haut, page 179.

De cinq charriots attelés, de six charriots trainant chacun cinq caques de poudre.

De cinq autres attellés de cinq chevaux, chargés chacun de 40 pierres de constant.

D'un charriot et demi de plombée trainé par six chevaulx.

De onze charriots, attelés de 4 chevaux, chargés d'arcs, de flèches et de cordes.

D'un autre même charriot chargé de pelles, pics et pioches.

D'un autre chargé de l'oing de garnison ainsi que des bagages du carreleur et du cuvelier.

D'un autre attelé de 6 chevaux pour mener ceux du lieutenant et de ses aides.

D'un affust mené par 4 chevaux.

De dix charriots attellés de 4 chevaux, menant chacun dix pierres de la bombarde.

De deux charriots semblables pour mener les bagages et outils des charpentiers et des charretiers.

De deux charrettes attellées chacune de deux chevaux pour les bagages des canonniers.

Ce qui formait un total de 150 hommes et 267 chevaux qui coutaient par jour 78 l. 6 s. 6 d. et par mois 2,350 livres.

Parmi les anciens canonniers employés par les ducs dans leurs armées, le livre d'artillerie signale Regnaut de Langres tué d'un coup de bombarde au siège de Château-Chinon en 1412.

Les comptes des receveurs mentionnent particulièrement les noms de Jehan le canonnier et Guillaume de la Loge qui, sous la conduite de Manus, dirigèrent le feu des bombardes au siège de Vellexon (1). Le premier suivit le duc Jean dans toutes ses expéditions (2). On le re-

---

(1) Id., 20 et suiv.

(2) Payé à Jehan le canonnier, deux écus comptant, pour aler avec mondit seigneur en son armée au partir de Douay. (Compte de R. de Bailleux, receveur g¹ de toutes les finances du duc (1411 et 1412). B 1570.

Payé 25 f. à Jehan Leger, canonnier du duc, pour récompense de ses painnes, travaux, frais, missions et dépens, au service du duc depuis son dernier partement du Bourgogne jusque au 2 mars 1415. F° 176.

Payé 40 f. au même pour don à lui fait par le duc, de grace espécial pour ses bons et aggreables services au voyage et armée de l'année 1417. F° 186. (Compte de J. Fraignot, receveur général de Bourgogne (1415-1417.) B 1588.

trouve devant Nogent-le-Roi (4), à Alibaudières (1420) (1), aux sièges de Mailly (2) et de Melun.

De Guillaume de la Viscoingne, dont en 1421 le duc Philippe le Bon reconnut les services et qu'il avait auprès de lui au siège de Crespy (3).

De R. Resnel et de J. Tournelesche, son valet, qui assistèrent au siège de Roye et suivirent le duc au combat de St Riquier (4).

De Jean de Bruges, de G. de Husdon, de J. de Gauldenat, de Guyerquin Roumant, compaignons de Jehan le canonnier au siège de Melun (5).

De Enguerrand de Bovières, de J. Maréchal, de J. Chambart, de J. du Meix, de P. Faichant, de Philippe de Bourmont, qui accompagnèrent le prince d'Orange au siège de Sancenay (1431) (6), assistèrent au siège de Mailly (7) et au ravitaillement d'Auxerre (8).

(1) Voir plus haut, p. 91.
(2) Id., p. 112.
(3) Id., p. 158.
(4) Compte de Guy Guilbant (1421-1422). B 1617.
F° 62. A Guillaume de la Viscoingne, canonnier, demeurant à Arras, la s^e de 100 ecus d'or ordonnée par le duc en considération des bons services qu'il à fait au feu duc, à lui même et ou temps avenir et en recompensation d'un don de 200 ecus que son père lui avait fait par lettres adressées à son tresorier, lesquelles furent perdues lorsqu'il fut pris prisonnier à Montereau.
(4) Voir plus haut, pp. 87, 91.
(5) Compte de Guy Guilbaut (1420-1421). B 1612.
F° 92. Payé 20 f. à Jean de Bruges, canonnier, que M. le duc lui a donné de sa grâce tant pour consideration de ses bons et agreables services au siege devant Meleun, comme pour soy aidier à garir de certaine bleceure recue à la jambe audit siege.
Payé 8 f. à Gerard de Husdon, aussi canonnier, pour ses bons services et certaine poudre fournie au siege de Montereau.
F° 88. Payé 30 f. à J. Ligier, canonnier, que M. le duc lui a donné pour ses bons services au siege de Melun et pour lui aider à vivre et à soustenir son estat.
Plus 10 f. pour distribuer à plusieurs ouvriers, qui soubs lui et en sa compaignie l'ont aydié à manier, à mettre à point et gouverner ses canons.
Payé 22 f. à Jehan de Gouldenat, canonnier, pour semblable cause, et aussi pour avoir esté lui 4° dès le mois d'avril 1420 au siege d'Aillebaudières.
Payé 10 f. à Guierquin Roumant, canonnier, pour les causes dessus dites.
(6) Voir plus haut, pages 52, 178, 179.
(7) Id., p. 96.
(8) Id., p. 97.

Nous retrouvons encore J. Marechal et son compagnon Chambart, attachés à l'armée du marechal de Bourgogne en novembre et decembre 1429 (1). C'est J. Marechal qui forge la plus grande partie des *veuglaires* que le duc ou les villes font fabriquer en Bourgogne (2). C'est encore lui qui à la bataille de Bullegneville dirigea le feu de la batterie masquée à qui le maréchal de Toulongeon dut le gain de cette journée mémorable (3).

Enfin au siège d'Avallon, en 1433, c'est M° Guérard, canonnier du duc, qui fait jouer la grosse bombarde de Bourgogne (4).

Vers l'année 1430, le duc, qui cinq ans auparavant avait déjà exigé la promesse solennelle d'un canonnier fondeur de Besançon de ne fondre des bombardes que pour lui seul (5), engagea à son service trois Allemands ouvriers de canons dits coleuvres et les fit venir à Lille (6).

(1) Compte de Mahieu Regnaut (1429-1430). B 1645.

F° 146. Jehan Marechal et J. Chambart, canonniers, accompagnent le marechal de Bourgogne en novembre et decembre, à 8 gros par jour.

(2) Compte de Mahieu Regnaut, receveur général de Bourgogne (1431-1432). B 1649.

F° 84, v°. Payé à J. Mareschal, canonnier, la somme de 20 f. que le duc lui a donné pour consideration de ses bons services et pour lui aider à supporter les frais de l'établissement de son ménage à Dijon.

(3) Compte du même (1430-1431). B 1647.

F° 130. Payé à J. Mareschal, canonnier, la somme de 20 f. qui lui a été donnée par le duc suivant ses lettres datées de Dijon du 31 j^r 1431, tant pour un voiage qu'il fit en la compagnie du marechal de Bourgogne du pays de Barrois, pour avoir tiré de canons et de coleuvres à la journée obtenue par ledit mareschal à l'encontre des Barrois, que pour remplacer un cheval qu'il a perdu audit voiage et continuer à servir le duc dans ses guerres.

(4) Voir plus haut, page 123.

(5) Compte de J. Fraignot (1425-1426). B 1631.

F° 154. Don de 100 f. accordé par le duc à Huguenen le Poutier, canonnier de Besançon à ses deux compagnons pour les indemniser des frais soutenus par eux aux mois de juin et juillet 1412 à la façon de la grosse bombarde qu'ils fondirent à Auxonne moy^t la somme de 160 f., mais que par meschef et fortune il fallut recommencer deux fois. Mais ce don est fait sous la condition qu'ils promettront et s'obligeront à toutes peines de ne faire ni faire faire par eux et leurs gens de ne bailler forme instruction ni enseignement de faire aucune bombarde pour autres que pour le duc, ses successeurs ou sujets, sinon de sa licence et exprès commandement. Conditions que ceux-ci acceptèrent.

(6) F° 134. Le duc, par lettres patentes données à Dijon le 10 juin 1430, engagea à son service maître Georges Thibaut, Girard Oudriet et J. de Taille, du pays d'Allemagne, ouvriers de canons appelé coleuvres. Le premier eut 30 f. par mois, et les deux autres 20 francs seulement (à Lille).

Il recruta aussi du même pays un certain nombre de couleuvriniers et s'en servit pour la première fois au siège de Compiègne (1).

Deux de ces *tireurs de coleuvres* suivirent le maréchal de Bourgogne dans son expédition de Lorraine (2).

Le compte de Mahieu Regnaut en signale encore un autre engagé par le Gouverneur de Bourgogne en 1433 (3).

Les canonniers commencèrent aussi à figurer dans les Roles des montres d'armes. En 1431, Jean de Dinteville, capitaine et bailli de Bar-sur-Seine, fait la montre dans sa compagnie de trois canonniers payés sur le pied des gens de trait (4).

Les couleuvriniers se multiplient beaucoup plus rapidement. Dès la fin du règne de Philippe le Bon il n'est point de montre d'hommes d'armes un peu importante qui n'accuse un certain nombre de ces soldats, le plus souvent confondus avec les arbaletriers et les *picquenaires* et payés, comme je l'ai dit plus haut, sur le même pied (5).

Sous le règne de Charles le Téméraire, les canonniers actifs en garnison dans les places recevaient une solde de 3 f. par mois. Les bombardiers, qui étaient regardés comme plus expers, recevaient une solde de 5 f. par mois (6).

---

(1) F° 137. Payé à Philibert Andriet, sr de Coursan, chevalier, conseiller et chambellan du duc, 110 f. valeur des 100 saluts d'or qu'il a délivré à Vuluquin Roz, Pietre Aust, Jehan de Moiac, Jehan Suric Annquin Moie, Jehan d'Avenche, Mathieu Burin, Jehan de Tieu, Aust de Churuc, Pierre de Luselle, du pays d'Allemagne, Barthelemy Cavel, un serviteur de Raoul de Montfort, colevris en prest sur leur voiage pour aler d'Allemagne devers mondit sr estant lors devant Compiegne pour y tirer des coleuvres. Compte de Mah. Regnaut (1429-1430). B 1645.

(2) Siméon Ferrant et Perrin Godin, tyreurs de coleuvres, l'accompagnent aussi à 4 gros par jour. Ces coleuvres étaient emmanchées et tiraient des plombées. (Compte de Mahieu Regnaut (1429-1430.) B 1645.

(3) Compte du même (1432-1433).
Payé à Jehan Panteleon de Basle, canonnier, venu en Bourgogne devers le Gouverneur par son mandement et ordonnance pour tirer des coleuvres es armées du duc le sr de 5 f. en prest.
Remb.

(4) Chambre des Comptes de Dijon. Rôles des montres d'armes. B 11803.

(5) Idem., B 11803, 11820.

(6) Compte de J. Vurry, receveur général de Bourgogne (1473-1474). B 1773.

F° 92011. Payé à J. Tiercelet et Cl. Tairet, canonniers, la somme [de 6 f. pour leur solde d'un mois entier commençant le 1er juin 1474 de garnison au chastel de Bar-s/S. pour servir en l'artillerie du duc.

F° 201, v°. Payé 48 f. à huit compagnons à pied, tous coulevriniers souffisament

En campagne la solde était plus élevée. Quant aux piétons attachés au service de l'artillerie, on leur donnait chacun 2 f. 1/2 pour solde du même espace de temps (1).

armés et embastonnés, engagés pour deux mois pour la garde du chateau de Châtillon en Bazois à raison de 3 f. chacun par mois.

F° 204. Payé à J. Lugant, canonnier, la somme de 3 f. pour ses gages d'un mois commencé le 1er janvier 1473. En 1474 il est dans Bar-s/S.

F° 204. Payé à Barthelemy Devaux, bombardier, la somme de 20 l. pour ses gages de quatre mois commencés le 1er oct. 1473.

(1) 1472, 20 juillet. Role de trente piétons ordonnés et prins par Jacques de Venières escuyer maitre de l'artillerie chargée pour le fait de la présente armée de Bourgoingne, pour aider à conduire ladite artillerie, auxquels il est alloué à chacun 2 f. 1/2 monnoie royal pour la solde d'un mois. — *Original Ch. des comptes de Dijon.*

PIÈCES ANNEXÉES

I

S'ensuyvent les parties et pièces d'artillerie escriptes au présent mandement (1).

A. — Premièrement, dix-huit caques de pouldre de canon d'iceux, qui estoient despieça en votre charge et deux autres caques venues de l'affinement puis naguères fait des pouldres et salepestres estans oudit chastel par Michelet Gardouyn et J. Perard, canonniers, du poix chacune quaque de 200 livres sans le vaisseaul.

Item 10,500 livres de salpestre qui a esté affiné sur les 14,400 livres.

Item la quantité de 33 demi muys neufs.

Item six palles ferrées — six pieds de chievre — quatre chargeurs — ung chauchant — trois pics et trois pioches.

Quatre cent livres de souffre — 1,100 livres de salepestre — 100 livres de souffre qui ont esté par lesdiz canonniers emploiez à affiner les 18 caques de pouldre dessus dites qui s'estoient gastées oudit chastel au moyen de la pluye et moyteur des tours esquelles elles estoient.

(1) Cet état, dont la date doit être fixée entre 1480 et 1485, devait être joint au livre du garde de l'artillerie. Il est compris, de même que l'Inventaire qui suit, aux archives de la Chambre des comptes de Dijon (B 11864). J'ai cru devoir les transcrire ici tous les deux, à cause des détails qu'ils donnent sur l'état de l'artillerie en Bourgogne à la fin du XVe siècle.

Item 6,000 de salepestre.

B. — Parties et pieces d'artillerie escriptes ou second mandement.

Premièrement, treize hacques buches de fer enmanchées en bois faictes par Maistre Benoit.

Item une coulevryne de fer garnye de deux chambres couleuvynes de mytaille semblablement.

Item deux petis canons de fer garnis de leur chambre qui sont de l'encienne garnison de ladite artillerie.

Item deux couleuvynes de mytaille l'une à groin de chien et l'autre toute ronde, garnyes de leurs afusts de leurs roues et limonneures.

Item les deux frères de Langres garniz de leurs chambres.

Item une petite bombardelle de fer rompue, garnye d'une chambre.

Item une autre bombarde de fer qu'on appelle Nyart, garnye d'une chambre.

Item 318 pierres de fonte et quinze couvertes de plomb servans aux couleurynes appellées Champaigne, Langres, Troyes et Jonvelle.

Item 832 pierres de fer fondu servant à Jehannette et à Jehanneton.

Item 38 gros bolets de fer fondu, servans aux six gros canons qui furent amenés de France.

Item 350 bolets de fer fondu servans aux Faucons.

Item 1,110 bolets de pierres de greetz servans à touz les canons, qui ont esté fondus à Dijon.

Item cinq saulmons de plomb, dont l'un poise 1,200 livres, l'autre 800, l'autre 1,600, l'autre 1,100, et l'autre 900 livres.

Item 2,191 trects d'arbaleste tous ferrez et empanez de plumes.

Item 320 trects empanez de bois non ferrez et 300 fers de guerre pour les ferrer.

Item quatre arbalestes d'acyer et 76 bolets de fer fondu du poids de 31 livres, chacun bolet servans aux dessus dits deux petitz canons de fer estans oudit chastel.

C. — Ce sont les parties et pieces d'artillerie contenues au tiers mandement.

Premièrement, deux granz soufflez de forge, une grosse enclume de mareschal — quatre grans tenailles de fer, ung gros marteau de fer — ung petit marteau de fer — deux tures de fer — et une petite tenaille de fer. Le tout servant à ladite forge.

Item ung poincon à percer bombardes.

Item treze poincons, cinq ciseaulx de fer, tant grans que petiz.

Item deux cuillers de fer à fondre plomb.

Item ung chargeoir de feulle de fer à charger canon.

Item 85 palles de bois non ferrées — 80 palles non ferrées — 53 tranches enmanchées — 18 sarpes — 22 congnées.

Item quatre petites coulevrines de mytal de cinq pieds et demi de long, gectans pierres le gros d'une noix.

Item huit pieces de fer de 5 à 6 pieds de long, pesant ensemble 454 livres.

Item quatre grans peaulx de fer, pesans ensemble 154 livres de quatre pieds 1/2 de long.

Item quatre autres pesans 102 livres de quatre piez de long.

Item cinq autres pesans 82 livres de la longueur de 3 piez 1/2 le tout de la nouvelle artillerie.

Item 19 petiz canons à quehue de fer.

Item 16 pierres servans esdiz canons.

Item deux coulevrines de fer.

Item 23 coulevrines enmanchées en bois, emprimées de roige et de blanc.

Item deux grans cordes pour faire pont sur rivière chacun de 47 toises de long.

Item treize maillots de plomb enmanchez en bois. — Item six autres esquelz a une dague d'acyer au bout.

Item ung petit canon de fer appellé *Pottereaul*, d'un pié et demi de long tout d'une piece.

Item ung petit canon portant pierre de huit polces de hault et de longueur deux pieds en facon d'ung mortier.

Douze guindaulx garnys de leurs polyons.

Item dix feuilles de fer à faire chargeurs.

Item douze chargeoirs à chargier bastons à feu.

Item deux grans chargeurs de fueille de ferblanc pour chargier bombardes.

Item une grant tenaille de mareschal.

Item une gouge de fer.

Item une grosse corde à chargier bombardes, ensemble ung croichet de fer de sept toises de long.

Item deux autres cordes en facon de treicq de cheval servans à chargier bombarde.

Item une grosse resse d'acyer, garnie de son affust de bois.

Item deux gouges servans à faire pierre de bombardes.

Item 22 marteaulx de macon.

Item quatre paulx de fer pesant 136 livres de la longueur de 3 pieds 1/2.

Item trois autres pesans 48 livres de trois pieds de long.

Item 129 pieds de chievre tant grans que petiz, fandus au bout.

Item 46 fers de lance tout neuf.

Item une grant tenaille de fer et ung groin de chien à rompre porte ou fenestraige de fer.

Item 5,000 et deux caques de chausse-trappes.

Item deux pollies de metal pesant 94 livres.

Item 27 chevilles de fer tant grandes que petites, pesant 134 livres.

Item 386 livres de souffre.

Item trois crochets de fer doublé enmanchés en une lance.

Item deux fourches de fer enmanchées, et ung crochet de fer faisant forche, et ung autre pour s'escheller.

Item 179 lances de sappin.

Item trois tonnelez esquels sont 1,500 de traits d'arbeleste servans es crannequins de corne.

Item 2,084 de trait d'arbeleste tout ferrés communs et de dondainnes.

Item six bandes de fer neuf pesans 213 livres.

Item deux affusts neufs servans à Jonvelle et à Champaigne.

Item 236 traicts de dondainnes ferrez et empannez et 335 empannez d'arain et de bois.

Item 201 fers de lance de l'ancienne facon.

Item 180 fers de traits d'arbeleste communs.

Item 1,400 fers et 4,000 de traits d'archers, 300 flesches, 22 botes de 500 de traits chacune.

Item 11 maillez de plomb.

Item une petite polye de métal garnye de sa chappe de fer.

Item une grant resse à resser bois.

Item huit tranches et deux pics de fer.

Item 25 meschans guindaux.

Item une saye à sasser pouldre de canon.

Item sept grans sacs de cuyr à mettre pouldre de canon.

Item 23 bources doubles à mettre pouldre et plombées.

Item onze gands et huit brasselets de cuir pour archiers.

Item 92 tirefons.
Item ung coffre de chesne fermant à clef de trois pieds de long.
Item ung gros foiret appellé terrillière.
Item une queue et un muy pleins de traits d'arbelete ferrez et non ferrez.
Item 48 pierres tant grandes que petites.
Item ung burin à porter coulevrynes.
Item 350 tourteaux à faloz.
Item 40 pavois.
Item 15 espinectes creuses en facon de palles et une palle ferrée.
Item 12 paires de traiz de chevaux renforcez.
Item 5 combleaux de cordes tant grans que petis.
Item 4 grosses cordes pour peser bombardes.
Item 4 chargeoires à charger coulevrynes.
Item une pierre de bombarde.
Item huit grés de bois.
Item 40 tampons servans à bombardes et 106 petis tampons de bois.
Item six lyens pendans de fer.
Item cinq tavallaires appellés environ.
Item ung fardeaul de cordes moyennes, pesans environ 4 liv. 1/2.
Item 94 plombées de plomb pesant 112 livres.
Item 12 chaignes de fer à fermer siege, chacune de 23 pieds de long.
Item 131 chaignes de fer pour accoupler charriots pour ribaudequins, de 6 pieds de long.
Item un bas de cuyr servant à cheval d'arnois ensemble deux souelles.
Item 94 dez de fer pour covrir le plomb, servant à grosse coulevryne pesant 101 livres.
Item deux grans brochez de fer, servans à bombardes et 18 housses de fer pesans 58 livres.
Item 16 broiches de fer tant grandes que petites à quatre seulles de fer, servans pour mettre au long des affusts des canons, le tout pesant 108 livres.
Item 3 bandes de fer servans à mettre au long des affusts des canons et quatre pieces de quignons et cloere et faire cloz par terre, ensemble une couverte servant es coulevrines et une grant broiche de fer, le tout pesant 150 livres.
Item 100 livres de souffre.

Item 80 rouelles de fer tant grandes que petites.

Item une plombée de fer de fondue servant à Jonvelle.

Item deux brigandines de velours noir, garnies de tassettes et de garde-bras.

Item 18 grands cloux carrés de demy pié de long.

Item quatre ars d'if.

Item 782 plombées servans aux hacquebuches de fer et pesans 338 livres.

Item 32 livres de petites plombées servant es petites colevrynes à main.

Item cinq harnois blancs.

Item ung chevalet de bois sur lequel l'on met les soufflets, quand l'on fond les coulevrynes.

Item ung treteaul de bois à trois pieds.

Item ung forêt de fer garni d'acyer au bout devant servant à percer couleuvryne, contenans six pieds de long.

Item une grant broiche de fer aussi de six pieds de long servant à noutoier couleuvryne.

II

Inventaire fait par moy J. Jehannault, Maistre des Comptes du Roy notre sire à Dijon de plusieurs pièces d'artillerie, pouldres, arbelestres et autres choses servans à ladite artillerie, provisions et aultres, estans de présent au chastel de Dijon. Ledit inventaire pour moy fait par ordonnance et mandement de MM. des Comptes audit Dijon ou mois de décembre 1496 en la manière qui s'ensuit (B 11864) :

Et premièrement :

Une bombarde de fer forgée nommée *Nyort*, ou il n'y a que une chasse.

Item les deux *Frères de Langres* à chacune une chasse.

Item ung canon serpentin de fonte de cuyvre, monté et affuté sur roues.

Item ung canon perrier de fonte de cuivre, monté et affuté sur roues.

Item deux grosses coullevrines de fonte, l'une appellée Jehannette et l'autre Jehanneton montées sur roues.

Item quatre faulcons de fer forgié tous montez.

Item trois coullevrines de fer forgié, dont les deux ont chacune deux chambres et la plus petite n'en que une, montées et affutées.

Item deux faucons de fonte de cuyvre qui ont esté amenez d'Auxonne montez et affutez.

Item deux gros canons de fer forgié à chasse, montés, l'ung sur roues, l'autre sur ung poullain tous affutez prestz à tirer.

Item 81 hacquebutes de cuyvre à crochet de fonte enmanchez en bois pesant chacune 25 livres.

Item 25 grosses hacquebutes de fer forgié sur chevalets.

Item deux petiz canons de fer forgié appellés Pestereaulx portant boulets de pierre.

Item trois autres petiz *petereaulx* chacun de deux piez et demy ou environ portans boulets de pierre.

Item ung autre petit canon de fer fondu en facon d'ung mortier.

Item treize *petereaulx* de fer forgié à longue quehue qui furent amenez de Talant.

Item ung faulcon de fonte qui est rompu et dont les pièces peuvent peser 500 livres.

Item ung foret d'environ pied et demi de longueur à fourer aux gorges des serpentines.

Plomb.

Ung grant saulmon qui peut peser environ 1,200 livres.

Seze saulmons de plomb peliz.

Item 300 milliers de plombées tant grosses que petites, servans icelles plombées aux grosses coullevrines et autres bastons à feu.

Item deux grosses tenailles à rompre portes, l'une à façon de David et l'autre à façon de Turquoise.

Item 24 arbelestes montées d'abriers et treize guindaulx servans à icelles.

Item trois autres arbelestes à bander aux rains, qui sont venues de J. Bernard.

Item 114 piez de chievre tant moyens que petiz de plusieurs sortes.

Item 9 grans paulx de fer à pié, lesquels ont esté gastez et rompuz à l'ouvraige du chastel.

Item 100 boulets de fer fondu, servant au canon serpentin.

Item 120 boulles de pierre servans au canon de fonte.

Item 80 palles dont 25 sont ferrées.

Item 25 tranches, 26 pics enmanchés de bois.
Item 11 congnées à couper le bois.
Item 52 picques ferrées et 250 futz de picques et 127 fers.
Item deux croichez et deux grandes fourches enmanchés en bois de lance.
Item cinq fers de hallebardes sans hante.
Item 80 futs de lance.
Item ung gros cable de six brasses à charger bombardes.
Item ung gros crocq en fer.
Item ung gros cable moyen de 40 brasses.
Item ung autre cable assez usé et renoué en plusieurs lieux.
Item environ 24 toises de cables à traict de chevaux en plusieurs pièces vieilles et usées.
Item cinq cuyrasses, quatre harnois de jambes et autres pièces servans audit harnois.
Item cinq sallades.
Item deux brigandines couvertes de velours noir et vingt couvertes de drap de plusieurs sortes.
Item 36 pavois de plusieurs sortes tels quelz.
    En la Tour de Machefoing a esté trouvé ce qui sensuit :
Quarante-huit caques de pouldre de canon enfoncées en quaques.
Deux demie caques de pouldre de canon fine.
Item 600 livres de souffre en quatre sacs.
Item 23 quaques salepestre blanc.
Item 20 coullevrines à main de fer forgié enmanchiés et non.
Item quatre autres de cuyvre.
Item 17 maillez de plomb à main, enmanchez, dont il y en a quatre qui ont dagues de fer au devant.
Item 42 fers de lance.
Item ung baril de sappin ou quel sont plusieurs plombées servans aux petites coullevrynes à main et aux grosses hacquebutes aussi à main.
Item 52 bandes de fer neuf pesant 800 livres.
Item environ demie quaque de chaussetrappes.
Item cinq hautes de javelines pour faire des chargeurs à chargier l'artillerie.
Item une grosse poullye de cuyvre fondu, pesant environ 40 livres.
Item 200 tappons de bois pour l'artillerie tant grans que petiz.
Item une eschelecte garnie de fer à lever les roues pour l'artillerie.

La Forge.

Une enclume assez grosse — quatre soufflets — deux gros marteaulx à frapper d'avant — deux grans tenailles à croichez — quatre marteaulx de fer à faire boulles de pierres — quatre autres marteaulx à battre molles de molin — une grant chaudière lyée de fer — une autre moyenne chaudière lyée de fer — deux paelles d'acier à quehue — trois cuillers à fondre plomb de plusieurs sortes — huit fallots — 500 tourteaulx à falloz — 40 pintes d'uille — une fillette de vinaigre — 11 lanternes — ung soufflet pour souffler feu — trois sacs à sasser souffre ou aultre pouldre — six sacs de cuir à mectre pouldre — 209 livres de chandelles de suyf — deux trepiers — neuf feuilles de fer-blanc — six quarreaux acier — une quarte de boites et tappons pour faire chargeoirs — ung baril et une sappine de l'amorce.

Item 5,9000 traits d'arbeleste.

Item 1,900 de trait ferrés, 300 fers de traiz.

Item 1,1500 de flesches.

Item 62 livres de fil en botte — six livres de cire.

Item 24 cables à guindaulx et 25 guindaulx.

Item 72 boulles de fer qui souloient servir au canon de Chartres.

Item 55 autres qui servent à la colouvryne de Jonvelle de présent à Auxonne.

Item 400 grosses bottes de pierre.

Item une grant sye de long laquelle est emmanchée et une autre sye de travers, laquelle n'est point enmanchée.

Item une grant quantité de menue ferraille servant à l'artillerie.

Item une grant quantité de chaignes de fer tant petites que grandes, dont en a esté prins pour servir aux ponts levis et aux baptecules des belouhars.

Item une demie quaque de chausse-trappes.

Item une grant quantité de charbon de saulce et de chauffaige.

GLOSSAIRE-COMMENTAIRE

A

Adouber, réparer.
Affeusts, affustements.
Affuts, voir au mot *canon*.
Afflorer, terme de tailleur de pierre, donner le dernier coup de ciseau.
Afoler, blesser.
Afretis, fait en forme de viroles.
Aguille, aiguille, grande perche d'engin.
Aisements, ustensiles.
Aisseulles, planchettes de bois mince préparées pour la couverture. On les appelle aussi bardeaux et clavin.
Aissis, essieu.
Aix, planches, madriers.
Aliement, alliage.
Alnes, aunes.
Ambourg, c'est une sorte de bière. Dans nos documents, le vaisseau qui servait à la renfermer et qui figure ici comme une sorte de mesure, paraît avoir passé du contenu au contenant.
Amoisonner, mettre à la mesure.
Angons, crochet de serrure.
Aployer, employer.
Apprever, approuver.
Approuchements, travaux d'approche dans le siège d'une place.
Approuve, preuve.

Arain, airain, cuivre, métal de cloche, bronze.

Arbrières, arc d'arbalète.

Arche d'engin, coffre dans lequel on plaçait le contrepoids dans les trébuchets ou engins; voir au mot *engin*.

Ardoir, brûler.

Arests de hacquebutes, crochet soudé en dessous du canon, près de la bouche, et destiné à amortir le recul.

Arondelles, rondelles.

Artil. Les étymologistes sont partagés sur l'origine du mot artillerie, qui au moyen âge comprenait toutes les armes de jet sans exception, ainsi que le matériel employé, soit pour l'attaque, soit pour la défense des places. Les uns, comme Ménage, prétendent que ce mot a été formé de la réunion des deux mots latins *arcus*, arc, *telum*, trait. D'autres, Roquefort en tête, le font dériver du mot *ars, artis*, art; ou comme les encyclopédistes modernes, du mot latin : *ars-tollendi*, du vieux français *artiller*, qui signifie fortifier, ou de l'italien *arte di tirare, arte gli era*. Sans vouloir préjuger sur ces diverses opinions, qui, soit dit en passant, ne reposent que sur des conjectures, ne pourrait-on pas dire avec le compte de dimanche de Vitel, B 1408, page 210 de ce recueil, artillerie vient d'artil, qui signifie arme de jet, trait, flèches. Par conséquent, artilleur est le fabricant d'artil, et artillerie, le résultat de son travail.

Assayer, essayer.

Assemblement, assemblage de menuiserie.

Assirer, aciérer.

Assis, essieu.

Assouvi, assui, terminé, achevé, complet.

Aulemaines, Allemagnes.

Aules, halles.

Aussirer, enduire.

Avitailler, ravitailler.

Axis, essieu, grosse pièce de bois qui supportait la perche de l'engin dont un bout.

B

Baghes, bagues, bagages.

Bagueline, cercle ou virole en fer d'un chariot.

Bahut, bahuet, partie de la ferrure d'un chariot.

Balons de clous, ballot, paquet.

Barrot, baril.

Barreaux. Les navires des ducs de Bourgogne étaient munis de barreaux de fer qu'on amassait sur la hune et qu'on lançait de là sur les assaillants dans un combat naval.

Bars, marteaux de tailleurs de pierre terminés en pointe.

Becquoirs, bâtons à feu, voir *canons*.

Benastons, petites bannes en usage en Bourgogne pour la vendange.

Berthemer, outil de forgeron.

Beruchons, corbeille en bois ou en osier.

Bicorne, bigorne.

Billettes, Billottes, petites billes, balles en plomb, en fer et en pierres.

Dans un état des dépenses fourni par le receveur de la ville d'Auxonne, en 1471, figure :

Paiement à J. Jacot de 3 blans pour trois quarterons de gros cloux pour faire les escrins en quoy l'on a mises les billottes de fer et de pierres que l'on a mené avec les vulgaires et serpentines à M. de Villernoul, l'un des chefs de l'armée du duc, rassemblée autour de Jonvelle, à l'encontre des Français.

Bollevard, bolleiverd. Boulevard, celui qui fut fait devant Melun, en 1420, fut terrassé, avec des futailles vides et des fagots. Pour construire très rapidement ces boulevards, les assiégeants s'emparaient des bois, portes, fenêtres, couvertures de chaume des localités environnant la place. Ainsi en usa J. de Luxembourg au siège de Saint-Riquier, en 1420.

Bombarde, bombardelle, voir *canon*.

Boucharde, marteau de tailleur de pierres.

Boulets, boullez. Les premiers boulets de fer dont il soit question dans notre recueil appartiennent à l'année 1474 et figurent dans le compte de J. Vurry, receveur général de Bourgogne, sous le nom de pierres de fer servant à grosses couleuvrines et serpentines. Un échantillon de ces boulets existe au château de Grancey, qui fut assiégé et pris cette même année. Ceux qui furent commandés en 1477 au maître de la forge de Beze, pour la couleuvrine dite la Gouvernante, pesaient seize livres; les 127 furent payés 36 d.

Bourse des frandelles, voir *engin*.

Bouter, mettre, placer.

Brabans, cercle de fer de l'essieu.

Bracheler, braler, branter, fixer, maintenir, assurer, consolider.

Brey, chariot sur lequel on charge les pierres, sorte de camion.

Brigandines, brassières qui servaient à garantir les bras.

Broches, tiges de fer qu'on chauffait au rouge et qu'on introduisait dans la lumière pour faire décharger les canons.

Brouette, petit tombereau à bras et à deux roues.

Butiniers, soldats chargés de butin pris sur l'ennemi.

Canfis, camphre.

Canons. Les diverses dénominations affectées aux bouches à feu mentionnées dans ce recueil, jointes au peu de renseignement qu'il contient sur la différence caractéristique de chacune des espèces, offrent pour leur classement d'autant plus de difficulté que, durant les xive et xve siècles, aucune règle ne fut jamais imposée aux fondeurs ou fabricants, aussi bien pour le nom que pour les dimensions des pièces. Cependant, en groupant ensemble par ordre de dates dans le tableau comparatif qui suit, toutes les pièces du même nom, je suis arrivé à une moyenne qui m'a permis d'établir ce classement au moins par approximation et de déterminer ainsi la filiation des espèces principales.

Il résulte de ce dépouillement : que du *canon* type primitif, qui dans nos documents désigne seul, jusques en 1410, toutes les bouches à feu, dérive :

1° La *bombarde*, dont la *bombardelle*, le *mortier* et le *petereau* sont le diminutif.

2° Le *veuglaire*, dont est issu, suivant l'ordre de dates, la première *couleuvrine*, le *crapeaudeau*, le *courtaut*, la *serpentine*, la seconde *couleuvrine*, le *faucon* et l'*arquebuse*.

Tous spécimens de l'ancienne artillerie et sur chacun desquels nous dirons ici quelques mots.

Néanmoins et malgré ces dénominations, cependant bien nombreuses, on voit figurer dans le tableau en question des canons qui ont de un à 9 pieds de long et qui appartiennent évidemment soit aux veuglaires, soit aux couleuvrines ou à leurs dérivés.

Les pièces de canon mentionnées dans nos documents sont fondues en bronze, en fonte de fer, ou simplement forgées, comme nous l'indiquerons en parlant des bombardes. Elles sont tantôt d'une seule pièce, tantôt séparées en deux parties, dont l'une reçoit le nom de *chambre* ou de *culasse*, et l'autre celle de *trompe, chasse* et *volée*. La pièce est quelquefois revêtue de couleurs éclatantes ou simplement vernie. Toutes sont marquées du signe de l'ouvrier, et poinçonnées aux armes du prince. Les plus grosses sont placées sur des affûts dont nous parlerons tout à l'heure, les autres se tirent sur des chevalets ou bien accompagnent les ribaudequins. D'autres enfin, pourvus d'une longue queue, ou bien emmanchés au bout d'un bâton, se tirent à la main et c'est le rudiment du fusil moderne.

La charge de ces différentes pièces s'opérait de deux façons selon qu'elles étaient ou non à chambre. Si le canon était d'une seule pièce, le canonnier, armé d'une cuiller en fer blanc, emmanchée au bout d'une lance, puisait la poudre dans un sac de cuir ou de peau, placé à sa proximité, la versait dans la bouche, qui toujours était plus élevée que la culasse et refoulait la poudre au fond de l'âme, avec un tampon de bois chassé par une broche. Ensuite il laissait glisser la pierre ou le boulet. Quand, au contraire, le canon était à chambre, on remplissait cette chambre de poudre (1), on la recouvrait du tampon que le marteau à charger bourrait avec force, puis on l'adaptait à la volée. Après quoi on mettait le boulet comme on l'indique plus haut, et comme les étoupilles étaient encore inconnues, on mettait le feu au moyen de broches rougies à blanc aux brasiers allumés constamment dans les batteries.

Bombardes.

On appelait *bombardes* les pièces d'un très fort calibre.

Bien que ces pièces figurent pour la première fois sous ce nom au siège de Vellexon, en Franche-Comté (1409), elles existaient néanmoins déjà depuis longtemps en Bourgogne, puisque la plupart des pièces fabriquées en 1377, à Chalon, par les frères de Mayorque, étaient de véritables bombardes, à en juger par leur calibre.

Les bombardes, qu'elles fussent de fer ou de bronze, étaient presque toujours composées de deux pièces séparées, la *chambre* et la *volée*, qui se trouvaient ainsi quelquefois de métal différent.

Payé 12 f. à G. de Mantoche, maréchal à Dijon, pour avoir refferré et mis certains cercles et mis à point les bombardes de Cambray et de l'Ecluse, que le duc avait ordonné (18 janvier 1424/5) être délivrées avec d'autres à M. de Chateauvilain pour assiéger une forteresse du Bassigny. (Compte de Jean Fraignot, 1425-1426, B 1631.)

Quand la bombarde était en fer, ses parois étaient formées tantôt de barreaux corroyés et disposés comme les douves d'un tonneau, tantôt de tambours dressés sur mandrin et soudés l'un à l'autre. Mais ces deux systèmes étaient toujours revêtus d'énormes cercles en fer. Il en était de même pour les bombardes en bronze.

Quelques-unes de ces pièces avaient des dimensions vraiment gigantesques, sans parler de celle de *Pagny*, qui jetait une pierre de 800 à 950 livres, mais qui ne résista point à une première épreuve. On vit figurer dans les armées bourguignonnes la bombarde de *Modon*, dont le calibre mesurait 66 c. de diamètre, celle de *Dijon*, qui était en bronze, pesait près de sept milliers et avec 36 livres de poudre lançait un boulet de pierre de 320 livres. Celle de Chalon, dont le boulet pesait seulement 240 livres; la *Griette*, si célèbre dans les guerres du duc Jean-sans-Peur qui, chargée de 28 livres de poudre, envoyait une pierre de 400 livres, c'est-à-dire du même poids que celui que la bombarde de Bourgogne envoyait vingt ans plus tard, avec 70 livres de poudre, au capitaine Fortépice, renfermé dans les

---

(1) En 1477, on fit des chargeurs avec du papier à la grande marge.

murs d'Avallon. Nos documents signalent encore deux bombardes, l'une du poids de 12 milliers et l'autre de 30 milliers qui, avec une charge de 100 à 120 livres de poudre, lançaient un boulet de 22 pouces, et qui étaient encore inférieures à la bombarde dite de Luxembourg, qui pesait 22 milliers, mesurait une longueur de 19 pieds et avait un calibre de 28 pouces.

Voici maintenant en quoi consistait la manœuvre de ces énormes pièces, telle du moins qu'elle est indiquée dans les documents placés sous nos yeux :

La *chambre* étant ajustée à la *volée* et *emblochée* solidement sur une pièce de bois au moyen de crampons de gros liens de fer et même de cordes, on creusait une tranchée et on y glissait la pièce à force de bras, de manière à ce que la volée reposât sur le bord et que la culasse portât directement sur un gros plot de bois placé au fond et destiné à amortir l'effet du recul.

La bombarde ainsi assujettie, on la chargeait comme nous venons de le dire pour les canons d'une seule pièce; le poids énorme des parties dont elle se composait ne permettant pas le mode de charge usité pour les pièces à chambre. Puis le boulet ou la pierre introduite (1), on mettait le feu à l'aide d'une broche chauffée à blanc.

On comprend les inconvénients d'un pareil système. Sans nous arrêter au peu de justesse d'une pièce ensevelie dans la terre, ce qui rendait son tir bien souvent inefficace, les gros plots mis derrière la culasse ne résistant pas à plusieurs chocs, il fallait presque à chaque coup soulever la bombarde, enlever le plot fendu et le remplacer par un autre jusqu'à ce qu'on ait imaginé de les cercler en fer. Ensuite les canonniers étant obligés de se pencher pour introduire la broche dans la lumière, pour peu que l'orifice déviât de la verticale, le jet de flamme qui déterminait l'explosion leur brûlait les jambes, tellement qu'au siège de Vellexon, on dut leur procurer des tabliers. En outre, la commotion faisant déranger la pièce, toujours mal assujettie dans ce trou, il fallait avoir constamment recours aux leviers.

Pourtant ce ne fut guère qu'au milieu du XVe siècle que le système d'enterrer les grosses pièces fut définitivement remplacé par celui qui consistait à appuyer la culasse de la bombarde contre une pièce de bois appelée culée, formant heurtoir et retenue par de forts piquets et en élevant la volée sur une autre pièce et en la calant de chaque côté au moyen de coings bien arrêtés. Seulement, pour amortir encore davantage les effets du recul, on imagina de placer entre le heurtoir et la culasse, une masse

---

(1) Au siège de Vellexon les boulets furent enveloppés de foin pour éviter le bris des bombardes.

de plomb appelée tantôt *coussin*, tantôt oreiller. Cette même disposition fut également appliquée aux grosses pièces montées sur affuts.

Toutefois, dès les premières années du règne de Charles le Téméraire, on signale une amélioration introduite dans l'*affutement* de la bombarde. Au lieu d'être jetée comme auparavant sur la terre nue entre deux pièces de bois, la bombarde descend sur un *poulain*, sorte de châssis de charpente pourvu d'une solide armature en fer et qu'à l'aide d'un levier on peut à volonté placer dans toutes les directions.

Avant 1412, le chargement et le déchargement de pièces d'un poids aussi considérable et qui ne pouvait s'effectuer qu'à l'aide d'un grand nombre de bras, se trouve simplifié par une découverte de Pierre de Villers, maître des œuvres de charpenterie du duc, le même qui avait dirigé la construction des engins au siège de Vellexon. A l'occasion de la bombarde de Dijon, qui venait d'être fondue, pesait seize milliers, et n'était pas d'une manœuvre facile, P. de Villers fit exécuter *un engin de bois bien ferré, bien cordé, moyennant lequel une personne ou deux pouvaient*, dit le compte de J. Vurry, *gouverner, charger et décharger ladite bombarde*.

La répétition dans nos comptes, de câbles, de poulies, de chevilles, de leviers, appliqués aux engins de bombardes, semblerait indiquer que cette machine était analogue à celle connue aujourd'hui sous le nom de *pied-de-chèvre*.

P. de Villers construisit aussi une grosse charrette « pour asseoir ladite » bombarde et l'approuchier par terre contre chasteaulx et forteresses à » l'aide de six ou huit personnes seulement ».

Toute bombarde avait son char, surmonté d'un pennon aux armes ducales. Les plus fortes en occupaient même deux. Ces chars massifs, dont les quatre bouts étaient cerclés et l'assemblage solidement chevillé en fer, reposaient sur quatre roues ferrées, dont l'essieu était tantôt revêtu de fer dans toute sa longueur, tantôt la fusée seulement est armée en dessous d'une pièce de fer appelée esquignon ou quignon, retenue par des liens ou crampons, dits brabans. Ces chariots, sur lesquels les bombardes étaient liées par des câbles, différaient peu, quant à la forme générale, de nos chariots modernes. Les noms de la plupart des différentes parties dont ils se composaient, sont encore usités aujourd'hui. Ainsi nous retrouvons pour le charronnage, le brancard (banquars), l'armon, la fourchette, le lisoir (lison), l'éloigne (loingne, esloingne), le timon, la limoni ou limonnière, la volée, les esparres, la sellette (salette), les palonniers, appelés escaleures, esperonnes, et pour la ferrure les frettes, les bandes, les heusses des roues, les quatre heurtoirs (ortour), le synosour, qui pourrait bien être la cheville ouvrière de la bombarde de Modon, les broches et les chevilles, pendantes et traversaines.

On montait et descendait les bombardes de ces chariots au moyen de l'engin qu'on démontait ensuite et qui prenait place soit sur le chariot même de la bombarde, soit, quand elle était d'un fort calibre, sur le chariot qui venait immédiatement après.

A partir du règne de Louis XI, les perfectionnements introduits dans la fonte des pièces d'artillerie, ainsi que dans la construction de l'affût, ayant permis de donner aux pièces de campagne un calibre en général supérieur à celui qu'elles avaient auparavant, et à leurs affûts une plus grande mobilité; on commença par laisser dans les arsenaux ces énormes pièces dont l'emploi était à la fois si difficile, si coûteux et, disons-le, si inefficace quand il n'était pas dangereux. Bientôt même on les dépeça pour en fondre de nouvelles pièces. Dès 1466, le duc Philippe le Bon convertit en serpentines une grosse bombarde de bronze qui encombrait l'arsenal de Dijon, et douze années plus tard, la bombarde de Bresse, que l'attelage de cinquante bouviers avait péniblement amené de Bourg à Mâcon, était transmuée en cinq canons dont Charles d'Amboise s'aidait puissamment pour le recouvrement des deux Bourgognes. Tel fut, en général, la fin de ces pièces d'artillerie.

Bombardelle.

La bombardelle était, comme l'indique son nom, un diminutif de la bombarde. C'est la pièce désignée dans l'artillerie dijonnaise (1) et dans nos documents sous le titre de Veuglaire-Bombardelle, de petite bombarde. La première, qui a seulement 3 pieds 3 tiers de long, pèse néanmoins plus d'un millier et reçoit douze livres de poudre pour lancer un boulet de pierre de 8 pouces 1/2. L'autre, qui a treize pieds de long, lance un boulet de 13 pouces.

Mortier.

Le seul exemple des pièces de ce genre *est postérieur au temps* des ducs de Bourgogne. Il figure dans l'inventaire des pièces du château de Dijon, dressé en 1485, sous le nom de *canon* en façon de *mortier*, fait en fer, ayant 2 pieds de long, avec calibre de huit pouces. Néanmoins, les documents relatifs à l'artillerie de la ville de Dijon témoignent que des pièces semblables existaient dès le règne de Philippe-le-Bon.

Veuglaire.

Le veuglaire, vinglaire, weghelaire, weughelaire, velglaire, feugloire, veugloire, premier type de l'artillerie de bataille, apparaît pour la première fois en Bourgogne, en 1420. Tout porte à croire qu'il y arriva soit des Flandres, soit des pays du Rhin, avec lesquels les deux Bourgognes

---

(1) L'artillerie de la commune de Dijon, d'après les documents conservés dans ses archives, par J. Garnier. Dijon, Jobard, 1863.

avaient des relations suivies. Quoiqu'il en soit, le veuglaire règne à peu près sans partage comme pièce d'artillerie mobile et de gros calibre, sur tous les champs de bataille de la dernière guerre des Anglais. Puis il cède peu à peu la place à la serpentine, aux courtaux et à la couleuvrine, dont nous allons parler aussi.

Nous trouvons des veuglaires de toute taille, depuis un pied jusqu'à huit pieds de long, portant des pierres depuis 2 jusqu'à 10 pouces de diamètre. Les plus gros montés sur affuts mobiles suivaient les troupes en campagne. Dans les sièges, leur calibre ne leur permettant pas de battre en brèche, on les dirigeait contre les taudis et les bretoiches des assiégés, tandis que les couleuvrines s'adressaient aux défenseurs de ces ouvrages. Quant aux veuglaires de petit calibre, on les plaçait sur des ribaudequins et on les chargeait avec des plombées. Le registre du contrôle mentionne des veuglaires de 6 pieds de long, de 3 pouces 1/2 de calibre, à chambre de la nouvelle façon à bouter la pierre par derrière, dont on arma les galères du duc en 1446.

Couleuvrine.

Si le veuglaire est le type du canon de campagne, la couleuvrine, sa fille aînée, doit être considérée comme l'origine des armes à feu portatives. Toutefois il ne faut point confondre cette première couleuvrine avec une autre bien postérieure en date, sorte de gros veuglaire perfectionné, qui sera aussi l'objet d'un paragraphe particulier. Quoiqu'il en soit, la couleuvrine qui nous occupe ici est d'origine allemande. Non seulement son apparition en Bourgogne coïncide avec le marché passé en juin 1430, par le duc Philippe le Bon, avec des ouvriers allemands, pour la fabrication des canons appelés coleuvres, mais encore avec le recrutement qu'il fit en Allemagne, vers le même temps, de plusieurs tyreurs de coleuvres pour s'en aider au siège de Compiègne.

Ces couleuvrines, dont la longueur variait de deux à quatre pieds, étaient tantôt d'une seule pièce, qu'on chargeait avec un entonnoir et une broche, tantôt à chambres, quelques-unes en avaient trois, quatre, absolument comme les veuglaires. Elles étaient toutes emmanchées au bout d'un bâton, qui pour celles à chambre devait être la reproduction en petit de l'affût si compliqué de ce genre de pièce. Au siège de Calais, des couleuvrines en bronze ayant chacune un demi pied de long, furent mises aux deux bouts d'un bâton. On mentionna aussi trois couleuvrines tenant ensemble et deux autres couleuvrines à escappe, avec et sans chambres, qui semblent déjà signaler des perfectionnements introduits dans l'arme. Du reste, les couleuvrines en fer, de même que les veuglaires, étaient peintes tantôt en rouge, tantôt en blanc, on les trouve quelquefois étamées.

Les couleuvrines, qui n'étaient jamais chargées que de balles en plomb, dites plombées, se tiraient à la main, les plus lourdes reposaient sur des chevalets, dits aussi bancs, pivots ou potence. On en armait aussi les ribaudequins. Les couleuvrines qui armaient la flotte envoyée par le duc Philippe le Bon, en 1447, au secours de Rhodes, se tiraient sur chevalets.

Sous le règne de Charles le Téméraire, les plus grosses couleuvrines furent garnies en dessous de la bouche d'une sorte de fort crochet destiné à amortir l'effet du recul. On les appela alors couleuvrines à crochet. Les comptes de la ville de Dijon nous apprennent qu'à cette époque on plaça en travers des canonnières des remparts, des barreaux de fer destinés « à faire arrests aux hacquebuches et colovrines, car pour ce qu'il y en » avait, nuls lon ne s'en povoit aydier. » A partir de cette époque, la couleuvrine à main disparaît pour faire place à l'arquebuse.

Crapaudeau, crapaudine.

Le crapaudeau était l'intermédiaire entre le veuglaire et la couleuvrine pour la longueur et participait de la bombarde pour l'épaisseur des parois et le calibre des projectiles. Ceux qui sont mentionnés dans nos documents, varient entre quatre et cinq pieds de long. Ils sont tous à chambre et portent le boulet de pierre de un à six pouces de diamètre. Les uns se tirent sur pivots, les autres prennent place sur les ribaudequins. Quelques-uns sont pourvus d'une queue en fer. Le petereaul, d'un pied et demi à 2 pieds 1/2, mentionné dans l'inventaire de 1480, doit être considéré comme un petit crapaudeau du même genre, du reste, que ceux qui figurent dans l'artillerie dijonnaise.

Courtaut.

C'est le veuglaire de fort calibre, le même qui sous Louis XI s'appelle aussi canon perrier.

Serpentine.

Les pièces de cette espèce, dont il est question dans ce recueil, ainsi que dans celui consacré à l'artillerie dijonnaise, appartiennent à la seconde moitié du XVe siècle. Elles avaient une longueur qui variait entre 3 pieds et demi et 7 pieds. Elles étaient, comme les précédentes, beaucoup plus épaisses que les veuglaires, proportion gardée. Il y en avait à chambre et sans chambres. Ces canons lançaient des petits boulets de fer et des balles pesant trois quarts de livre et une livre. Celles qui furent fondues en 1477 pesaient de 488 à 552 livres, mais d'autres dépassaient le poids d'un millier.

Couleuvrine.

La couleuvrine à main ou embâtonnée, dont il a été question plus haut, n'était pas encore convertie en arquebuse, qu'une nouvelle couleuvrine supérieure de calibre à la serpentine, mais conçue dans le même système, venait prendre sa place dans la nomenclature des pièces d'artillerie et dans les arsenaux, pour y régner jusqu'au XVII° siècle. Le compte de J. Riboteau, receveur général de Bourgogne (1478) B 1783, contient des détails curieux sur la fonte et le forage d'une pièce de ce genre, appelée la *Gouvernante*, qui fut fabriquée d'un seul jet, pesait plus de 2,500 livres et lançait un boulet de fer de 16 livres.

Faucon.

Le faucon, de même facture que la couleuvrine qui précède, lui était inférieur pour le calibre.

Affuts des pièces d'artillerie.

Les receveurs chargés d'acquitter les dépenses de l'artillerie ducale, ayant presque toujours inscrit sommairement dans leurs comptes tout ce qui se rapportait à l'*affutement* des canons et renvoyé pour le détail des dépenses aux états et pièces annexées à ces comptes. Il en résulte que, comme ces papiers ont disparu, nous sommes obligés, pour compléter les quelques renseignements que nos documents renferment, de recourir à l'artillerie dijonnaise avec laquelle ils offrent, du reste, une analogie complète.

Dans le principe, et je ne parle ici que du *veuglaire* et de ses dérivés, alors que le canon était fondu ou forgé d'une seule pièce et sans tourillons, on l'enchâssait dans une pièce de bois, à l'aide de deux, trois ou quatre forts liens de fer, selon la force ou la longueur de la pièce (1). La pièce de position était placée sur un chevalet, lourd assemblage de charpente, placé à demeure sur le plancher des tours, celle de campagne posait en travers d'un ou de deux essieux sur lesquels on la fixait solidement. C'est la période que j'appelle d'enfustement. Plus tard, l'affut, c'est-à-dire la pièce de bois dans laquelle le canon est encastré, s'amincissait du centre aux extrémités, surtout à celle de la volée, et portait sur le chariot ou le chevalet au moyen d'une barre de fer arrondie, appelée vif, vit de bœuf, placée horizontalement et fixée à ses extrémités par deux colliers de fer traversant le chariot dans toute son épaisseur. C'est l'axe sur lequel se meut la pièce. Mais dans les pièces à chambre, l'affut offre cette disposition de plus : la tête de l'affut, solidement cerclée en fer, est creusée en arrière pour faciliter l'entrée et la sortie de la chambre. Le point de jonction de cette chambre à la volée est recouvert d'un large

---

(1) Enfusté, emboité, enclavé cinq canons de cœuvre dans cinq pièces de bois de chene, lié chacun de trois bons liens de fer afretis bien chevillés à toroy de fer pour oster et remettre les canons. Compte de 1412.

lien de fer à charnière, et le gicte, c'est-à-dire l'espace ménagé entre la chambre et la tête de l'affut rempli par un coin de fer retenu par une chaîne et quelquefois aussi recouvert par une charnière mobile.

En outre, les pièces de gros calibre étaient pourvues, sous le nom d'échelette, de deux épaisses bandes de fer légèrement cintrées, engravées dans l'épaisseur du chevalet ou du chariot, de chaque côté de la tête de l'affut. Ces bandes, régulièrement percées, étaient traversées par une broche ou cheville qui supportait la culasse et assurait le pointage du canon.

Le chariot pour les pièces de campagne portait sur deux roues ou sur quatre pour celles d'un très fort calibre. Ces dernières étaient pourvues d'un avant-train dont diverses pièces ainsi que les essieux et les roues se retrouvent parmi celles mentionnées à l'article consacré au chariot des bombardes, de même que les timons, les chaînes et les traits de l'attelage.

Cependant, malgré les améliorations dont il avait été l'objet, cet affut laissait encore beaucoup à désirer au point de vue du poids et de la mobilité. Le progrès sous ce point de vue ne put guère s'accomplir que quand l'abandon des pièces à chambre eut permis de substituer l'affut à flasques à ces lourdes machines. Pourtant quand on examine de près les documents relatifs à l'artillerie du duc Charles et qu'on remarque l'absence complète de différence pour les calibres entre les anciens veuglaires et les pièces de nouvelle fabrique comme les serpentines et les couleuvrines; que d'un autre côté nos documents signalent à cette époque et pour la première fois la présence des tourillons d'un canon, ne peut-on pas en induire que c'est dans les tourillons que gît cette différence? Cette opinion, du reste, se trouve corroborée de la présence de coffrets de serpentines, de layettes de plombées fermant à clef qui rappellent aussi les coffrets d'affuts et par conséquent les affuts à flasque.

C'est aussi à cette époque qu'on commence à accrocher le long de l'affut, les chargeurs, les grandes broches que l'écouvillon moderne ne tardera pas à détrôner. Quant au câble qui enveloppait la pièce d'un bout à l'autre et servait à la manœuvre, il ne figure dans nos documents qu'à propos des bombardes qu'il chargeait ou déchargeait.

Néanmoins, si le progrès s'accomplit pour les serpentines d'une seule pièce, celles à chambre durent toujours rester *enfustées*; seulement, au lieu de reposer sur un chariot comme les anciens veuglaires, leurs tourillons permirent de les asseoir sur les deux flaques de l'affut, alors beaucoup plus élargi, que pour les autres.

C'est probablement la même opération que J. Vert, canonnier du roi, accomplit à Dijon, au commencement du XVIᵉ siècle, et pour les couleuvrines et pour les anciennes pièces. La chose fut facile pour les premières, mais quant aux autres, il supprima le *vit de bœuf*, le chariot, et au moyen d'une barre de fer arrondie à ses extrémités, qui traversait l'enveloppe en bois de la pièce et portait en guise de tourillons sur les deux bords de l'affût à flasques, il les rendit moins lourdes et plus maniables.

Les pièces de petit calibre, comme les couleuvrines anciennes, les crapaudeaux, les petereaux, les perdriseaux, espèce de couleuvrine, se tiraient en campagne sur des ribaudequins et dans les sièges ou la défense des places sur des bancs ou tréteaux où on les plaçait par file de 3, 4, 5, comme ceux saisis sur les Gantois, en 1444; mais le plus ordinairement sur des chevalets isolés, sorte de trépieds en charpente, au sommet desquels la pièce était fixée de manière à se mouvoir dans tous les sens.

Carquon, carquois.

Carréal, carreau.

Carreleur, ouvrier attaché à une batterie d'artillerie pour l'entretien de la sellerie et de la bourrellerie.

Chable, câble.

Chaffaut, ouvrage en bois, à cheval sur la courtine et servant à sa défense.

Chaînes de fer. Les chaînes de fer, mentionnées page 231 et qu'on couplait au moyen d'anneaux et de S de fer, servaient à arrêter les chariots et les ribaudequins dont les troupes s'entouraient comme d'une sorte de retranchements dans les haltes et les campements.

Chambre, culasse mobile de la pièce qui alors formait deux parties.

Chanevas, canevas.

Chappuis, charpentier.

Char, chair.

Chariots. Les chariots d'artillerie, comme du reste tous ceux servant aux armées, furent fournis tantôt par les communautés religieuses quand l'expédition ne dépassait pas les limites du duché, mais le plus souvent par des particuliers avec lesquels le maître de l'artillerie traitait de gré à gré. Ces chariots étaient à quatre roues, construits de la même façon que ceux des bombardes (voir au mot *canon*), et attelés au minimum de deux chevaux. Ils transportaient la poudre renfermée dans des caques, des sacs en cuir, des tonneaux, les pierres des bombardes, les plombées, les boulets, les lances, les arcs, les traits, les pavois, etc., tout le matériel des sièges, des vivres et des campements. La plupart, en grande partie renfermées dans des tonneaux ou de grands coffres fermant à clef, étaient recouverts en toile et tous portaient les armes ou la devise du duc.

Chasse, volée d'un canon.

Chat, tour roulante. Le chat qui fut amené de Gray au siège de Vellexon pourrait bien être celui dont parle J. Donay, receveur du bailliage de Dijon (1370-1371) B 4418, et qui fut fait à Auxonne. Le compte de Perrot nous apprend qu'on refit *l'aguille devant par manière de deux esles* (ailes) *clouans* (fermant) et *ouvrans;* qu'on le renforça d'une quantité *d'Angons*, de paumelles, de platines, de pivots, de crampons, de boucles, d'anneaux à queue; que les grosses pièces de bois dont il était formé étaient accouplées et maintenues par des liens et des harpes de fer et qu'on ferra les essieux des roues de ce *chat qu'on mainne à force de gens.* Néanmoins, tous ces préparatifs furent inutiles, car le chat, après avoir été monté trois fois, ne fut point employé.

Chauchant, espèce de bêche.
Chausse-trappes, instrument de guerre à pointes de fer.
Chenevé, chanvre.
Chenons, chaînons.
Chéoir, manquer, être en défaut.
Chevauchée, expédition militaire, service dû au suzerain par le vassal.
Chevauloy, chevalets.
Chevrêtes, voir *pieds de chèvre.*
Claies de logis, voir *loigis.*
Clers, clefs.
Clous, claies.
Clos chappeluz, clous à large tête.
Clos à later, clous à latter.
Clous par terre, clous dont la tête portait à terre, comme dans les roues et les fers de chevaux.
Clouson, cloison.
Combleaux, câbles.
Coingniés, cognées.
Corde deliée appelée *tranchefille*, menue corde.
— *avaleure*, servant à avaler, tirer en bas.
— *frandelle*, à fronde.
— *de sambeault*, corde tressée.
Cornettes à encorner arcs, espèce de douille en corde fixée aux deux bouts de l'arc.
Corroye, courroie.
Cossons, partie de la ferrure d'un chariot.
Couhes, queue, couple de tonneaux.
Couleuvres, coleuvres, couleuvrines. Voir au mot *canon.*
Coultre, outil servant à préparer les aisseulles.
Courgeons, morceaux de cuir cousus dans l'intérieur de la bourse de l'engin pour faciliter la sortie des pierres.

Courson pour courseur. Ce mot, que je n'ai retrouvé nulle part, doit s'appliquer à une opération de forge et vraisemblablement à la pose des bandes des roues.
Courtauts, canon court. Voir au mot *canon.*
Couvertement, à la dérobée, sans être vu.
Couure, cuivre.
Crannequin, instrument pour bander les arbalètes.
Crapaudeau, petit canon. Voir au mot *canon.*
Crapaudine. Voir *crapaudeau.*
Creue, crue, augmentation.
Croisière, diamètre.
Crost, crot, creux, trou.
Cuider, penser.
Cuiller de fer, à charger.
— à fondre plomb.
Cul, culasse.
Culée de corde, paquet de corde.
Cuvelet, petite cuve.
Cuvelier, tonnelier.

D

Dardes, demi-lance qu'on lançait en manière de javelot.
Déchéance, déchet.
Despandu, dépensé.
Despeciés, brisés.
Desrouchier, derocher, briser.
Desroy, désarroi, déroute.
Devantiers, tabliers.
Dictier, littéralement dictée, prescription.
Dois, depuis.
Dondainnes et demies dondainnes, gros traits d'arbalètes.
Douloir, plaindre.

E

Eaux fors, eaux mères.
Echelles. Les échelles dont il est ici question servaient à l'escalade des murailles dans les sièges, celles en bois sont simples ou doubles, montées sur roues et de 20 pieds de long. Celles de cordes sont *enfardellées* dans un sac et se portent derrière la selle du cavalier.
Echeller, appliquer l'échelle pour escalader les murailles.
Echellecte, double potence en fer ou en bois percée régulièrement, fixée de chaque côté du chariot du canon et entre laquelle jouait la tête de l'affût

qui portait directement sur la broche qui traversait les trous de la potence et facilitait le pointage de la pièce.

Chaîne à maillon mue par une poulie qui servait à tendre les grosses arbalètes.

Espèce de cric dont on se servait pour lever les roues d'un chariot.

Ecopes, pelle de bois servant à épuiser l'eau.

Esfaitrer, dégrossir.

Efrasé, vient de *fractus*, brisé, rompu.

Embluchier, littéralement mettre dans un bloc, s'applique à l'action d'affûter un canon.

Empanner, empenner.

Emparement. Ce mot qui, réuni à l'adjectif menu, s'applique aux petits ouvrages de la fortification d'une place, comprend ici tout ce qui concerne l'affût d'une pièce.

Emploter, synonyme d'*embluchier*.

Enchassiller, enchâsser, affûter.

Enclaver, synonyme d'affûter.

Enclous, enclos.

Enfardeler, mettre en fardeaux, réunir, rassembler.

Enfuster, affûter.

Engins. Nos documents mentionnent quatre sortes d'engins, *l'engin à charger bombarde*, dont il a été traité à l'article canon, *l'engin* proprement dit, *l'engin voulant*, *l'engin* dit *comblart*, qui lui-même paraît être le même que *l'engin coullars*, dont le duc usa au siège de Melun en 1420, et qui était dirigé par un Jean de Lorraine qui s'intitulait maître et gouverneur desdits engins (1). Ces trois derniers engins étaient destinés à lancer des boulets de pierre ou d'autres projectiles.

L'engin dont il est question dans le compte de Perrot, relatif au siège de Vellexon (1409), cité plus haut, p. 22, n'est autre que la machine appelée *trébuchet*. On y voit que les assiégeants construisirent deux *engins* de dimensions différentes, solidement établis sur une charpente énorme toute chevillée, en fer.

L'axe horizontal sur lequel reposait la flèche et qui lui-même portait sur cette charpente, était renforcé de grosses barres de fer engravées dans le bois. La flèche ou la *perche* formée de la réunion de trois pièces de bois qui avaient chacune 62 pieds de long et un pied et demi d'épaisseur, et fermement assujetties sur l'axe au moyen de fortes chevilles de fer, était en outre entourée d'un bout à l'autre d'un cordage maintenu de distance en distance par des crampons et des harpes de fer.

A l'extrémité inférieure de la flèche, une *arche* en bois, chevillée en fer,

---

(1) Labarre. Etat de la maison du duc Philippe le Bon. Compte de Guy Guilbaut.

renfermait un poids évalué, dit le compte, pour le petit engin, à environ 30 queues de vin (1). De l'autre bout pendait une grande corde appelée *frandelle*, de 14 à 18 toises de long, garnie d'une bourse doublée de cuir, et dans laquelle on déposait la pierre qui devait être lancée, laquelle avait, au préalable, été enveloppée de foin pour l'empêcher d'aller *loquant par dedans la bourse*. De cette même extrémité descendaient aussi deux grosses cordes dites avaleures, et que, pour plus de solidité, on entourait, ainsi que la *frandelle*, d'une menue corde appelée *tranchefille*. Ces deux grosses cordes, auxquelles étaient encore fixées d'autres cordages dits *pandoillars*, servaient à abaisser la flèche dans la manœuvre de la machine et étaient mis en mouvement par 24 hommes dirigés par un chef appelé *gouverneur de l'engin*.

Les perches, l'axe, les *touchères*, les *jumelles*, les cordages, les *arches* et le *lisour*, c'est-à-dire l'auget sur lequel glissait la *frandelle* chargée du boulet, étaient largement imprégnés d'oing, *affin*, dit le compte, *qu'ils descendissent et virassent plus gaiement*.

Engrogne, monnaie particulière aux deux Bourgognes. Trois engrognes faisaient un blanc, 4 blancs ou 12 engrognes valaient un gros, dont 12 faisaient le franc, valant 13 sols 4 deniers en monnaie tournoise.

Ennorer, entourer.

Enroer, entraver.

Enrulié, rouillé.

Enserpillier, envelopper dans une serpillière de toile.

Entrappes, traits servant à l'attelage d'un chariot.

Envoisier un canon, percer la lumière.

Esboichier, ébaucher.

Escalleures, palonniers.

Escroc, bulletin sur lequel les comptables inscrivaient le détail de la dépense du jour, ou d'une affaire spéciale, et qu'ils joignaient à leur compte comme pièce justificative. C'est l'origine du mot *écrou*.

Esles, ailes.

Esloingne.

Esperonnes ou *Peronneaux*, palonniers.

Espies, épieux.

Espinêtes, même qu'écopes.

Espingales, arbalètes à tour, grandes arbalètes de rempart.

---

(1) On entend par queue en Bourgogne la réunion de deux pièces de vin. Or, la pièce, c'est-à-dire les 228 litres dont elle se compose, pesant en fût 250 kil., les 30 queues produisent l'énorme poids de 15.000 kilog., qui nous paraît bien considérable, aussi l'arche s'effondrait-elle souvent.

Esquerre, équerre, partie en bois d'un chariot.
Esquignons, voir *quignons*.
Esquipars, même qu'*écopes*.
Essever, sécher.
Estamper, piler, réduire en poudre.
Estaichier, attacher, maintenir.
Estaudis, voir *taudis*.
Estoffes, étouffes, étoffes, ne s'applique pas ici aux tissus, mais signifie toutes les parties d'une chose.
Estouper, boucher.
Estriers, morceau de fer fait en forme d'étrier et fixé au bout du bois de l'arbalète, et dans lequel l'arbalétrier passait le pied pour tendre son arme.
Eureres, cordage de l'attelage d'un chariot.

F

Failli, manqué.
Fairet, forêt.
Falote, partie de la ferrure d'un chariot.
Faloz, fauloz, falot, vase en fer suspendu au bout d'un bâton et rempli d'une masse de suif ou de graisse avec une mèche au milieu qu'on appelait tourteau à falot.
Fasceon, façon.
Fassour, fessour, fessoul, pioche large à l'usage des vignerons de Bourgogne.
Férier, férir, frapper.
Fede grion, feu grégeois.
Feu grégeois ou griois. Cette composition pyrotechnique, qui a excité et excite encore si vivement l'attention des savants, occupe une place notable dans les divers éléments qui constituaient l'artillerie bourguignonne. En effet, on l'y voit figurer tantôt, et c'est le plus souvent, sous la forme de *fusées à getter le feu griois*, tantôt sous celle de pierre de fonduc.

Les fusées figurent dans toutes les expéditions. Jean sans Peur en fait provision avant de marcher contre les Liégeois. On s'en sert devant Vellexon en 1409. Ordre est donné de prendre chez les apothicaires de Dijon tout le *canfis* que l'on pourra trouver pour en faire des fusées à jeter feu audit chatel. Mathieu Regnaut, receveur général de Bourgogne, inscrit son compte de 1430-1431 (B 1647), la dépense de la fabrication de ces machines et entre à cet égard dans des détails qui tendraient à prouver, contrairement à l'opinion d'un moderne, que la composition de la poudre à canon et celle du feu grégeois sont bien différentes.

En voici le résumé : J. Quenot, serrurier, façonne *26 fers pour faire fusées*. J. de Roches, artilleur du duc, se pourvoit de deux onces de canfre, une livre d'eau-de-vie, deux livres de poudre, deux livres de salpêtre, quatre livres de soufre et d'une aune de futaine pour confectionner lesdites 26 fusées.

La dernière pièce qui mentionne les fusées est de l'année 1442. C'est l'inventaire de l'artillerie de l'arsenal de Dijon dressé après la mort du maître J. de Rochefort. On y signale 117 vieilles fusées et 400 qui sont pourries et qui ne valent rien. L'usage en était-il déjà abandonné?

Quant aux pierres de fondue dont on tire feu grégeois pour brûler villes et chasteaux, je les trouve signalées aussi dans l'inventaire de l'artillerie de Bruges que les officiers du duc saisirent après la soumission de cette ville en 1438.

Dix pierres de fondue dont etc. et quinze autres qu'ils menèrent au siège de l'Escluse.

On trouve encore dans le registre du contrôle la mention d'une autre matière incendiaire qui fut employée en 1437, au siège du Crotoy, par le sire de Croy pour brûler des bateaux. C'est un mélange de graisse, d'huile et de tartre, qu'on fondait et qu'on mélangeait dans une grande poêle.

Fair, prix.

Fèvre, ferreur, forgeron.

Fincelles, cordelettes, ficelles.

Finer, trouver.

Flaigios, petites flûtes, couleuvrines ou crappaudeaux. Pièces de petit calibre qu'on mettait sur des chariots appelés ribaudequins.

Flochons, flèches. Un marché de 1445 porte qu'elles doivent être faites en bon bois cuit et cirées à la main.

Fô, fol, foyard, hêtre.

Foraige, dérivé de *fuer*, dehors, signifie dans ce cas cantonnement.

Fourots, forêts.

Frandelle, fronde. Bourse en corde doublée de cuir qui pendait à la corde fixée à l'extrémité de la perche d'engin et dans laquelle on mettait la pierre.

Frandoles, frondes.

Frenier, fabricant de freins et d'objets de sellerie.

Frotte, frette.

Fretis, frein en forme de virole.

Fuers, dehors.

Fusées. Voir *feu grégeois*.

Fûz, fûts, hampes, flèches.

G

Galées, galères.
Galotz, matelots de galères.
Garnison, provision.
Garrots, traits d'arbalète dont le fer était quadrangulaire.
Garros d'espingales, traits de forte dimension appelés plus tard dondainnes.
Gister, gîter, coucher.
Gitter, jeter, lancer.
Glaive, fers de lances.
Gorge, âme de la pièce.
Graveur, burin.
Grés de bois, vases en bois tourné.
Gresillons, sorte de verroux employés pour fermer les tonneaux d'artillerie.
Groin de chien à rompre porte ou fenestrage de fer. Marteau d'armes.
Gros, douzième partie du franc.
Guindaulx doubles et simples, machines pour tendre les grosses arbalètes.

H

Habillements. Ce mot est pris dans ce recueil dans le sens d'accessoires, de parties dépendantes.
Hacquebuches, arquebuse.
Hante, hampe.
Harnesqueurs, charretiers.
Harnois, armure complète.
Harpes de fer, crampons pour tenir assemblées deux pièces de bois.
Hauyaux, hoyaux.
Heuches, eusses des roues.
Hirconné, du latin *hirsutus*, hérissé.
Hoeaulx, hoyaux.
Huis, portes.

I

Illec, là, dans ce lieu.
Issir, sortir.

J

Juisarmes, lance à large fer.

L

Lahons. Ce mot, particulier au comté de Bourgogne, signifie madrier.

Lambroisseur, menuisier.

Lances avec estesseurilles et remeignolles. Aucun Glossaire n'a pu me fournir l'interprétation de ces deux mots, qui paraissent s'appliquer aux lances dont on armait les navires.

Langue de bœuf, fer de lance.

Laveure, lavure.

Layette, coffre en bois où on renfermait les balles des couleuvrines.

Layons, liens.

Leaulment, loyalement.

Lée, marteau de tailleur de pierre.

Levure (être en), se déranger.

Lieure, lien, liure.

Limonneure, tout ce qui sert à la traction d'un chariot, limon, essieu et roues.

Lison, partie de la ferrure d'un chariot.

Lisour, lisoir, auget de bois sur lequel glissait la fronde dans les engins.

Lochets, loiches, louches, bêches.

Logis, baraquement des troupes autour d'une place.

Au siège de Vellexon, les *loigis* des nobles et des communes furent bâtis en bois et en claies de 8 pieds de long sur 4 de large. Mais comme ils étaient placés trop loin de la place, le commandant les fit rapprocher la nuit au plus près des fossés en prenant la précaution de manteler de gros traits jointés ceux de ces logis, à la partie devers le chastel pour la cause du trait des canons dudit chastel. Pour plus de sûreté et afin d'éviter les surprises, il s'entoura d'une contrevallation d'une lieue d'étendue, dit le compte de Perrot, formée d'un fossé de quatre pieds de profondeur, de cinq de large et défendu en arrière par une forte palissade armée d'épines.

Loquant, branlant, vacillant.

Lormier, ouvrier de menu fer et particulièrement employé à la sellerie et au harnachement.

Loton, laiton.

Loyens, loyeurs, liens de fer.

Loyer, lier.

M

Mandrin de fer à charger couleuvrine, instrument analogue à la baguette de nos fusils et munition.

Manteaux, abris de charpente établis dans les sièges, soit en avant des batteries, soit pour protéger les approches des assiégeants et les garantir des coups de l'ennemi.

Ces derniers, construits en poutrelles ou madriers de 5 à 7 pouces d'épaisseur sur douze pieds de haut et de 5 à 6 pouces de large, chevillées en fer, étaient flanqués sur les côtés et montés sur deux essieux supportant quatre roues d'inégale hauteur. C'étaient d'immenses boucliers que les gens d'armes poussaient devant eux jusques aux bords du fossé, qui leur servaient de corps de garde et d'où partaient les mineurs pour descendre dans le fossé et commencer la sape.

Les manteaux de bombarde, établis d'après les mêmes procédés et dans les mêmes dimensions, étaient immobiles et différents des premiers en ce sens qu'ils étaient munis d'une plate-forme appelée chièvre et que la face du manteau qui regardait le rempart était mobile et se levait comme à charnière quand il fallait décharger la bombarde.

Au siège de Valexon, les manteaux d'artillerie avaient été si mal assujettis qu'ils chesaient (tombaient) à tout coup, autant du vent des bombardes qu'ils protégeaient que des pierres lancées du château. Aussi fallut-il les renforcer et les lier au moyen de forts cordages.

A celui de Villy en Luxembourg (1443), les manteaux des bombardes furent si maltraités par le feu de la place qu'on les recouvrit en manière de blindages de fagots retenus par des cordes.

A côté de ces machines d'une dimension si énorme, il y en avait d'autres plus petites et d'une manœuvre plus facile. On les appelait tappeculs. C'était un assemblage de madriers d'une largeur et d'une hauteur suffisantes pour garantir la bombarde et ses défenseurs. Plus tard, le manteau fut tout à fait immobilisé. Une ouverture pratiquée dans son épaisseur donne passage à la bouche du canon et deux lucarnes ménagées à la hauteur de l'œil servent à en diriger le tir. C'est le système qui se trouve figuré dans le *Nanceidos*, poème consacré à la guerre de Lorraine entre René et Charles le Téméraire par P. de Blairive, Paris, 1518, in-8°; mais déjà s'était introduit l'usage des tonneaux remplis de terre et par suite des gabionnades.

Marien, merrien, merrain.
Marteaux de plomb, à charger couleuvrines.
Martinot, espèce de baudrier à tendre les arbalètes.
Mason, moison, mesure.
Matière incendiaire, voir *feu grégeois*.
Menaige, conduite.
Menuetés, menues choses.
Metier estoit (se), s'il était nécessaire.

Miction, mixtion, mélange.
Mirolier, miroitier.
Missions, dépenses.
Moichez, mèches à brûler.
Moiteur, humidité.
Mole, moule.
Mouches, mèches, lame de scie.

N

Nave, navire.

O

Ointure, oing.
Orde, sale.
Oreillers de bombarde, masse de plomb mise entre la culasse de la bombarde et la pièce de bois fixée derrière, afin d'adoucir le recul.
Ost, armée.
Ottres, hottes.
Ouvrer, travailler.

P

Paincturé, peint.
Pamée, largeur de la paume de la main.
Pandoillars, cordes accouplées et pendantes qui servaient à abaisser la flèche des engins.
Panre, prendre.
Parforcer, efforcer.
Partement, paumelle, départ.
Pavaix, pavois. Les pavois destinés à protéger les assaillants dans l'attaque des places étaient de plusieurs sortes. Nos documents signalent les pavois *doubles*, les pavois *simples*, les pavois *voûtés* et les pavois de 6 pieds de haut et de 4 pieds de large qui défendaient la rambade dans les galères du duc de Bourgogne.

Ils étaient toujours faits en bois blanc (peuplier ou sapin) de 6 pieds de haut 2 1/2 de large, recouverts en cuir ou en parchemin *painclturé* aux armes ou à la devise du duc, collée et fixée sur le bois au moyen d'une bordure de clous rivés. Ils étaient munis de poignées en cuir pour en faciliter le maniement.

Les pavois à pied ou à potence, ceux qu'on maintenait à l'aide d'un bâton ferré aux deux bouts, servaient de remparts aux arbalétriers détachés en tirailleurs; les pavois doubles, les pavois couverts ou voûtés étaient plus spécialement employés pour les approches et la descente des fossés.

Pennaux, pennes, grandes plumes.

Pennons, étendard terminé en pointe.

Perdriseaux, petite couleuvrine.

Perfacon, façon.

Peronnes, palonniers.

Perrettes, petites pierres.

Pertuis, trou.

Pesteaulx, dérivé du latin *pistillus,* pilon.

Picois, pics.

Pieds de chièvre à aciner forteresse, morceaux de bois armés de fer dont on se servait dans les travaux, sape pour étayer les galeries de mines et autres travaux souterrains.

Pierres de bombardes, canons, veuglaires, etc. Tout convoi d'artillerie était pourvu de plusieurs maçons chargés de tailler sur place les pierres des canons. Ces pierres étaient travaillées à la pointe, à la lée et à la boucharde, d'après des cercles en fer qui représentaient les calibres des pièces qu'il fallait alimenter. Nos documents parlent de pierres de marbre et de grés. Au siège de Saint-Riquier, on acheta douze moyeux de roues pour s'en aider dans la taille des pierres.

Pillots, botte, javelle.

Plante malain, sorte de chausse-trappe.

Platenne, platine.

Plombées, plommées, balles de plomb qu'on fondait dans des moules de divers calibres.

Polyons, petites poulies.

Poudre. Nos documents renferment de nombreux renseignements sur les divers prix des matières qui entrent dans la composition de la poudre, comme aussi de la poudre confectionnée et sur sa composition au commencement du XVe siècle. On remarque à cet effet qu'en 1413, J. des Roches, artilleur du duc, ayant traité avec la chambre des comptes pour la fabrication d'une certaine quantité de poudre, il lui déclara *que pour faire icelle poudre il convenait mettre en un cent de salpêtre, 30 livres de soufre et 10 de charbon de saulce et que quand le charbon était bon et friant,* on pouvait y ajouter 4 ou 5 livres de soufre. Quant au mode de préparation, nos documents sont moins explicites. On voit facilement que ces matières étaient pilées dans un mortier, tamisées et séchées à l'air libre. Puis la poudre faite on l'encaquait par muid ou demi-muid qu'on chargeait sur des chariots couverts en toile dont nous avons parlé plus haut. Quelquefois pour la préserver d'une humidité toujours funeste, on en remplissait seulement des demi-muids qu'on renfermait bien enserpillés dans des muids. La poudre mouillée ou simplement remoistie ou vieille était pilée, séchée et tamisée avec des matières nouvelles.

Payé à Louis de Chalon, prince d'Orange, la s° de 565 fr. pour quatre milliers de salepêtre, qu'il a remis au duc moyennant 12 fr. et demi le cent et un millier de souffre à 6 fr. 1/2 le cent lesquels ont été envoyés à J. de Luxembourg pour s'en aider au siège de Guise.

Compte de J. Benoît, trésorier de Vesoul (1425-1426) B 1629 :

De Perrin, fils de Jehan de Quincey, demourant à Montjustin, pour ce que naguère que l'on faisoit une *rimes* oudit Montjustin, ledit Perrin se transporta au chasteau d'illec ou quel le chastellain n'estoit point et quant il fut céans il cria chastel gaingnie et avec ce print un pou de pouldre de bombarde et ung petit vesselot pour faire traire les quanons des diables desdites rimes, laquelle pouldre la bonne femme qui estoit de la maingnie dudit chastellain lui bailla un cuiller pour prendre de ladite pouldre. Pour ce a esté condamné à l'amende de 60 sols.

Jehannot Maillelot son complice fut aussi condamné à la même peine.

Poinçon, tonneau.
Polie, poulie.
Pols, pouces.
Poulain de bombarde, traîneau sans roue solidement ferré sur lequel on manœuvrait les bombardes.

Compte de Guy Guilbaut (1422-1423) B 1622.

Porterrests, partie d'un chariot.
Potis, cuivre ou bronze provenant d'ustensiles.
Poz, pots, signifie ici cylindre ou tambour.
Prinse, prise.
Pugnies, poignées.

Q

Quanons, canons.
Querre, quérir.
Ques, queues, tonneaux.
Queveaux, cuveaux, petites cuves.
Quignons, voir *canons*.

R

Radouber, réparer.
Ragoz, sorte de ferrure des engins.
Raliner, raligner.
Ramasser, balayer.
Raparoiller, réparer.

Rateler à doubles râteaux, envelopper d'une double enceinte de palissades la courtine des remparts.
Ravoiller, réveiller.
Raymes (balai de), balai de branchages.
Rebouter, repousser.
Recouvrement, reprise.
Remoistier, rendre moite, humide.
Resse, scie.
Ribaudequin. Dans tous nos documents, le ribaudequin n'est autre chose que le chariot sur lequel on chargeait un certain nombre de pièces de petit calibre et qui dans les armées en campagne servait d'artillerie légère. Ils avaient ordinairement quatre pieds de long. Ils étaient montés sur deux roues, pourvus d'une limonnière et protégés par un manteau ou large pavois peint à la devise du duc. La table du ribaudequin recevait de deux à six petits veuglaires, couleuvrines ou crappaudeaux rangés côte à côte, d'une longueur inférieure à 4 pieds et demi, et d'un calibre qui pour les pièces à pierre ne dépassait pas 4 pouces de diamètre. Dans les campements les ribaudequins étaient placés dans l'intervalle des chariots et liés comme eux à la chaine de ceinture dont j'ai parlé plus haut.
Roichot de corne de cerf, la portion des andouillers la plus rapprochée du crâne.
Rommeignolles de lances.
Ronde, cuve.
Rondeau, petite cuve.
Rouelles, petites roues.
Roule, rôle.
Royes, raies.
Royé, étoffe rayée.
Royer, rouyer, faiseur de roues, charron.

S

Salade, casque de fantassin.
Saulce, saule.
Saye, sas, tamis.
Sengles, seingles, simple, opposé à double.
Serpentines, voir au mot *canon*.
Seurté, sûreté.
Sextier, setier.
Sieuf, suif.
Sinée, signée.

262   GLOSSAIRE COMMENTAIRE.

Soillots, seau à puiser de l'eau.
Soingnier, fournir, est pris aussi quelquefois pour déclarer.
Soyeur d'ais ou du long, scieur de long.
Sup, suif.
Surjour, l'après-midi.
Symosour, pièce de la ferrure d'un chariot.

T

Tampons, morceau de bois tourné qu'on chassait dans la pièce entre la poudre et le boulet.
Tappeculs, voir *manteaux*.
Targes, bouclier, écu ordinairement revêtu de cuir. Il ne figure point dans nos documents au-delà du xive siècle.
Tarraire, tarelles, tarière.
Tart, tartre, *tartorum*.
Taubles, tables.
Taudis. Outre les manteaux et les pavois mentionnés plus haut, les assiégeants couvraient leurs approches d'une manière beaucoup plus efficace à l'aide de taudis, sorte de remparement formé tantôt de futailles remplies de terre, juchées sur des tréteaux, tantôt de fagots ou fascines retenus par des barres de bois ou des chevilles de fer. Les assiégés élevaient un ouvrage semblable pour fermer une brèche et dans ce cas le soin de le détruire était remis aux veuglaires du plus fort calibre.
Terreau, fossé.
Terraillons, terroillons, terrassiers.
Thillot, tilleul.
Tirefons, tirebourre.
Torels, toros, rivets, goupilles.
Touchères, pièces de l'engin.
Touches de bœuf et de veau, nerfs et cartilages.
Toucheres, tuyaux.
Tourteaulx à falots, voir falots.
Trahans, tirants, traits des chevaux.
Traire, tirer.
Traitealx, tréteaux à faire alées. Tratcaulx dans les travaux de sape.
Travailleres, appelés environs.
Traversain, outil de forgeron.
Treicqs, traits d'attelage.
Treneaulx, traîneau.

Très jointis, madriers réunis.
Trousenner, mettre en tronçon, débiter.
Troussière, menue corde.
Turquoises, triquoises, tenailles.

V

Veuglaire, voir au mot *canon*.
Viretons, petit trait d'arbalète.
Vis, escalier en colimaçon.

W

Widanges, futailles vides.

DESCRIPTION DES PIÈCES D'ARTILLERIE

DIMENSION, CALIBRE, CHARGE ET ATTELAGE DES PIÈCES D'ARTILLERIE

BOMBARDES

DÉNOMINATION	DATE	MATIÈRE	LONGUEUR	Poids en livres	Chambres	CHARGE DE POUDRE	POIDS EN LIVRES du boulet de pierre	DIAMÈTRE du boulet de pierre	ATTELAGE
Bombarde	1347	Fer	»	»	»	»	60	»	»
—	—	—	»	»	»	»	130	»	»
—	—	—	»	»	»	»	100	»	»
—	—	—	»	»	»	»	90	»	»
—	—	—	»	»	»	»	80	»	»
—	—	—	»	»	»	»	120	»	»
—	1409	Bronze	»	»	»	»	450	»	»
—	—	Fer	»	6,000	»	36 liv.	800 à 950	0m55	1 char, 36 chevaux
—	—	Bronze et Fer	»	7,700	»	»	320	0m66	1 char, 24 chevaux, 25 personnes
—	1419	»	»	»	»	25 liv.	700 à 750	»	1 char, 15 chevaux
—	—	»	»	»	»	»	240	»	1 char, 14 chevaux
—	1414	»	»	»	»	36 liv.	»	»	1 char, 30 chevaux
—	—	»	»	»	»	»	»	»	1 char, 16 chevaux
—	—	»	»	»	»	»	»	»	1 char, 15 chevaux
—	1412	»	»	»	»	18 liv.	80 à 100	»	1 char, 9 chevaux
—	1413, 1427	»	»	»	»	28 liv.	84	»	1 char, 8 chevaux
—	1412	»	»	16,000	»	18 liv.	400	»	1 char, 24 chevaux, 7 personnes
—	1430	»	»	»	»	»	»	»	»
—	1431, 1433	»	»	»	»	43 liv.	»	»	»
—	1427	»	Volée avait la longueur de quatre pierres mises bout à bout.	16,000	1	70 liv.	500	»	6 chars, 108 chevaux, 64 hommes
—	1421	»	»	»	»	»	»	»	1 char, 15 chevaux
—	1439? 1445	Fer	Chambre pesant Volée de 12 pieds	12,000	»	100 à 120 liv.	»	22 pouces	1 char, 20 chevaux

DESCRIPTION DES PIÈCES D'ARTILLERIE

DÉNOMINATION	DATE	MATIÈRE	LONGUEUR	Poids en livres	Chambres	CHARGE DE POUDRE	POIDS en livres du boulet de pierre	DIAMÈTRE du boulet de pierre	ATTELAGE
De Namur Bombarde	1440 ?	Fer	»	8,200	»	»	»	»	»
	1446	—	Chambre, 6 pieds Volée, 10 pieds	12,000	1	72 liv.	350	13 pouces	»
De Vermembourg	1443	—	»	»	»	»	»	»	»
De La Marck	—	»	»	»	»	»	»	»	»
Du Damp	1445	Fer	»	14,000	»	»	36	12 pouces	»
De Luxembourg	1445 ?	Bronze	Chambre, 7 pieds Volée, 12 pieds	22,000	1	»	34	28 pouces	»
Bombarde	1419	—	»	»	»	7 liv.	»	»	»
	—	—	»	»	»	4 liv.	»	»	»
Petite bombarde	1431	Fondue de fer	»	»	»	3 liv.	»	»	»
	1445	Fer	»	»	»	6 liv.	»	»	13 pouces en croix
Bombardelle	1454	—	13 pieds de long	30,000	»	»	»	22 pouces	24 chevaux et 40 pour son manteau
Petite bombarde	—	—	»	»	»	»	»	»	2 chars attelés de 30 chevaux, menant aussi 4 palants et de la poudre.
Bombardelle	1471	—	»	»	»	»	»	»	»

CANONS

DÉNOMINATION	DATE	MATIÈRE	LONGUEUR	Poids en livres	Chambres	CHARGE DE POUDRE	POIDS	DIAMÈTRE	ATTELAGE
Canon	1377	Fer	»	»	»	»	30	»	»
»	1412, 1416	—	»	»	»	»	20	»	»
»	1412, 1429	—	»	»	»	»	15	»	»
»	1412, 1433	—	»	»	»	»	20	»	»
»	—	—	»	»	»	»	12	»	»
»	1412, 1422	Fer, Bronze	»	»	»	»	5	»	»
»	—	Fer	»	»	»	»	6 1/2	»	»
»	1412, 1415	—	»	»	»	»	7 1/2	»	»
»	1413	—	»	»	»	»	8 1/2	»	»
»	1413, 1423	—	»	»	»	»	17	»	»
»		—	»	»	»	»	10 1/2	»	»

DESCRIPTION DES PIÈCES D'ARTILLERIE

DÉNOMINATION	DATE	MATIÈRE	LONGUEUR	Poids en livres	Chambres	CHARGE DE POUDRE	POIDS EN LIVRES du boulet de pierre	DIAMÈTRE du boulet de pierre	ATTELAGE
Canon	1413	Fer	»	»	»	»	11	»	»
»	1422	»	»	60	»	»	3	»	»
»	1414	»	»	»	»	»	16	»	»
»	1431	»	»	30 à 32	»	»	14	»	»
»	1413	»	»	»	»	»	24	»	»
»	1433	Fondue de fer	1 pied	»	»	»	3	»	»
»	1431	Fer	»	1,181	»	»	»	»	»
»	1458	»	3 pieds	1,756	1	»	»	3 pouces	»
»	1459	»	4 pieds	»	3	»	»	4 pouces	»
»	1465	Fer d'Espagne	»	1,200	2	»	20	»	»
»	1447	Fer	9 pieds	4,000	»	8 liv.	»	8 pouces	»
»	1446	»	1 quartier	»	»	»	»	»	»
»	1443	»	2 pieds 1/2 1 pied	»	»	»	»	»	12 chevaux
Canon pierrier	1577	—	»	»	»	»	»	»	8 chevaux
Courtauls	1474	—	»	»	»	»	»	8 pouces	»
»	1430?	—	2 pieds	»	»	»	»	»	»

VEUGLAIRES

DÉNOMINATION	DATE	MATIÈRE	LONGUEUR	Poids en livres	Chambres	CHARGE DE POUDRE	POIDS EN LIVRES du boulet de pierre	DIAMÈTRE du boulet de pierre	ATTELAGE
Veuglaire	1422, 1445, 1431	Fondue de fer, fer	»	»	»	»	5 à 6	»	»
»	»	Fer	»	»	1	»	3	»	»
»	1430, 1431	—	4 pieds	»	4	»	25	»	»
»	1444	—	»	»	2	»	2 liv. de plomb	»	»
»	—	—	»	»	»	»	8 liv. de pierre	»	»
»	1445	—	4 à 5 pieds	»	4	»	2 liv. de plomb	»	»
»	1429	—	»	»	2	»	»	»	»
»	1431	—	»	»	»	»	10	»	»
»	1432	—	»	»	»	»	4 à 5	»	»

DESCRIPTION DES PIÈCES D'ARTILLERIE

DÉNOMINATION	DATE	MATIÈRE	LONGUEUR	Poids en livres	Chambres	CHARGE DE POUDRE	POIDS en livres du boulet de pierre	DIAMÈTRE du boulet de pierre	ATTELAGE
Venglaire	1445	Fer	6 pieds 1/2	»	2	3 liv.	12	»	»
»	—		5 pieds 1/2	»	—	2 liv.	8	»	»
»	—		5 pieds	»	—	1 liv. 1/2	6	»	»
»	—		4 pieds 1/2	»	—	5 quarterons	4	»	»
»	1431		Chasse d'un pied 1/2	»	»	1 liv.	2	»	»
»	1465		8 pieds	»	1	»	8	»	»
»	1467		5 pieds	»	—	»	»	8 pouc. de haut	»
»	1440 ?		4 pieds 1/2	»	—	»	»	4 pouc. de haut	»
»	—		»	»	»	»	»	6 pouc. de haut	»
V. à mettre sur ribaudequins	1443 ?		»	»	»	»	»	5 pouc. en croix	»
V. à enchâsser	—		4 pieds de long	»	2	»	»	2 à 3 p. en croix	»
V. à rompre taudis	—			»	—	»	»	4 pouc. en croix	»
»	—		7 pieds de long	»	—	»	»	7 pouces	»
»	—		6 pieds de long	»	—	»	»	6 pouces	»
»	—		5 pieds de long	»	—	»	»	5 pouces	»
»	—		8 pieds de long	»	—	»	»	8 pouces	»
»	—		»	»	—	»	»	9 à 10 pouces	»
»	1446		»	»	—	3 liv.	12	»	»
»	—		»	»	—	2 liv.	7	»	»
»	—		»	»	—	1 liv. 1/2	6	»	»
»	—		»	»	—	5 quarts	4	»	»
»	—		»	»	—	1 liv.	2	»	»
»	1440 ?		6 pieds	7,895	—	»	»	4 pouces	»
»	—		4 pieds	4,600	—	»	»	3 pouces 1/2	»
»	—		9 pieds	3,926	—	»	»	11 pouces	»
»	—		»	3,349	—	»	»	9 pouces	»
»	—		»	»	—	»	»	9 pouces 1/2	»
»	—		»	»	—	»	»	8 pouces 1/2	»
V. tournant sur pivots	1444	Cuivre	1 pied, 2 pieds et 3 pieds	»	2	»	»	»	»

DESCRIPTION DES PIÈCES D'ARTILLERIE 269

DÉNOMINATION	DATE	MATIÈRE	LONGUEUR	Poids en livres	Chambres	CHARGE DE POUDRE	POIDS en livres du boulet de pierre	DIAMÈTRE du boulet de pierre	ATTELAGE
Veuglaire	1444	Fer et cuivre	1 pied 1/2	»	2	»	»	»	»
»	1443	Fer	»	»	sans chambre	»	»	»	»
»	1445	—	»	»	2	»	»	7 pouces	»
»	—	—	»	»		»	»	»	»
»	1436	—	»	»		»	»	»	»
»	—	—	4 pieds	»	3	»	»	3 pouces	»
»	1445	—	4 pieds 1/2	219-281	5	4 liv.	»	6 pouces	»
»	—	—	—	1,042	2	4 liv.	»	7 pouces	»
»	—	—	4 pieds 1/3	1,284			»	6 pouces	»
»	—	—	4 pieds 1/2	980			»	3 pouces 1/2	»
»	—	—	4 pieds	780		3 liv.	»	4 pouces 1/3	»
»	—	—	4 pieds 1/3	418			»	5 pouces 1/2	»
»	—	—	4 pieds 2 doigts	850			»	4 pouces	»
»	—	—	—	538-492-550			»		»
»	—	—	4 pieds 1/2	1,106		4 liv.	»	5 pouces 1/2	»
»	—	—	—	728-775		3 liv.	»	6 pouces 3/4	»
»	—	—	4 pieds 2/3	1,132		3 liv.	»	6 pouces	»
»	—	—	4 pieds 1/2	1,025		4 liv.	»	6 pouces 1/3	»
»	—	—	—	1,100			»	7 pouces 1/4	»
»	—	—	5 pieds	1,484	»	»	»	10 pouces	»
Cinq veuglaires	1436	—	»	3,500– Ensemb. 4,500	»	»	»	5 pouces	»
»	—	—	»	4,000	2	25 liv.	»	7 pouces	»
»	—	—	»	2,250	1	8 liv.	»	»	»

COULEUVRINES

DÉNOMINATION	DATE	MATIÈRE	LONGUEUR	Poids en livres	Chambres	CHARGE DE POUDRE	POIDS EN LIVRES du boulet de pierre	DIAMÈTRE du boulet de pierre	ATTELAGE
Couleuvrines à jeter plombées	1430	»	»	»	2	»	»	»	»
»	»	»	»	»	1	»	»	»	»
Couleuvrines à crochet	1444	Bronze	4 pieds	12	»	»	»	»	»
Couleuvrines élamées	1472	Fer	—	»	3	»	»	»	»
Couleuvrines blanches	1465	—	2 pieds	»	»	»	»	»	»
»	—	—	»	»	»	»	»	»	»
Couleuvrines rouges	1444	—	2 pieds 1/2	»	»	»	»	»	»
»	—	—	»	»	4	»	»	»	»
»	1437	Cuivre	2 pieds	»	2	»	»	»	»
Bâton en deux couleuvrines	1436	Cuivre Fer	Demi-pied	»	—	»	»	»	»
»	—	Cuivre	»	»	sans chambre 2	»	»	»	»
Grosse couleuvrine, appelée *la Gouvernante*	1477	Bronze	»	Plus de 2,500	»	»	Boulet de fer pesant 16 l.	»	»

DESCRIPTION DES PIÈCES D'ARTILLERIE

DÉNOMINATION	DATES	MATIÈRE	LONGUEUR	Poids en livres	Chambres	CHARGE DE POUDRE	POIDS en livres du boulet de pierre	DIAMÈTRE du boulet de pierre	ATTELAGE
RIBAUDEQUINS									
Ribaudequin	1419	Bronze	»	»	»	»	»	»	»
»	1474	»	»	»	2 et 3 fl.	1 liv.	»	»	»
»	1465	»	»	»	à 2 ch.	»	»	»	»
SERPENTINES									
Serpentine	1474	Fer	5 pieds	6 pesant de 488ü352	2	»	Balle de plomb pesant près de 3/4 de 1.	»	Aux moyennes, 3 ch. Aux petites, 2 chev. 3 chevaux
»	1470	—	»		2	»		»	
»	1477	—	»		»	»		»	
PETEREAUL									
Petereaul	1480	Fer	1 pied 1/2	»	»	»	Boulet de pierre	»	»
»	—	—	2 pieds 1/2	»	»	»		»	»
CRAPAUDEAUX									
C. à mettre sur ribaudequins	1440 ?	Fer	4 pieds 1/2	»	3	»	»	2 pouces en croisière	»
Crapaudeaux	—	—	—	»	—	»	»	1 pouce 1/2	»
»	—	—	—	»	—	»	»	4 pouces	»
»	1445 ?	—	—	»	2	»	»	2 pouces	»
»	—	—	—	»	—	»	»	»	»
»	—	—	—	»	—	»	»	»	»
C. sur pivots (rapaudeaux)	1444	Cuivre	5 pieds	»	—	»	»	2, 2 1/2, 3, 4, 5,	»
»	»	Fer	»	»	—	»	»	6 pouces	»
»	1440	—	»	»	3	»	»	2 pouces	»

TABLE

DES NOMS DE PERSONNES

A

Amide, canonier de Dôle, 61.
Allemands, 122, 130, 186.
Amboise, sire de Chaumont, gouverneur de Bourgogne (Charles d'), 188, 195, 196, 248.
Amidey de Dôle, maréchal, 37.
Amiot (Arnaut), receveur général des finances du duc de Bourgogne, 12, 14.
Anée, graveur, 200.
Andriet, sr de Coursan, 225.
Andrieu, fondeur de serpentines, 82, 83.
André de Cusane, 10.
Ancise (J. d'), auditeur des Comptes, 72.
Angers (J. d'), serrurier, 191.
Angelin, mercier, 83, 183, 192.
Angély, maréchal, 85.

Anglais, 11, 14, 15, 16, 140, 150.
Antoine, fondeur de canons, 211.
Apparoillée, bourgeois, 27.
Appert, charpentier, 79.
Aragonais, maître de l'artillerie du duc (François de Surienne, dit l'), 217, 219.
Arbaumont (Jules d'), 3.
Arlay (M. d'), 26, 31.
Armagnacs, 30, 43, 47, 86.
Arnoul, peintre, 116.
Aust (P.), couleuvrinier, 225.
Autriche (duchesse d'), 27.
Auxonne, receveur général du duché (Jean d'), 14.
Auxy (M. d'), 139.

B

Bailleux, receveur général de Bourgogne (Robert de), 30, 57, 212, 222.
Baillieu, châtelain d'Oilchain, 131.
Bailloel (Gauvain de), maître de l'artillerie du duc, 186, 218.
Baquin (Beul), capitaine Armagnac, 43.
Bar (René, duc de), 51.
Bar-sur-Aube, marchand (Jean de), 62.
Barbasan (sire de), 89.
Barbe, marchand à Chalon, 65, 66.
Bardin, roulier, 83.
Barlette (bâtard de), 143.
Barrabin, lieutenant d'artillerie du roi, 201, 202, 203, 206, 208.

Bataille, receveur général de Bourgogne, 15.
Baudevitz (J. de), maître de l'artillerie du roi, 124.
Baudoncourt (A. de), 21.
Baudor, 9.
Baudot de Noyelle, 143.
Bauffremont (M. de), 47.
Baulme (bâtard de la), 94.
Baussegenes, capitaine de navire (M. de), 155.
Bavière (Jean de), 133.
Bavière, archevêque de Cologne (Robert de), 130, 178.

274 TABLE DES NOMS DE PERSONNES

Beaujeu (sire de), 15.
Beaumont (J. de), 124, 133.
Beauvoir, capitaine (M. de), 143.
Beere, secrétaire du duc, 179.
Belin, canonnier, 94.
Bellechose, peintre (Henri), 96.
Belicedent (Jacot), élève du maitre de l'artillerie, 71, 73.
Benoit, canonnier, 192, 228.
Berlettes, conseiller du duc (M. de), 183.
Bernard, garde de l'artillerie à Dijon, 198, 220.
Berry (Louis, duc de), 14.
Berthelot Lambin, 71, 72, 75, 108, 109, 116, 119, 120, 121, 133, 145, 218.
Bertrand, serrurier, 88.
Blamont (sire de), 17, 20.
Blancard (M. de), capitaine, 162.
Blonde (Guillaume), arbalétrier, 13.
Bohême (roi de), 123.
Boisot (J.), notaire à Dijon, 60, 72.

Bonne (Jacques), garde de l'artillerie, 81, 82, 84, 187, 220.
Bordelli (Juct), 9.
Boullogne, garde des joyaux du duc, 127, 173.
Bourbon (J. de), écuyer, 16, 17, 47, 28.
Bourbon (duc de), 52.
Bourmont (P. de), canonnier, 54, 323.
Bourgogne (J.), charron, 99, 104.
Bovière (Eug. de), canonnier, 96, 223.
Brabant (Jean, duc de), 123.
Bremont (J.), cordier, 154.
Bresse (comte de), 189, 192.
Briffaut (Perrevrot), canonnier, 15.
Broc (Guillaume), 10.
Bric (M. Al. de), 155.
Brimeu (Florimont de), 143.
Broscaille, potier d'étain, 96.
Buissoy, canonnier du duc, 94.
Burin, couleuvrinier, 225.
Butinière (J. de), artilleur du duc, 118.

C

Cambier, fondeur et marchand de canons, 108, 109, 110, 111, 112, 120, 127, 151, 152, 159, 163, 171, 174.
Can (J.), archer du corps du duc, 91, 151, 153.
Cavel, couleuvrinier, 225.
Cerilly (N. de), clerc des Comptes, 99, 100, 101, 102, 105.
Chailly (D. de), capitaine français, 94.
Chalon-Arbay, 20.
Chalon-Auxerre (Louis de), 7.
Chalon, prince d'Orange (Louis de), 30, 52, 54, 97, 223, 260.
Chambard, canonnier du duc, 54, 97, 98, 223, 224.
Champagne, maréchal, 190, 191, 198, 199, 200.
Champenois, charretier de la duchesse, 101.
Champlitte (J. de), marchand, 98.
Chancey, bailli de Dijon (R. de), 58.
Chandelier, mirolier à Dijon, 190.
Chapelain (J.), capitaine de Talant, 45, 46.
Chapellain (J.), maréchal, 100, 103.
Charles V, roi de France, 11.
Charles VI,   id.   88.
Charles VII,   id.   88, 89, 93.
Charles le Téméraire, duc de Bourgogne, 34, 80, 83, 98, 177, 178, 188, 220, 221, 225, 241.
Charnot, receveur du bailliage d'Autun, 79, 218.
Charny (P. de Bauffremont, comte de), 87.
Chartreux de Dijon (couvent des), 14.
Chastellux (sire de), 47, 95.

Chateauvilain (sire de), 46, 240.
Chauchet (J.), artilleur du duc, 209.
Chaudot (G.), 10.
Chauveau, secrétaire du roi, 200.
Chenilly (G.), receveur du bailliage de Dijon, 15.
Chicaudet, lambroisseur, 200.
Chousat (Jean), maître des Comptes, 21, 29, 37, 57.
Churuc, couleuvrinier, 225.
Citeaux, abbaye, 43.
Clavaux dit Binchon, artilleur du duc, 114, 115.
Clermont (comte de), 52, 95.
Clagny, bourgeois de Dijon (Jean de), 145.
Clèves (duc de), 130.
Colard de Dinant, fondeur, 14, maitre des canons, 212.
Colin de Montiérender, marchand, 65.
Cologne (archevêque de), 130, 178.
Collotte, tailleur de pierre, 81.
Commercy (Damoiseau de), 123, 124, 134.
Commines (Ph. de), 195.
Comminges, maréchal de France, 83.
Corneille, bâtard de Bourgogne, 127.
Cornille, receveur général des finances du duc, 110, 118.
Cornouailles (Martin de), fondeur de canons, 25, 55, 58, 59, 60, 64, 68, 69, 70, 75.
Cotheret (P.), de Dijon, fondeur, 198.
Cottrenet, maréchal, 200.
Coulon, bombardier, 192.
Courcelles, capitaine de Talant (Philippe), 45, 46.
Couroy maréchal (J.), 105.
Courret (J.), receveur d'Arc-en-Barrois, 79.

TABLE DES NOMS DE PERSONNES 275

Courretier, marchand, 62.
Coursan (Andriet, sire de), chevalier, conseiller, chambellan du duc.
Courtellier, charpentier, 66.
Courtiambles (Jacques de), chevalier, conseiller, chambellan du duc, 19 et suiv. 37, 59.
Courtois (J.), marchand, 142.
Courtot (G.), maître des Comptes à Dijon, 214.
Coussy (Girardin de), à Châlon, 52.
Craon (Georges de), lieutenant de Louis XI en Bourgogne, 188, 189, 192.
Crèvecœur (N. de), capitaine d'Aire, 120.
Croy (M. de), 231, 131, 136, 137, 140, 142, 254.
Cuisse (L.), serrurier, 50.

D

Dammartin (comte de), 83.
Dandel (P.), clerc, 72.
Dauphin (Charles), (voir Charles VII).
Dauphin (voir Louis XI).
Daviot de Poix, chambellan du duc, 112.
Delafosse (Simon), canonnier, 16.
Denizot, canonnier du duc, 94.
Deschamps (Colart), marchand de canons, 125.
Desmaisières, marchand, 87.
Desprès (Mahieu), contrôleur d'artillerie, 157, 158, 163, 164, 165, 218.
Devaux (B.), bombardier, 226.
Dimanche de Vitel, receveur général de Bourgogne, 6, 209.
Dinteville (de), sieur d'Echannay, bailli de Bar-sur-Seine, conseiller, chambellan du duc Charles, 187, 225.
Dondot (M.), fondeur de canons, 196, 197, 199.
Donet (P.), bourgeois de Dijon, 77.
Douay (O.), receveur de bailliage, 6, 13, 14, 249.
Doucet (J.), 142.
Douhet, marchand à Dijon, 185.
Dromble (R.), forgeron, 154.
Druet, receveur général de Bourgogne, 82, 83.
Duban, potier d'étain, 45.
Dubuis, marchand, 126.
Du Célier, receveur général de Bourgogne, 15.
Du Célier, marchand, 96.
Dumet, canonnier, 7, 54, 223.
Dumet, sieur de Sainte-Croix, bailli de Lille, 87.
Dupont, 7.
Du Vez (Georges), 162.
Dyeure (J.), chatelain de Montréal, 85.

E

Echenon, marchand (Bernard), 127.
Ecorcheurs, 42, 78, 106, 122, 124.
Ecosse (Reine d'), 130.
Edouard III, roi d'Angleterre, 11.
Elisabeth de Luxembourg, 123.
Emelane, charron, 116.
Enguerran de Bovières, canonnier du duc, 94.
Essoyes, maître des œuvres de charpenterie à Dijon (Ph. d'), 191.
Estibourt (Maciot), grenetier du grenier à sel de Dijon, 60.
Etampes (comte d'), 123, 129, 136.
Eudes IV, duc de Bourgogne, 5, 6.
Evrard de Vandœuvre, canonnier, 51.

F

Faletans (Hugues de), receveur général de Bourgogne, 77.
Fardeal (J.), charpentier, 50.
Fave (Parent), bailli de l'eau de l'Ecluse, 155.
Fay, chef de nef, 161.
Ferraille (Thevenin), charretier, 81.
Ferran, couleuvrinier, 225.
Ferroul (Et.), lieutenant du maître de
l'artillerie, 178, 179, 180, 181, 182, 183, 186, 220.
Flamands (les), 15, 140, 150, 156.
Flandres, messager (J. de), 87.
Fol, voiturier, 184.
Fortepice, aventurier français, 99, 240.
Fournier (G.), receveur du Châtillonnais, 32.
Fraichard (J.), canonnier, 54, 94, 223.

276   TABLE DES NOMS DE PERSONNES

Fraignot (J.), receveur général de Bourgogne, 32, 46, 47, 48, 59, 67, 88, 89, 93, 95, 214, 222, 224, 240.
Français, 97, 98.

Frichier, bombardier à Metz, 118, 119.
Frogier, charpentier, 11.
Fromont, clerc, 104.
Fulminet, le frénier, 10.

G

Gabirand (Th.), marchand, 82.
Gagnepain, charron, 191, 199.
Gantois (les), 139, 248.
Gardouyn (M.), canonnier, 227.
Gascogne (J. de), serrurier, 185, 191, 194.
Gaulhier (D.), charpentier à Dijon, 68.
Gaulhier (F.), marchand, 87.
Germain de Givry, maître de l'artillerie du duc, 46, 56, 57, 19, 62, 63, 64, 67, 68, 69, 71, 72, 76, 88, 90, 94, 96, 97, 214, 215.
Gilet le plombier, ouvrier de canons, 25.
Godin, couleuvrinier, 225.
Gouldenat de Guyerquin, canonnier, 223.
Gray, clerc des Comptes (Jean de), 99, 100, 101, 102, 103, 104, 105.

Grenant (A.), artilleur à Genève, 184.
Gros (J.), secrétaire du duc Charles, 183.
Gueldres, reine d'Ecosse (Marie de), 130.
Gueniot (J.), clerc des Comptes, 58, 61.
Guérard, canonnier du duc, 99, 103, 104, 151, 152, 153, 224.
Guguenot, potier d'étain, 61.
Guilbaut (G.), receveur général des finances du duc de Bourgogne, 86, 88, 89, 90, 223, 260.
Guillaume de Troyes, contrôleur, 151, 165, 218.
Guillaume, le charron, 11.
Guillemin de Nantoche, forgeron, 62, 90, 103, 240.
Guyerquin Roumant, canonnier, 223.

H

Haye (J. de la), serrurier, 83.
Hallebourdin (M. de), 109.
Harcourt (Jacques d'), chambellan du duc, 88.
Hardouin, canonnier, 371.
Harpin de Ricauvez, capitaine, 143, 145.
Helque, plombier à Dijon, 191.
Hennebolle, forgeron, 87.
Hennequin, canonnier, 22.

Hennequin (Armanjon), artilleur du duc, 115.
Henri V, roi d'Angleterre, 89, 90.
Horn (J. de), 160, 161.
Huguenin de Besançon, ouvrier de canons, 25.
Huguenin le Potier, fondeur de canons, 224.
Husdon (H. de), canonnier, 223.
Hustenove, capitaine de nef, 155.

I

Imbert Guillerme de Sarrebourg, 50.
Isabelle de Portugal, duchesse de Bourgogne, 98, 118.

Isabelle de Bavière, reine de France, 88.

J

Jacques II, roi d'Ecosse, 130.
Jaquemart Ladan, marchand, 91.
Jaquemart, canonnier, 87.
Jacquemin, cordier, 125-173.
Jacot, à Auxonne, 238.
Janglerre, maçon, 66.
Jaquelet le Chapuis, 9.
Jaquet de Paris, canonnier, 9, 10, 12, 13.
Jacquet, tambourin, 21.

Jansson (J.), cordier, 154.
Jarrot (M.), maçon, 66.
Jean, roi de France, 6, 8.
Jean, duc de Berry, 14.
Jean sans Peur, duc de Bourgogne, 16 et suiv., 34, 38, 46, 47, 212, 215, 221, 240, 253.
Jean d'Auxonne, receveur du bailliage de Dijon, 210.

TABLE DES NOMS DE PERSONNES 277

Jean de Bruges, canonnier, 222, 223.
Jean le canonnier, 22.
Jean de Lyon, maître de l'artillerie du roi, 210.
Jean d'Avenches, couleuvrinier, 225.
Jean de Bâle, arbalétrier, 60.
Jean de Savoie, 83, 84.
Jeanne de Boulogne, reine de France, 6.
Jehannaut (J.), maître de la Chambre des Comptes de Dijon, 232.
Jehannet, serrurier à Chalon, 53.

Jehannet, gendre de Quenot, fondeur, 77.
Joard (Jean), président de Bourgogne, 179.
Joffroy, marchand, 183.
Joly, capitaine de pionniers, 207.
Joly (H.), cirier, 63.
Jouet, charretier, 31, 32.
Juliot, gouverneur de la Maladière de Dijon, 59.
Justot (A.), receveur du bailliage de Chalon, 14.

L

La Barbe, charretier, 77.
La Barre, auteur des *Mémoires sur la Bouroggne*, 217, 218, 251.
La Baume (bâtard de), capitaine français, 94.
Labbé, forgeron, 91.
La Borde (Marquis de la), 3.
La Fougère, maréchal.
La Grange (Jean de), 77.
La Hire, capitaine français, 88, 136.
Lajolie (M.), 10.
La Laing (sire de), 122, 123.
Laloge (G.), canonnier, 222.
La Loye, écuyer (G. de), 22.
Lamasure (J.), poudrier, 156.
Lambert, charretier, 154.
Lambert (S.), receveur des Chalonnais, 8, 13.
La Marche (Olivier de), historien bourguignon, 213.
La Marck (Everard de), 112, 136, 137, 220.
La Marck, damoiseau de Commercy (Jacques de), 112, 124, 271.
La Monnoye, ouvrier de canons, 23.
La Mote, maréchal, 104.
Lannoy, capitaine de l'Ecluse (G. de), 156, 161.
La Plume, capitaine, 136.
Larcher, charpentier, 11.
Laurent, charron à Dijon, 62, 73.
La Verre (le sieur de), 133.
La Vesve, canonnier du roi, 202.
Laville de Maisieres (J. de), 125.
La Viscoingue (G. de), canonnier du duc, 88, 223.
Le Bacre, marchand, 126.
Le Bailli, voiturier, 86.
Lebault, charretier, 33.
Le Bierger, marchand, 59.
Le Bon de Saveuse, 109.
Lebrun, canonnier, 22, 32.

Le Carbonnier (P.), receveur général de Bourgogne, 81.
Le Cat, marchand, 126.
Le Coureur, chevaucheur du duc, 100.
Le Couturier, chevaucheur du duc, 100.
Lefèvre, marchand, 142.
Le Galois de Renty, capitaine, 143.
Leger (Jean), canonnier du duc, 48, 89, 94, 96, 222, 223.
Lelong (G.), canonnier de Dunkerque, 263.
Lemuel (M.), 109.
Le Polier (Huguenin), fondeur de canons, 26, 69, 70, 234.
Legueux, serrurier, 199.
Le Roy (N.), 10, 33.
Letourneur, ouvrier de canon, 98.
Lescaghe, receveur de l'épargne du duc, 218.
Lesvoley, procureur du duc, 45.
Le Vattier, notaire à Dijon, 77.
Le Vaast, capitaine de nef, 155.
Levrat de la Forêt, 9, 10.
Liège (évêque de), 137.
Liégeois (les), 136.
Lille (P. de), voiturier, 87.
Lisle-Adam (maréchal de), 121.
Longchamp, bailli de Langres (Robert de), 48.
Lorbe (J.), marchand.
Lordclet (M.), cordier.
Lorraine (J. de), gouverneur des engins, 251.
Louis (dauphin), puis Louis XI, 50, 83, 122, 126, 127, 188, 189, 195, 196.
Louis, artilleur du duc, 210.
Lugant, canonnier, 226.
Luguot, charretier, 33.
Luselle (P. de), couleuvrinier, 225.
Luxembourg (Jean de), 86, 87, 88, 91, 228, 263.
Luxembourg (Elisabeth, duchesse de), 123.

M

Macé des Prés, chef de bande d'artillerie du roi, 204, 206.
Mahenard, maître de la Forge de Diénay, 198.
Maillelot (J.), 260.
Mailly (Régnier de), 36.
Maison, maître de la Forge de Beze, 199.
Malbesogne (M.), charretier, 154.
Manus, canonnier du duc, 16, 20 et suiv. 36, 37, 43, 47, 48, 60, 212, 232.
Maréchal (Jean), canonnier du duc, 54, 56, 64, 65, 66, 70, 71, 73, 78, 94, 96, 97, 98, 118, 148, 223, 224.
Margotet, clerc des Comptes, 45, 220.
Marguerite de Bavière, duchesse de Bourgogne, 36, 42, 46.
Marguerite de Flandre, duchesse de Bourgogne, 8.
Marguerite de France, comtesse de Flandre, 7.
Marie de Bourgogne, 188, 195.
Marie de Gueldres, reine d'Ecosse, 130.
Marion (B.), maréchal, 186, 189, 190, 191.
Maron (G.), artilleur, 114, 115.
Marquel, messager, 203.
Marriot (J.), marchand, 65, 96.
Martin, charpentier, 11.
Maximilien, archiduc d'Autriche, 195.
Mayorque (Jacques et Roland), fondeurs de canons, 8, 12, 13, 14, 212, 240.
Ménage (*Dictionnaire*), 222, 237.
Michaut, charpentier, 11.
Michaut, commissaire général de l'artillerie du roi, 201, 202.
Mideau, maître des œuvres de maçonnerie du duc, 48, 89.

Migney, maréchal, 197.
Mignot, charron, 53, 62.
Minière, bourrelier, 104.
Moiac (J.), couleuvrinier, 225.
Moü (A.), couleuvrinier, 225.
Molant (Philibert de), écuyer du duc, 151, 153, 158.
Monéy, capitaine (E. de), 143.
Moncstey (Cl. de), receveur de l'artillerie, 181, 219.
Monnot, auditeur des Comptes, 75, 145, 146.
Montaigu (sire de), 20 et suiv., 43, 82, 83, 84, 220.
Montfort (R. de), couleuvrinier, 225.
Montlevrain (Ph. de), maître des œuvres de maçonnerie en Bourgogne, 204.
Montpensier (Gilbert, comte de), 83.
Montfort (M. de) 16.
Montaigle, capitaine, 137.
Monceau (G. de), forgeron, 156.
Morangy, canonnier, 81.
Moreau, maréchal, 104.
Moreau, orfèvre graveur, 64.
Moreau, forgeron de canons, 67.
Morel (J.), receveur général de Bourgogne, 32.
Moriel, charpentier, 91.
Morelot (G.), charretier, 38.
Moreuil (Valeran de), 143.
Morieu (B.), forgeron à Dijon, 68, 90.
Mote, forgeron, 7, 154.
Moucy (M. de), 247.
Mouttay, chevaucheur du duc (J. de), 100.
Moulevrain, maçon, 183.

N

Nandonnet, neveu de Xaintrailles, 136, 137.
Navarre (roi de), 13.
Neuchâtel, maréchal de Bourgogne (Thibaut de), 80, 81.
Neuchâtel (sire de), 178, 181, 182, 185, 186.
Neuville (M. de), 134.
Noblemont (Thiébau), charretier, 38.

Noident (J. de), receveur général des finances du duc, 26, 32.
Noijeux, châtelain de Bracon, 51.
Noirart, secrétaire de l'évêque de Liège, 138.
Normandeaul, habitant de Dijon, 72.
Norwich (évêque de), 14.

O

Odot d'Arc, receveur du bailliage de Châlon, 25.
Offemont (M. d'), 90.
Olive (P. L'.), fondeur, 108, 109.
Orange (voir Louis de Châlon).

Orléans, cordier (J. d'), 53, 66.
Orléans (P. d'), garde de bombardes, 202.
Ormoy, écuyer (Jean d'), 37.
Oudinet, canonnier, 98.
Oudriet, ouvrier de canon, 234.

TABLE DES NOMS DE PERSONNES 279

P

Parpin de Ricaumez, marchand, 141.
Pagny (M. de), 22.
Paillard (Mille de), capitaine, 104.
Pantaléon (de Basle), canonnier, 225.
Parisot (de Ciry), marchand, 82, 196.
Parent (Fave), bailli de l'Eau, 266.
Pasquet, payeur du charroi de l'artillerie royale, 206.
Patéléau, cordonnier, 332.
Patéleau, canonnier, 200.
Passevolant, 28.
Pastaud, ouvreur de canons, 89.
Pastoureau, marchand à Paris, 36, 56, 57, 65.
Pélisson, corsaire français, 110.
Perard, canonnier, 227.
Pergon, maître de la Guille, 143.
Perrenot, charpentier, 29.
Perrenin, marchand, 31.
Perrin, tourneur, 125.
Perrin de Blancfossés, marchand, 6.
Perrin de Clervaux, charpentier, 58.
Perrin de Quincey, 260.
Perrot, payeur du siège de Vellexon, 16 et suiv., 249, 251.
Perrotin, mercier, 125.
Perruchot, bourgeois de Dyer.
Petit (Ernest), auteur de l'*Histoire des Ducs de la première race*, 3.
Petit, serrurier, 5.
Philibert le serrurier, 11.
Philippe de Rouvres, duc de Bourgogne, 7, 8.
Philippe le Hardi, 8, 12, 13, 15, 16.
Philippe le Bon, 34, 86, 88, 89, 90, 92, 93, 95, 98, 99, 105, 123, 130, 137, 139, 150, 214, 215, 219, 225, 243, 244, 245.
Picard, charpentier, 99.
Pierre, fondeur de canons, 152.
Piètre (B. de), épicier à Paris, 26.
Plancher (Dom), historien du duché de Bourgogne, 3.
Poinceart, maréchal, 208.
Portugal (roi de), 127.
Pourterat (Jean), 9.
Pressy (Jean de), receveur général de Bourgogne, 16.
Prost (Bernard), 3.

Q

Quenot (J.), forgeur de canons, 50, 56, 71, 72, 74, 76, 77, 78, 116, 117, 118, 146, 166, 171, 220, 253.
Quingey (J. de), artilleur du duc, 210.

R

Racine, chaudronnier, 98.
Rainnequin, receveur d'Ardre, 160.
Regnaut, frère de La Hire, 136, 137.
Regnardet, serrurier, 103.
Regnaut, fabricant de fusées, 87.
Regnaut (Mahieu), receveur général de Bourgogne, 51, 52, 54, 56, 62, 63, 64, 65, 69, 70, 72, 74, 95, 97, 105, 215, 224, 225, 253.
Regnaut de Vaulx, capitaine du charroi de l'artillerie royale, 334.
Regnaut de Langres, bombardier, 222.
Remondet-Gaucher, 10.
Riboteau (J. de), receveur général de Bourgogne, 196, 220.
Richemont (comte de), 95.
Ridde, canonnier du duc, 94.
Riffort-Guion, charretier, 38.
Rinet (R.), canonnier, 87, 91, 223.
Robert de Bavière, archevêque de Cologne, 302.
Robert, maréchal, 201.
Rochebaron (M. de), 162.
Rochefort (Jean de), maître de l'artillerie du duc, 55, 65, 72, 75, 95, 146, 148, 149, 151, 152, 158, 163, 215, 216, 254.
Rochefort (Jacques de), 75, 146.
Rochefort (Guillaume de), chancelier de France, 352.
Roches (Jacot de), artilleur du duc, 42, 45, 48, 58, 59, 60, 61, 63, 67, 74, 254, 259.
Roisseaul, gagne denier, 11.
Roland, serrurier, 10.
Rolier, voiturier, 33.
Rolin (G.), chevalier, 162.
Roosm, chevaucheur du duc, 100.
Roquefort (Glossaire de), 227.
Rosé (M. de), 234.
Rosières (Etienne de), maître de l'artillerie du duc, 218.
Rosières (Jacques de), maître de l'artillerie du duc, 218.

TABLE DES NOMS DE PERSONNES

Rosimbes (M. de), 131, 134.
Rosset, charpentier, 11.
Roumant, artilleur, 223.
Routiers, grandes compagnies, 7.

Roy, artilleur du duc, 345.
Roye (Guy de), capitaine, 134.
Roz (V.), couleuvrinier, 225.
Russeaul (J.), clerc des Comptes, 45.

S

Saigney, écuyer (Estevenin de), 21.
Saint-Aubin (M. de), 20, 22, 28.
Saint-Bénigne de Dijon (abbaye), 43.
Saint-Donat de Bruges (prévôt de), 183.
Saint-Georges (M. de Vienne, sieur de), 16.
Saint-Martin, 11.
Saint-Pol (connétable de), 83.
Salins (Huguenin, bâtard de), 15.
Sallazar, capitaine français, 188.
Saverot, conseiller à la cour de Dijon, 187.

Saveuse (sire de), 124, 133, 134, 142, 155.
Savoie (duc de), 95.
Saxe (duc de), 123.
Sermijon (G. de), canonnier écossais, 200.
Servant, marchand, 206, 207.
Simon Lambert, receveur du bailliage de Châlon, 8.
Suisses, 50, 78, 178, 186, 195.
Surie (J.), couleuvrinier, 225.

T

Taille, ouvrier de canons, 224.
Tairel, canonnier, 225.
Talbot, général Anglais, 140.
Tapissier (J.), ouvrier de canons, 23.
Tarnay (G. de), garde de l'artillerie, 77, 78, 220.
Templon (D. de), marchand de canons, 116.
Termes (Thibaut de), capitaine français, 94.
Ternant, chambellan du duc (M. de), 111, 116.
Terreaux (J. de), à Langres, 41
Terrier, maître des œuvres de charpenterie en Bourgogne, 204.
Thibaut, clerc, 12.
Thibaut (Georges), canonnier, 224.
Thiercelin (J.), bombardier, 192.

Thil (M. de), 48, 49.
Thoillon (J.), receveur du Charollais, 41.
Thoisy (Geoffroy de), amiral du duc, 115, 133.
Thoisy (H. de), sieur de Mimeure, 184.
Tiercelet, canonnier, 225.
Tieu (J.), couleuvrinier, 225.
Tirant (Jacquinet), apothicaire, 62, 63.
Tiron, marchand à Arnay, 103.
Torchon (J.), charretier, 220.
Toulongeon (M. de), 47.
Toulongeon, maréchal de Bourgogne, 95.
Tournesesche, canonnier, 87, 223.
Traisnel (Aymeri de), maître des canons, 13, 212.
Troyes (Guillaume de), contrôleur d'artillerie, 258, 278, 358.

V

Varennes (J. de), maréchal, 79.
Varney (G.), ouvrier de canons, 194.
Vaudrey (Philibert de), maître de l'artillerie du duc, 55, 71, 76, 77, 78, 80, 105, 110, 111, 112, 114, 115, 116, 117, 118, 119, 124, 126, 128, 131, 137, 148, 150, 159, 164, 166, 171, 172, 173, 216, 220.
Vaudrey (Guillaume de), chevalier, 138.
Vaudrey (Jean de), 80.
Vaudrey (Arthur de), 80.
Vaux (B. de), canonnier, 187.
Venières (Jacques de), maître de l'artillerie du duc, 218, 226.
Vergy (Jean de), maréchal de Bourgogne, 17 et suiv., 47.

Vermembourg (comte de), 124, 134.
Vernier (P.), charretier, 38.
Verre (M. de la), 230.
Verrier, maréchal, 103.
Vert (J.), canonnier du roi, 247.
Villandrando, aventurier espagnol, 52, 217.
Villarnoux (M. de), 228.
Villars (M. de), 22.
Villebert (G. de), maréchal, 195.
Villers (P. de), maître des œuvres de charpenterie du duc, 58, 242.
Virijon, guide d'artillerie, 208.
Visen, receveur général de Bourgogne (Jean de), 45, 50, 72, 109, 116, 216, 217, 220.

Vitel, receveur général de Bourgogne (Dimanche de), 6, 209.
Vorlaine, marchand, 142.
Vuluquin (Rox), canonnier, 225.
Vurry, trésorier du comté de Bourgogne, 7, 36, 37, 50, 58, 59, 61.

Vurry, clerc du receveur général, 72.
Vurry, receveur général de Bourgogne, 183, 186, 189, 192, 218, 225, 228, 242.

W

Wadelin, gouverneur des finances du duc, 110.
Watelet, marchand de métaux, 118.

Wavrin (sire de), 115, 155.
Wertel, marchand de canons, 115, 116.

X

Xaintrailles, capitaine français, 136.

Y

Yeure, receveur de la châtellerie de Montréal (Jean d'), 85.

TABLE

DES NOMS DE LIEUX

A

Aa, Pas-de-Calais, rivière, 151.
Abbeville, Somme, 92, 141, 142, 144, 157.
Aignay-le-Duc, Côte-d'Or, 44.
Aire, Pas-de-Calais, 120, 127, 172, 175.
Aisey-le-Duc, Côte-d'Or, 6, 39.
Aix-la-Chapelle, Prusse Rhénane, 136.
Alibaudières, Aube, 88, 213, 223.
Allemagne, 27, 54, 122, 224, 225.
Amiens, Somme, 92.
Amont, Franche-Comté, bailliage, 17, 20, 23.
Angleterre, 14, 32, 33.
Anvers, Belgique, 130.
Apremont, Haute-Saône, 49.
Arbois, Jura, 57.
Arc-en-Barrois, Haute-Marne, 79, 82, 186, 187.
Arcis-sur-Aube, Aube, 88.
Ardre, Pas-de-Calais, 12, 132, 160, 163.
Ardennes (Les), 133, 136.
Arduic, Picardie, 12, 13.
Argilly, Côte-d'Or, 5, 40, 210.

Arnay, Côte-d'Or, 57, 99, 101, 103.
Arras, Pas-de-Calais, 30, 47, 48, 86, 87, 88, 91, 105, 107, 140, 150.
Artois, province, 38, 87, 157.
Artus, Saône-et-Loire, 79.
Aubonne, forteresse de Franche-Comté, 27.
Audenarde, Belgique, 139.
Augimont, v. Harchimont.
Authon, Isère, 52.
Autriche, 27.
Autun, Saône-et-Loire, 43, 57, 85, 216.
Auvenet, chaumes, Côte-d'Or, 99.
Auxerre et Auxerrois, Yonne, 65, 70, 94, 97, 98, 105, 202, 214, 223.
Auxonne, Côte-d'Or, 25, 26 et suiv., 38, 49, 57, 58, 59, 206, 210, 233, 238.
Aval, bailliage, Franche-Comté, 17, 20, 36, 61.
Avallon, Yonne, 70, 96, 97, 99, 102, 104, 105, 149, 203, 204, 205, 224, 240.
Avesnes, Nord, 162.

B

Bar-sur-Aube, Aube, 43, 62.
Bar-sur-Seine, Aube, 51, 52, 81, 187, 225.
Basle, Suisse, 24, 181.
Baume-les-Dames, Doubs, 57.
Bavière, duché, 30.
Beaufort-en-Champagne, 48.
Beaujeu, Rhône, 15.

Beaune, Côte-d'Or, 6, 19, 57, 97, 99, 100, 102, 103, 104, 105, 195, 204, 205.
Beaurevoir, seigneurie, Aisne, 91.
Beauvais, Oise, 177.
Belfort, Haut-Rhin, 49, 51.
Belleville, Rhône, 105.
Bellevesvre, Saône-et-Loire, 44.

Berry, province, 14.
Besançon, Doubs, 19, 25, 30, 31, 36, 62, 67, 69, 184, 196, 224.
Bèze, Côte-d'Or, 199.
Bins, Flandres, 114.
Blamont, Meurthe, 34, 45.
Bohême, royaume, 123.
Bouchain, Nord, 195.
Bourbon-Lancy, Saône-et-Loire, 95.
Bourg-en-Bresse, Ain, 183, 192.
Bourges, Cher, 32, 58, 59, 212.
Bourgogne, duché, 6, 14, 15, 17, 30, 32, 36, 37, 57, 83, 88, 93, 98, 106, 126, 151, 152, 188, 189, 192, 193, 200, 211.
Bourgogne, comté, voir Franche-Comté.
Bracon, Jura, 51.
Brancion, Saône-et-Loire, 41.
Bresse, comté, Ain, 189, 192.
Bruges, Belgique, 57, 108, 109, 118, 119, 121, 126, 150, 151, 152, 153, 154.
Bruxelles, Belgique, 137, 139.
Bullégnéville, Vosges, 224.
Buxy, Saône-et-Loire, 83.

C

Calais, Pas-de-Calais, 11, 16, 140, 150 et suiv., 216, 218, 244.
Cambray et Cambrésis, Nord, 87, 195.
Cendrecourt, Haute-Saône, 29.
Cepoy, Loiret, 201, 202.
Châlon, Saône-et-Loire, 8, 9, 10, 12, 13, 14, 19, 25, 52, 53, 54, 57, 65, 66, 83, 93, 94, 96, 195.
Châlon, maison, 14, 62, 98, 355.
Champagne, province, 14, 88, 188.
Chanceaux, Côte-d'Or, 185.
Charlieu, Loire, 84.
Charollais, comté, 37, 41, 42.
Charolles, Saône-et-Loire, 52, 78.
Chartres, Eure-et-Loir, 33.
Chassenay, Aube, 184, 218.
Château-Chinon, Nièvre, 32, 42, 81, 211, 222.
Châteauvilain, Haute-Marne, 32, 46, 48, 95.
Châtelgirard, Yonne, 40, 49.
Châtillon-lès-Besançon, Doubs, 49.
Châtillon-le-Duc, Haute-Saône, 79.
Châtillon-sur-Seine, Côte-d'Or, 32, 43, 88, 98, 184.
Châtillon-en-Bazois, Nièvre, 81, 184, 226.
Chaumont-en-Bassigny, Haute-Marne, 20, 204.
Chaussin, Jura, 5, 44.
Cherbourg, Manche, 13.
Cherlieu, Loire, 44.
Chiny, comté, 135.
Choyé, Haute-Saône, 22, 29.
Cîteaux, Côte-d'Or, 43.
Clèves, Prusse Rhénane, 130.
Colmar, Alsace, 181.
Cologne, Prusse Rhénane, 130, 177.
Commarain, Côte-d'Or, 59.
Compiègne, Oise, 202, 225, 244.
Corbeil, Seine-et-Oise, 47, 48.
Courtiambles, Saône-et-Loire, 20 et suiv.
Courtray, Belgique, 139.
Cravant, Yonne, 67, 68, 80, 195, 201, 283.
Crepy-en-Laonnais, Aisne, 88, 223.
Crotoy (le), Somme, 139 et suiv.
Cuisery, Saône-et-Loire, 41, 67.
Cure, rivière de l'Yonne, 335.
Cussy-les-Forges, Yonne, 101, 102.

D

Dam (le), Belgique, 161.
Diénay, Côte-d'Or, 198.
Dijon, Côte-d'Or, 5, 14, 15, 19, 21, 23, 29, 30, 31, 32, 33, 36, 37, 52, 59, 60, 66, 68, 69, 71, 72, 75, 76, 77, 78, 88, 96, 98, 99, 102, 105, 117, 123, 145, 166, 180, 183, 184, 189, 196, 198, 199, 204, 205, 214, 220, 227, 232, 243, 247.
Dinant, Belgique, 14, 118.
Dôle, Jura, 5, 17, 36, 37, 57, 188, 189, 195, 196.
Dondain, Saône-et-Loire, 79.
Duème, Côte-d'Or, 39.
Dunkerque, Nord, 163.

E

Echannay, Côte-d'Or, 179, 187.
Ecosse, royaume, 130.
Epinal, Vosges, 185.
Epoisses, Côte-d'Or, 85, 193, 194.
Espagne, 22, 114.

F

Faucogney, Haute-Saône, 50, 206.
Ferrette, Alsace, 19, 51, 178, 186, 220, 221.
Flandres, comté, 8, 9, 38, 47, 83, 148, 149, 151, 186.
Flavigny, Côte-d'Or, 57.
Fleuranges, Luxembourg, 125, 136.

Fouvent, Haute-Saône, 19, 82.
France, royaume, 6, 8, 47.
Franche-Comté, 5, 7, 17, 18, 20, 24, 32, 36, 37, 49, 106, 188, 195, 196, 211, 216.
Fresne-Saint-Mamès, Haute-Saône, 17.

G

Gand, Belgique, 139, 150.
Gemeaux, Côte-d'Or, 42.
Genève, Suisse, 85, 184.
Germolles, Saône-et-Loire, 49.
Gien, Loiret, 201, 202.
Gilly-lès-Citeaux, Côte-d'Or, 99, 100.
Grancey-le-Château, Côte-d'Or, 62, 81, 238.

Grantson, Suisse, 177.
Gravelines, Nord, 154, 159.
Gray, Haute-Saône, 17, 22, 23, 26, 31, 49, 57, 185, 188, 189, 192, 193, 248.
Guillon, Yonne, 96.
Guines, Pas-de-Calais, 150, 151, 159, 165.
Guise, Aisne, 240.

H

Hainaut, pays, 137.
Harchimont, Luxembourg, 112, 136, 137, 138, 175, 216.

Héricourt, Haute-Saône, 186.
Hesdin, Pas-de-Calais, 158.
Hollande, comté, 16, 150, 151, 165.

I

Is-sur-Tille, Côte-d'Or, 42.

Iwry, Luxembourg, 123, 124, 125, 133, 135, 173.

J

Joigny, Yonne, 105.
Jonvelle, Haute-Saône, 238.

Joux, Doubs, 85.
Jussey, Haute-Saône, 50, 82.

K

Kerpen, Belgique, 137, 171.

L

La Bussière-en-Mâconnais, Saône-et-Loire, 93, 94, 215.
La Clayette, Saône-et-Loire, 42.
La Colonne, Saône-et-Loire, 43.
Lamontraire, château aux environs de Saint-Omer, Pas-de-Calais, 162.

Langres, Haute-Marne, 41, 48, 123, 193, 200.
Lantenay, Côte-d'Or, 44.
Laon, Aisne, 88.
Laperrière, Côte-d'Or, 2.
La Roche-en-Brénil, Côte-d'Or, 99, 104.

286 TABLE DES NOMS DE LIEUX

La Roche-Millay, Nièvre, 184.
La Roche-Pot, Côte-d'Or, 205.
Lécluse, Belgique, 122, 152, 155, 156, 158, 160, 161, 162.
Le Sauvément, Saône-et-Loire, 79.
Lesines, Yonne, 66, 98, 149.
Liège, Belgique, 112, 253.
Lille, Nord, 86, 87, 92, 108, 127, 142, 215, 224, 354, 356, 358, 368, 177.
Limbourg, Hollande, 137, 171.
Loing, rivière, 201.

Loire, rivière, 52, 81, 97, 107.
Lons-le-Saulnier, Jura, 53.
Lormes, Nièvre, 187.
Lorraine, duché, 17, 225, 257.
Louhans, Saône-et-Loire, 67.
Luxembourg, duché et ville, 118, 119, 123, 124, 125, 126, 128, 132, 133, 135, 136, 139, 172, 174, 175, 179, 217, 218.
Luzy, Nièvre, 81.
Lyon, Rhône, 10, 22, 52, 107.

M

Mâcon, Saône-et-Loire, 83, 94, 105, 192.
Magny, près Besançon, Doubs, 188.
Mailly, Franche-Comté, 19.
Mailly-le-Chatel, Yonne, 94, 95, 96, 215, 223.
Maisey, Côte-d'Or, 39.
Malines, Belgique, 179, 183.
Mantoche, Haute-Saône, 62.
Marc, Pas-de-Calais, 150, 151, 156, 159.
Marcigny-les-Nonnans, Saône-et-Loire, 52.
Mayorque, île, 8, 13.
Meaux, Seine-et-Marne, 332.
Melun, Seine-et-Marne, 89, 90, 215, 223, 238, 251.
Metz, Alsace-Lorraine, 118.
Meulan, Seine-et-Oise, 33.
Meursault, Côte-d'Or, 205.
Mézières, Ardennes, 123, 125.
Milanais, 217.
Mimeure, Côte-d'Or, 184, 47.
Mirebeau, Côte-d'Or, 47.
Modon, 27.
Mons-en-Vimeu, Somme, 90.

Mons, Belgique, 171.
Montaigle, dans le comté de Namur, Belgique, 239.
Montaigu, Doubs, 211 et suiv.
Montargis (Loiret), 201, 202.
Montbard, Côte-d'Or, 32, 40, 57, 82.
Montbéliard, Haute-Saône, 185.
Montbellet, Saône-et-Loire, 192.
Montbozon, Haute-Saône, 57, 80.
Montcenis, Saône-et-Loire, 41, 216.
Montereau, Seine-et-Marne, 89, 202, 223.
Montjustin, Haute-Saône, 50, 260.
Montlhéry, Seine-et-Oise, 47.
Montmédy, Meuse, 125, 173.
Montmirey, Jura, 51, 57.
Montmorot, Jura, 15, 51.
Montot, Saône-et-Loire, 40.
Montréal, Yonne, 19, 40, 68, 85.
Montreuil, Pas-de-Calais, 90.
Mont-saint-Vincent, Saône-et-Loire, 78.
Montvault, Alsace-Ferrette, 27.
Morat, Suisse, 177.
Mussy-l'Evêque, Aube, 98, 149.

N

Namur, Belgique, 111, 116, 122, 126, 127, 131, 137, 171, 172.
Nancy, Meurthe, 177.
Neuss, Prusse Rhénane, 178, 220.
Nevers, Nièvre, 30.
Nivernais, comté, 95.

Nogent-le-Roi, Haute-Marne, 32, 47, 48, 211, 212, 223, 365.
Norwich, Angleterre, 28.
Noyers, Yonne, 43.
Nuits, Côte-d'Or, 57.

O

Ollcham, Belgique, 131.
Orgelet, Jura, 49, 57.

Ornans, Doubs, 27.
Oyé, Pas-de-Calais, 150.

P

Pacy, Yonne, 98.
Paris, Seine, 9, 14, 16, 26, 30, 32, 36, 37, 56, 65.
Pasques, Côte-d'Or, 310.
Péronne, Somme, 129.
Picardie, province, 16, 151.
Pichanges, Côte-d'Or, 42.
Pierre-Pertuis, Yonne, 187.
Pisy, Yonne, 217.

Poitiers, Vienne, 6.
Poligny, Jura, 50.
Pontailler, Côte-d'Or, 44.
Pontarlier, Jura, 27, 51.
Pontoise, Seine-et-Oise, 33.
Portugal, royaume, 110, 118, 127.
Pouilly-en-Auxois, Côte-d'Or, 97.
Presles, Yonne, 104.

Q

Quin-sur-Cure, Yonne, 200.

R

Ray, Haute-Saône, 19.
Rethelois, Moselle, 125.
Rhin, fleuve, 177.
Rhodes, île, 115, 132, 245.
Rigny, Haute-Saône, 194.
Rochefort-sur-le-Doubs, Doubs, 7, 19, 23, 49, 57, 82, 196.

Rochefort-en-Ardenne, 136, 137, 138, 175.
Rosebeckq, bataille de Belgique, 14.
Rougemont, Côte-d'Or, 30, 31, 32, 38.
Rouvres, Côte-d'Or, 38, 43.
Roye-en-Picardie, Somme, 86, 87, 88, 223.
Rüe, Somme, 141, 142, 144, 145.

S

Sagy, Saône-et-Loire, 41, 67.
Saint-Aubin, Jura, 49.
Saint-Florentin, Yonne, 47, 48.
Saint-Gengoux, Saône-et-Loire, 83.
Saint-Jacques-lès-Bâle, bataille, 50, 78.
Saint-Jean-de-Losne, Côte-d'Or, 53, 94.
Saint-Omer, Pas-de-Calais, 22, 91, 108, 109, 127, 140, 154, 157, 158, 159, 162.
Saint-Quentin, Aisne, 88.
Saint-Riquier, Somme, 90, 91, 92, 223, 238.
Saint-Seine-sur-Vingeanne, Côte-d'Or, 44.
Saint-Usage, Côte-d'Or, 96.
Salins, Jura, 57.
Salmaise, Côte-d'Or, 3.
Sancenay, Saône-et-Loire, 52, 53, 54, 55, 97, 215, 223.
Saône, rivière, 53, 58, 192, 195.
Sarrebourg, Alsace, 53.

Saulieu, Côte-d'Or, 99, 101, 104, 195, 205.
Saulx-le-Duc, Côte-d'Or, 44, 80.
Sauvement (le), Saône-et-Loire, 79.
Savigny-sur-Beaune, Côte-d'Or, 100, 101.
Savoie, comté, 22.
Saxe, duché, 123.
Schelestadt, Alsace, 181.
Semur-en-Auxois, Côte-d'Or, 57, 97, 99, 102, 195, 205.
Semur-en-Brionnais, Saône-et-Loire, 40.
Sens, Yonne, 89.
Sermiselles, Yonne, 203.
Seurre, Côte-d'Or, 25.
Solutré, Saône-et-Loire, 93, 94, 215.
Sombernon, Côte-d'Or, 99, 102.
Somme, rivière, 140.
Strasbourg, Alsace, 181.

T

Talant, Côte-d'Or, 45, 46, 83, 85, 233.
Thil, Côte-d'Or, 48.
Thionville, Alsace, 124, 136.

Thomirey, Côte-d'Or, 101.
Til Châtel, Côte-d'Or, 42, 82.
Tongres, Belgique, 16, 20.

Tonnerre, Yonne, 30, 43, 105.
Toulongeon, Haute-Saône, 47.
Tournay, Belgique, 108, 112, 115, 120, 126.

Tournus, Saône-et-Loire, 53, 67, 93, 192.
Tours, Indre-et-Loire, 47, 201.
Troyes, Aube, 67, 86, 88.

V

Varre, forteresse de Franche-Comté, 27.
Vauchine, Pas-de-Calais, 12, 150, 151.
Vazage, dans le comté de Namur, 137.
Vellexon, Haute-Saône, 17 et suiv., 38, 59, 211, 212, 222, 241, 248, 256, 257.
Verchin, Pas-de-Calais, 13.
Verdun-sur-le-Doubs, Saône-et-Loire, 195, 203.
Vergy, Côte-d'Or, 42.
Verissel, Saône-et-Loire, 192.
Verneuil, bataille, 93.

Vesoul, Haute-Saône, 57, 190, 191, 260.
Vezelay, Yonne, 206.
Vielchatel, Yonne, 39.
Vignory, Haute-Marne, 47.
Villaines-en-Duesmois, Côte-d'Or, 37, 38, 45, 82.
Villiers-le-Duc, Côte-d'Or, 184.
Villy-en-Luxembourg, 123, 124, 127, 128, 132, 133, 134, 135, 174, 257.
Villeaux, Côte-d'Or, 99.
Voultenay, Yonne, 184.

Y

Yonne, rivière, 201.

Z

Zonsbeck, Prusse Rhénane, 130.

TABLE DES MATIÈRES

A

Acier, carreaux d', 10, 235.
— Boîtes d', 153.
AFFUTS.
— des bombardes, 18, 25, 28, 48, 58, 64, 65, 135, 146, 204, 231, 246.
— des canons, 9, 10, 11, 18, 28, 45, 48, 50, 51, 53, 60, 66, 72, 73, 78, 132, 135, 147, 180, 191, 246.
— des couleuvrines, 78, 79.
— des serpentines, 79, 190.
Aiguillettes données en récompense à des manœuvres, 197.
Ambour, 140, 141, 144, 145, 158, 159.
Arbalètes, à tour, d'acier, de corne. Guindaux et baudriers, 6, 42, 46, 56, 65, 68, 75, 114, 115, 117, 122, 124, 125, 130, 133, 136, 138, 139, 143, 146, 149, 152, 153, 155, 157, 159, 160, 162, 172, 174, 175, 176, 210, 228, 230, 238, 235.
Arbalète à croc, 176.
Arbalétriers du duc, 13, 210, 211.
— des communes ou engagés, 18, 19, 21, 23, 25, 27.
Archers du corps du duc de Bourgogne, 137, 156.
Arcs, trousses, carquois, frondes, 6, 75, 78, 118, 120, 124, 125, 126, 130, 131, 133, 134, 136, 137, 138, 146, 149, 153, 156, 157, 158, 159, 162, 164, 165, 172, 174, 175, 179.
Armures de tournois, 46.
— de cuir bouilli, 46.

Arquebuses, 85, 185, 189, 228, 232, 233, 237, 239.
— de cuivre à crochet en fonte, 233.
Arsenal de Dijon, 75, 76, 145, 166, 187, 227, 232.
Artil, 237.
ARTILLERIE.
— sous les ducs de la 1re race, 11.
— du duc Philippe le Hardi, 8.
— —   Jean sans Peur, 16, 34.
— —   Philippe le Bon, 34, 76, 86, 107.
— —   Charles le Téméraire, 34, 176.
— de Louis XI, 18.
— Livres, 76.
— Personnel, 209.
— Maîtres, 46, 55, 56, 59, 63, 64, 65, 67, 68, 69, 71, 72, 75, 76, 78, 80, 88, 90, 94, 96, 97, 111, 112, 114, 115, 116, 117, 118, 119, 124, 126, 128, 131, 145, 146, 148, 149, 150, 151, 152, 158, 160, 163, 164, 166, 171, 194, 212.
— Garde, 77, 78, 81, 82, 84, 187, 198, 219.
— Contrôleur, 75, 107 et suiv., 116, 120, 121, 145, 157, 158, 163, 164, 165, 134, 218.
— Lieutenant, 91, 99, 178 et suiv., 201 et suiv., 220.
— Receveur, 219.
— Maîtres des canons, 14, 212 et suiv.
— Prévôt, 213.
— Artillerie d'une galère, 175.
Artilleur du duc, 12, 13, 45, 56, 60, 61, 63, 118, 134, 209.

B

Bacinet, 233.
Balances et leurs poids, 92, 141, 148.
Balles de plomb. Voir *plombées*.

Bancs de couleuvrines et de crapaudeaux. Voir *Ribaudequins*.
Barils. Voir *tonneaux*.

TABLE DES MATIÈRES.

Barreaux de fer et d'acier, 133, 146, 154, 155, 159, 161, 165, 237.
Bastilles. Voir *boulevards*.
Bâtons à feu. Voir *canons*.
Batterie d'artillerie sous Charles le Téméraire, 178.
Baudriers d'arbalètes. Voir *arbalètes*.
Bêches, lochets, loiches, tranches, louches, 30, 56, 75, 82, 84, 87, 121, 126, 135, 141, 145, 147, 153, 156, 163, 165, 173, 174, 175, 180, 198, 229, 230, 234.
Benatons, corbeilles d'osier, 197.
Bicorne, outil, 10, 141.
BOMBARDES, 17 et suiv., 30, 36, 37, 41, 45, 48, 49, 58, 62, 67, 83, 84, 88, 89, 92, 93, 94, 96, 99 et suiv., 109, 111, 112, 127, 131, 141, 146, 147, 148, 149, 151, 154, 157, 159, 165, 171, 174, 179, 180, 184, 185, 187, 191, 201, 202, 207, 239, 240.
— d'Arlay, ou de Châlon, ou du Prince d'Orange, 19 et suiv., 31, 32, 53, 54, 71, 97.
— d'Artois, 122, 123, 174.
— d'Auxonne, 49, 69.
— Bergière, 105, 129, 159.
— Bergier, 112, 127, 129, 171, 174.
— de Besançon, 19 et suiv.
— de Bethune, 33.
— de Bourgogne, 29 et suiv., 31, 70, 96 et suiv., 109, 111, 118, 119, 123, 159, 172, 174.
— de Brabant, 33.
— de Bresse, 192, 193, 198, 243.
— de Bruxelles, 33.
— de Cambray, 33, 90, 93, 94, 240.
— de Châteauvilain, 32.
— de Châlon, ville, 93, 94, 240.
— de Damp, 112, 171, 174.
— de Dyon, 19 et suiv., 38, 56, 69, 240.
— Grielte, 56, 72, 73, 93, 96, 148, 240.
— fille Grielte, 47.
— Katherine, 93, 96, 148.
— de la March, 134, 171.
— de l'Ecluse, 90, 93, 94, 240.
— Liète, 38, 46, 58.
— de Luxembourg, 119, 174, 241.
— de Modon, 27, 29, 240.
— de Namur, 111, 174.
— de Niort, 228, 202.
— de Pagny, 22, 29, 240.
— de Prusse, 53, 55, 58, 59, 60, 64, 68, 69, 70, 71, 73, 97, 122, 159, 174.
— Senelle, 38, 58, 88, 89.
— de Vergy, 22, 29.
— de Vernembourg, 134.
— de Villars, 22, 29, 31, 32.
— Petites, 113.
Bombardelles, 73, 147, 170, 228, 239, 243.
Bombardiers, 180, 221.
Boulets. Voir *pierre*.
Boulets de fer, 85, 198, 199, 206, 208, 228, 233, 235, 238.
Boulevards de forteresse ou de siège, 89, 91, 145, 164, 165, 238.
Bourse de cuir à double poche pour la poudre de couleuvrine et les plombées. Voir *sacs*.
Brassards et gants d'archer, 84, 230.
Brigandines, 130, 232, 234.
Broches à charger canons et couleuvrines, 44, 7, 85, 127, 172, 175, 231, 232, 238.
Brouette, 91.

C

Câbles. Voir *cordages*.
Camions, 154.
Camphre pour le feu grégeois, 29, 74, 87.
Canonniers, 13, 14, 15, 18, 24, 27, 87, 94, 180, 186, 192, 193, 201, 202, 203, 207, 221.
CANONS, 7, 12, 15, 16, 17 et suiv., 30, 36, 37, 86, 87, 88, 90, 239.
— de fer, 8, 9, 10, 11, 12, 13, 15, 17, 37, 39, 40, 41, 42, 43, 44, 45, 46, 47, 48, 49, 50, 51, 67, 77, 78, 118, 128, 129, 143, 147, 155, 158, 162, 191, 198, 199, 228, 233.
— de fer vernissé, 42, 45.
— — de fonde, 40, 45, 51, 67, 73.
— à deux chambres, 113.
— à trois chambres, 58, 114.
— à main, 126.
— de cuivre ou de mitraille, 15, 38, 41, 42, 50, 66.
— emmanchés de bois, 42.
— à queue de fer, 229.
— à plombées, 16, 37, 39, 41, 44, 45, 48, 50, 51.
— perriers, 193, 194, 232.
— serpentine, 378.
— appelés les frères de Langres, 194, 195, 228.
— de Chartres, 235.
— (maîtres des), 13, 14, 212.
Voir aux mots *bombardes, couleuvrines, courtauts, crapaudeaux, mortiers, petereaux, ribaudequins, serpentines, veuglaires*.
Carquois, 6.
Carreaux. Voir *traits*.
Carreleur, 179, 180.
Casses de traits. Voir *traits*.
Chaînes de fer, 65, 126, 130, 148, 173, 175, 231, 235, 248.
Chandelles de suif, 63, 98, 124, 153, 155, 157, 173, 174, 194, 197.
— de fusil, 163.
Charbon, 131, 141, 189, 235.

TABLE DES MATIÈRES. 291

Chargeurs des canons et bombardes, 64, 84, 94, 185, 192, 194, 205, 207, 227, 228, 229, 231, 234.
Chariots, 66, 68, 71, 84, 96, 125, 136, 157, 165, 175, 203, 208, 248.
— de bombarde et gros canon, 22, 26, 27, 30, 31, 32, 33, 38, 46, 47, 48, 53, 55, 58, 62, 66, 73, 91, 92, 94, 95, 96, 99 et suiv., 122, 123, 126, 147, 154, 179, 180, 248.
Charrois d'artillerie, 47, 96, 99.
— capitaine du, 202, 203.
Chat, 22, 91, 248.
Chausse-trappes et plante malin, 74, 114, 116, 120, 126, 127, 131, 132, 133, 141, 143, 144, 147, 149, 155, 161, 172, 175, 176, 230, 234, 235, 259.
Chaux vive (pots de), 147, 154, 155.
Chevauchées, 5.
Chevilles, 15, 32, 54, 102, 125, 146, 147, 148, 230.
Chirurgiens au siège de Vellexon, 23.
Ciseaux de maçon. Voir *marteaux*.
Cloison palissadée autour de Vellexon, 24.
Cire verte pour empenner les traits, 126.
Cognées, 56, 124, 125, 126, 135, 136, 141, 144, 147, 149, 153, 156, 157, 158, 163, 165, 173, 174, 229, 234.
Coins des bombardes et canons, 32, 94.
Commissaire général des chevaux et charroi, 201, 203.
Conducteur de bombardes, 99 et suiv., 202, 204, 206.
Contrôle de l'artillerie, 107 et suiv.
Contrôleurs, 107 et suiv., 134.
Cordages d'engins, d'affuts, de bombardes, de canons, de charriots, traits, attelages, de ponts, 55, 56, 66, 75, 83, 84, 89, 122, 125, 154, 157, 159, 173, 174, 179, 229, 231, 234.
Cornettes à encorner les arcs, 126.
COULEUVRINES de fer, 39, 40-43, 45-47, 49-51, 56, 64, 65, 73, 79, 80, 81, 82, 85, 113, 115, 120, 122, 124, 126-129, 131, 132, 134-138, 140, 142, 144, 145, 147, 149, 152, 155, 158, 159, 162, 163, 173, 175, 186, 199, 228, 229, 232, 234, 239, 244, 245.
— de fer à chambres, 78, 79, 117, 147.
— enfustées, enmanchées, enfustées de bois, 45, 98, 121, 128, 229.
— de cuivre ou de métal, 12, 17, 24, 128, 129, 132, 138, 147, 149, 152, 155, 162, 172, 173, 175, 234.
— à main, 54, 85, 114, 121, 131, 132, 139, 142, 149, 155, 176, 184, 186, 234.
— à crochet, 79, 85, 184.
— garnies de broches, 44, 51.
— deux mises à chaque bout d'un bâton, 143, 144, 145, 152, 158, 159, 160, 161, 162.
— montées sur chevalets, 127, 141, 176.
— réunies par trois, 141, 144, 147, 149.
— à escappe, sans chambre et avec chambre, 152, 155.
— dite la *Gouvernante*, 196, 197, 198, 199, 200, 205.
— dite la Champagne, 199, 206, 228, 230.
— — Joinville, 199, 228, 230, 232, 235.
— — Langres, 228, 232.
— — Troyes, 228.
— — la Réale, 200.
— — Johannette, 228, 232.
— — Johannelon, 228, 232.
Couleuvrinier, 221.
Courtauts, 179, 199, 239, 245.
CRAPAUDEAUX de fer et de cuivre, 51, 110, 111, 113, 115, 116, 120, 121, 122, 126, 128, 129-132, 134, 136, 137, 139, 140-144, 147, 149, 152, 156, 157, 159, 161, 163, 165, 171-175, 239, 245.
— à huit chambres monté sur pivot, 121.
— à queue de fer, 146.
Crapaudine de fer à deux châsses, 51.
Crochets de fer, 126, 173, 230, 234.
CUILLERS DE FER pour charger les pièces, 56, 64, 126, 147, 148, 154, 175, 228.
— pour fondre le plomb, 126.
Cuirasses, 133, 234.
Cuvelier, ouvrier, 180.

D

Dardes ou javelines, 152, 155, 161. Voir aussi *lances*.
Dondainnes et demies dondainnes, traits d'arbalètes, 46, 75, 114, 116, 117, 120, 122, 124, 125, 126, 127, 131, 133, 134, 138, 139, 140, 143, 144, 146, 147, 149, 153, 155, 157, 159, 160, 161, 163, 172, 174, 176, 230.

E

Eau-de-vie, 75.
Echelles, 53, 55, 97, 125, 136, 207, 250.
— simples, 53, 55, 97.
— doubles, 55, 97, 156.
— à roues, 55.
Echelettes, 234, 250.
Ecopes, épinettes, équipars, 30, 75, 147, 149, 153, 231, 239.

Enclumes, 9.
Engin de Chaumont, appelé J. de Villers, 20, 22 et suivantes, 251.
Engins, 5, 17.
— maîtres d', 22.
— à charger bombardes, 53, 54, 55, 66, 99 et suiv., 122, 123, 126, 195.
— dits Comblart, 91.

— volants, 125, 135, 136, 154, 158.
Entonnoirs, 98, 184.
Epieux, 125, 136, 173, 174, 175. Voir aussi *lances*.
Equipars. Voir *Ecopes*.
Espingales, 6. Voir *Arbalètes*.
Etais, 135.
Etuis de cuir. Voir *sacs en cuir*.

F

Fagots, 141, 184, 244, 245, 250.
Falots et tourteaux, 7, 16, 43, 74, 83, 84, 96, 122, 124, 133, 135, 138, 139, 140, 141, 144, 146, 149, 153, 156, 157, 159, 161, 175, 230, 235, 253.
FAUCONS de fer, 233, 239, 246.
— de cuivre, 233.
Faulx de fer, 74.
Fer, achat et prix du, 153.
— d'Espagne, 74, 110, 114.
Feu grégeois. Voir *fusées* et *matière incendiaire*.
Fil de fer pour curer les pertuis des canons, 54.
Fil d'Anvers, 75, 124, 126, 131, 133, 138, 139, 141, 143-146, 153, 155, 159, 161, 172, 174, 175, 176.
Fil d'Amiens, 75.
Flaigeots, petites pièces de ribaudequins, 80, 82.

Flèches, 75, 78, 87, 114, 121, 122, 124, 126, 131, 133, 136, 138, 139, 140, 144, 145, 146, 148, 149, 157, 158, 162, 164, 172, 174, 175, 179, 230, 235. Voir aussi aux mots *dondainnes, traits, viretons*.
Flotte du duc. Voir *vaisseaux*.
Forge de fonderie et d'artillerie et son matériel, 9, 10, 18, 46, 73, 75, 126, 141, 142, 148, 165, 172, 175, 208, 228, 235.
Fourches de fer et à crochet, 146, 230, 234.
Frondes, 23, 141, 143, 144.
Fusées, feu grégeois, matière incendiaire, 17, 28, 29, 43, 55, 56, 74, 87, 146, 162, 211, 253, 257.
Fusée de fondue pour tirer le feu grégeois, 122.
Fusil garni servant à allumer le feu pour tirer les couleuvrines, 98.

G

Galères du duc de Bourgogne. Voir *vaisseaux*.
Gants et bracelets d'archer, 84, 230.
Gardes d'artillerie, 77, 78, 81, 82, 84, 187, 198, 219.
Garde bras, 130, 133.
Garrots. Voir *traits*.

Graisse. Voir *oing*.
Grapin d'abordage, 154.
Grés, vaisseaux en bois, 231.
Groin de chien et tenailles à rompre portes, 230, 233.
Guet, au siège de Vellexon, 17 et suiv.
Guindaux. Voir *Arbalètes*.

H

Haches et cognées, 74, 83, 84, 96, 133, 138, 232, 240, 241, 246, 251.
Hallebardes, 234. Voir aussi *lances*.
Harnesqueurs (charretiers), 180.
Harnais d'homme d'armes, 133, 232, 234.

Hoyaux, 87, 122, 149, 159, 180.
Hottes d'osier, hotteraux, 30, 66, 74, 87, 122, 141, 145, 146.
Huile, 141, 142, 145.

J

Javelines, 234.
Juisarmes, lances à large fer, 74, 120, 125, 126, 131, 133, 136, 138, 152, 155, 156, 157, 161, 162, 163, 164, 165, 173, 174, 175, 176, 255. Voir aussi *lances*.

L

Lances, piques, 6, 55, 68, 74, 84, 96, 115, 120, 124, 125, 130, 131, 133, 134, 136, 138, 143, 144, 145, 146, 149, 155, 157, 159, 161, 162, 165, 172, 173, 174, 175, 176, 230, 234.
Langues de bœuf (piques à large fer), 125, 138, 173, 174, 175.
Lanternes, 7, 74, 125, 133, 135, 140, 146, 153, 157, 158, 173, 174, 194, 235.

Lieutenants d'artillerie, 178 et suiv., 196 et suiv.
Limes de fer, 81, 154, 155, 159.
Livres d'artillerie, 36 et suiv.
Logis de gens de guerre, 17, 24, 91, 256.
Louches, poches à fondre plomb, 141, 144, 145.

M

Maillets de plomb, 75, 83, 84, 96, 120, 122, 125, 126, 127, 131, 133, 136, 138, 141, 143, 144, 145, 146, 152, 156, 157, 158, 161, 162, 163, 165, 229, 230, 234.
— à dague, 152, 163, 229.
Maîtres de l'artillerie des ducs de Bourgogne, 46, 55, 56, 59, 63, 64, 65, 67, 69, 71, 72, 75, 76, 78, 80, 86, 90, 94, 96, 97, 111, 112, 114-119, 124, 126, 128, 131, 145, 146, 148-152, 158, 160, 163, 164, 166, 171, 194, 212.
— des rois de France, 200 et suiv.
Manteaux des bombardes, 17 et suiv., 53, 55, 97, 125, 129, 135, 136, 156, 157, 158, 163, 180, 184, 185, 190, 193, 203-206, 207, 257.
— pour abriter les gens de guerre, 17 et suiv., 53, 55, 242, 337.

Marque des pièces, 77, 78, 80, 81, 82, 166, 197, 200.
Marteaux et ciseaux de maçon et tailleur de pierre, 18, 56, 73, 83, 84, 87, 92, 124, 126, 135, 141, 142, 144, 147, 155, 156, 172, 174, 175, 192, 230, 235, 238, 257.
Matière incendiaire. Voir *fusées, feu grégeois*.
Mèches, 7, 258.
Ménétriers, au siège de Vellexon, 23.
Meurtrières, 207.
Mortier et pilons pour la poudre, 91, 92.
Mortier (canon en forme de), 239, 243.
Moules et cercles pour la fabrication des pierres de canons et bombardes et couleuvrines, 85, 91, 126, 141, 142, 144, 146, 154, 155, 258.

O

Oing, 56, 103, 141, 153, 157, 173, 174, 194, 201, 203, 205, 208, 222.

P

Paufers, pinces, leviers, 28, 154, 165, 201, 229, 230, 233.
Pavillons du duc, 30, 33, 122.
Pavois, 6, 45, 47, 53, 54, 55, 74, 84, 96, 115, 124, 130, 135, 140, 142, 144, 146, 153, 156, 157, 161, 165, 173, 174, 176, 207, 231, 234, 258.
Peau de chien de mer, 126.

Pelles ferrées et non ferrées, 54, 75, 73, 87, 122, 124, 125, 126, 129, 135, 138, 143, 153, 159, 162, 173, 174, 175, 194, 198, 227, 229, 233.
Personnel de l'artillerie des ducs, 209.
Petereaux, 229, 233, 239.
Petereaux à longue queue, 233.
Perdriseaux, 127, 173, 175, 259.
Pics, 43, 54, 56, 75, 83, 84, 87, 124, 126, 135, 138, 141, 144, 147, 149, 159, 162, 173, 174, 175, 179, 194, 198, 227, 230, 234.
Piétons, pionniers, 24, 86, 87, 89, 91, 180, 202, 207, 208, 224, 226.
Pieds de chèvre, 54, 55, 83, 84, 88, 96, 124, 126, 135, 147, 149, 160, 173, 175, 194, 227, 230, 231, 233, 238, 259.
Pierres de canons bombardes, pierres de veuglaires et couleuvrines, 39, 42, 44, 45, 48, 51, 54, 55, 65, 66, 71, 74, 84, 85, 87, 89, 92, 93, 96, 114, 120, 122, 123, 126, 127, 131, 134, 135, 138, 139, 140, 142, 152, 154, 155, 156, 161, 162, 164, 173, 175, 179, 181, 185, 191, 199, 204, 206, 207, 231, 238, 259.
Pierres d'engins, 29 et suiv.
Pioches, 45, 54, 75, 83, 96, 124, 126, 135, 138, 147, 149, 162, 163, 173, 174, 175, 179, 194, 227.
Pionniers. Voir *piétons*.
PLOMB en saumon ou en livre, 65, 66, 191, 233, 238.

— oreiller ou coussin pour les bombardes, 89, 96, 258.
Plombées, balles ou perrettes de plomb, 7, 39, 54, 78, 79, 85, 98, 123, 124, 127, 132, 133, 136, 139, 141, 143, 144, 154, 156, 157, 158, 163, 170, 174, 175, 179, 186, 190, 192, 194, 231, 232, 233, 234, 259.
Plombées de fer, 36, 51, 73, 79, 84, 194, 196, 232.
Plombées de cuivre, 36, 51.
Poches à fondre le plomb (louches), 141, 144, 145.
Poêle à fondre la graisse, 205.
Poinçon pour la marque des pièces d'artillerie, 64.
Poix noire, 141, 145, 205.
Poudre à canon, 7, 9, 15, 26, 32, 38, 39, 43, 48, 52, 54, 59, 61, 63, 67, 69, 72, 74, 79, 81, 85, 88, 94, 96, 98, 104, 109, 110, 114, 115, 118, 125, 126, 129, 131, 134, 137, 139, 140, 143, 144, 146, 155, 160, 162, 164, 172, 174, 175, 176, 179, 185, 187, 192, 193, 227, 234, 259.
Poudre de couleuvrine, 124, 127, 131, 133, 137, 139, 141, 143, 145, 156, 160, 162, 164, 172, 174, 176.
Poudre, fabrication, 12, 26, 27, 37, 41, 57, 60, 64, 83, 91, 92, 117, 125, 141, 156, 183, 187, 189, 192, 203, 205, 211. Voir aussi *charbon, salpêtre, soufre*.
Prévôt du maître de l'artillerie, 213.

R

Receveur d'artillerie, 219.
Ribaudequins, ou bancs pour recevoir des couleuvrines, 38, 67, 79, 80, 81, 82, 93, 110, 111, 112, 116, 121, 127, 130, 142, 261.

S

Sacs, étuis, bourses, en peaux pour la poudre, 44, 45, 51, 83, 84, 87, 88, 94, 96, 98, 126, 153, 155, 194, 200, 230, 235.
— doubles, pour la poudre, 224.
— pour les plombées, 224.
Salades, 130, 234.
Salpêtre, 26, 37, 41, 42, 48, 50, 51, 57, 60, 64, 74, 112, 113, 117, 124, 126, 129, 131, 140, 145, 149, 153, 158, 172, 174, 183, 184, 185, 189, 227, 228, 234.
Scies (resses), 83, 84, 146, 230, 235.
Seaux (soillots) de bois et de cuir, 74, 153, 159, 173, 175.
SERPENTINES, 82, 85, 179, 184, 185, 186, 187, 189, 190, 191, 193, 194, 195, 198, 206, 232, 239, 245.
— de fer garnie de deux chambres imprimées en couleurs blanche et vermeille, 190, 193.
Serpes, 56, 83, 84, 122, 124, 135, 138, 153, 157, 158, 163, 165, 173, 174, 229.
SIÈGES.
— d'Alibaudières, Aube, 88, 215, 223.
— d'Ardre, Pas-de-Calais, 12.
— d'Arduie, 12, 13.
— de Beaufort-en-Champagne, 48.
— de Beaune, Côte-d'Or, 195 et suiv., 205.
— de Bourges, 32, 212.
— de Buxy, Saône-et-Loire, 83.

— de Calais, 150 et suiv., 218.
— de Chacenay, Aube, 218.
— de Château-Chinon, Nièvre, 32, 42, 43, 211, 222.
— de Chaussin, Jura, 1, 2.
— de Compiègne, Oise, 225.
— de Corbeil, Seine-et-Oise, 48.
— de Crespy, Aisne, 88.
— de Cravant, Yonne, 67, 68.
— du Crotoy, Somme, 139 et suiv.
— de Dole, Haute-Saône, 195, 196.
— de Grancey-le-Château, Côte-d'Or, 62.
— de Gray, Haute-Saône, 189.
— de Guines, Pas-de-Calais, 151.
— de Harchimont, Belgique, 112, 136, 137, 138, 217.
— de Hoye, 151.
— de La Bussière, Saône-et-Loire, 93, 94, 215.
— de Le Rochepot, Côte-d'Or, 205.
— de l'Ecluse, Belgique, 122.
— de Lusignes, Yonne, 66, 98, 149.
— de Luxembourg, 123 et suiv., 133.
— de Mailly-le-Chatel, Yonne, 94, 95, 96, 215, 223.
— de Melun, Seine-et-Marne, 89, 90, 215, 223.
— de Meursault, Côte-d'Or, 205.
— de Montereau, Yonne, 89.
— de Mussy-l'Evêque, Aube, 98, 149.

— de Neuss, Prusse Rhénane, 178, 220.
— de Nogent-le-Roi, Haute-Marne, 32, 48, 211, 212, 223.
— de Pacy, Yonne, 98.
— de Rochefort-sur-le-Doubs, Jura, 7, 196.
— de Rochefort en Luxembourg, 136, 137, 138.
— de Rougemont, Côte-d'Or, 30, 31, 32.
— de Roye, Somme, 86, 87, 88.
— de Saint-Florentin, Yonne, 48.
— de Saint-Gengoux, Saône-et-Loire, 83.
— de Saint-Riquier, Somme, 90, 91, 92.
— de Sancenay, Saône-et-Loire, 52, 97, 215, 223.
— de Saulieu, Côte-d'Or, 195, 205.
— de Semur-en-Auxois, Côte-d'Or, 195, 205.
— de Sens, Yonne, 89.
— de Solutré, Saône-et-Loire, 93, 94, 215.
— de Tournus, Saône-et-Loire, 67, 93.
— de Vauchinglicchen, Belgique, 151.
— de Vellexon, Haute-Saône, 17 et suiv., 49, 211, 212, 222.
— de Verdun-sur-le-Doubs, Saône-et-Loire, 195, 205.
— de Vesoul, Haute-Saône, 188, 190, 191.
— de Villy-en-Luxembourg, 123 et suiv., 132, 133, 174.

T

Tabliers des canonniers, 28.
Taborin, 21.
Tamis pour la poudre, 91, 92, 141, 230.
Tampons pour la charge des pièces, 26, 60, 72, 80, 84, 96, 142, 194, 231, 234, 235, 262.
Targes, 6, 35, 262.
Tarières, forets, poinçons, 73, 147, 191, 200, 221, 229, 232.
Taudis, estaudis, 53, 55, 125, 134, 135, 146, 262.
Teliers pour arbalètes, 6, 7.
Tentes, 30, 33, 122, 134, 146, 193.
Tirefons, 83, 156, 231, 376.
Toile pour les tabliers des canonniers, la couverture des charriots, les échelles, etc., 28, 71, 96, 115, 136, 173, 174.
Tonneaux d'artillerie, 5, 57, 66, 67, 71, 73, 80, 83, 84, 87, 88, 96, 131, 144.
Tourteaulx. Voir *falots*.
Traits divers, 6, 43, 46, 48, 56, 68, 78, 84, 93, 122, 127, 128, 131, 132, 136, 138, 139, 140, 143, 144, 149, 153, 155, 157, 159, 160, 163, 164, 172, 174, 185, 210, 228, 230, 231, 235.
Tranches. Voir *bêches*.
TRETEAULX, 10, 55, 97, 98, 232.
— pour couleuvrines, 98.
Trompette, 23.

V

Vaisseaux des ducs de Bourgogne, 114, 115, 130, 132, 133, 155, 160, 161, 175.
VEUGLAIRES, 40, 41, 44, 45, 46, 47, 48, 50, 51, 53, 65, 66, 67, 68, 70, 71, 73, 79, 80, 81, 82, 93, 94, 95, 96, 97, 113, 117, 120, 121, 122, 127, 128, 129, 159.
— de fer, 130, 131, 132, 133, 134, 136, 137, 138, 139, 140, 142, 144, 147, 151, 155, 157, 159, 160, 161, 162, 163, 165, 166, 171, 172, 173, 174, 176, 191, 239, 243.

— rouge de fer, 123, 127, 159, 160, 218; à 2 chambres, 224 ; à 5 chambres, 122.
— de fer, dit le Mâtin, 128, 129.
— d'Anvers, 157.
— sur engins, tournant sur pivot, 121.
— de fondue de fer, 87, 138.
— de fer à chambres, 50, 71, 72, 82, 109, 113, 120.

— pour rompre taudis et engins volants, 113, 139.
— à mettre sur ribaudequins, 113, 142.
Viretons, 47, 78, 122, 131. Voir aussi au mot *Traits*.

W

Widonges, fascines, palissades, 89, 125.

ERRATUM

Page 54, ligne 2 : *Jehan maréchal*, lire : Jehan Marechal.
— 54, ligne 34 : *sept piez*, lire : sept picz.
— 79, ligne 4 des notes : *de bois*, lire : de fer.
— 82, ligne 9 : *vinq-cinq*, lire : vingt-cinq.
— 84, ligne 6 : *1470, 1471*, lire : 147°.
— 109, ligne 32 : *1483*, lire : 1439.
— 125, ligne 22 : *pics*, lire : piés.
— 154, ligne 31 : *livres*, lire : limes.
— 174, ligne 9 : après *livres de*, ajouter : fil.
— 195, ligne 20 : *revoltes*, lire : revoltés.
— 207, ligne 10 : *verriers*, lire : perriers.
— 236, *Ambourg*, remplacer la note par celle-ci : Nom de futaille dans le Nord de la France.

SOMMAIRE

ET

TABLE DES CHAPITRES

Avant-Propos	1
Chapitre I. — L'artillerie sous les ducs de Bourgogne de la première race	5
Chapitre II. — Artillerie du duc Philippe le Hardi	8
Chapitre III. — Artillerie du duc Jean-sans-Peur	16
Chapitre IV. — Livres d'artillerie sous les ducs Jean-sans-Peur, Philippe le Bon et Charles le Téméraire	34
1er registre (1411-1445)	36
2e registre (1446-1475)	76
Chapitre V. — Artillerie du duc Philippe le Bon. (Documents extraits des comptes.)	86
Chapitre VI. — Contrôle de l'artillerie sous Philippe le Bon, duc de Bourgogne	107
Chapitre VII. — Artillerie du duc Charles le Téméraire	177
Chapitre VIII. — Artillerie de Louis XI au temps de la réunion de la Bourgogne à la France	188
Chapitre IX. — Personnel de l'artillerie des ducs de Bourgogne	209
Pièces annexées	227
Glossaire-Commentaire	236
Tableau comparatif des pièces d'artillerie mentionnées dans ce recueil	265
Table alphabétique des noms de personnes	273
Table alphabétique des noms de lieux	283
Table alphabétique des matières	289
Erratum	297

21102 — Laval, imprimerie Chailland, rue des Béliers, 2.

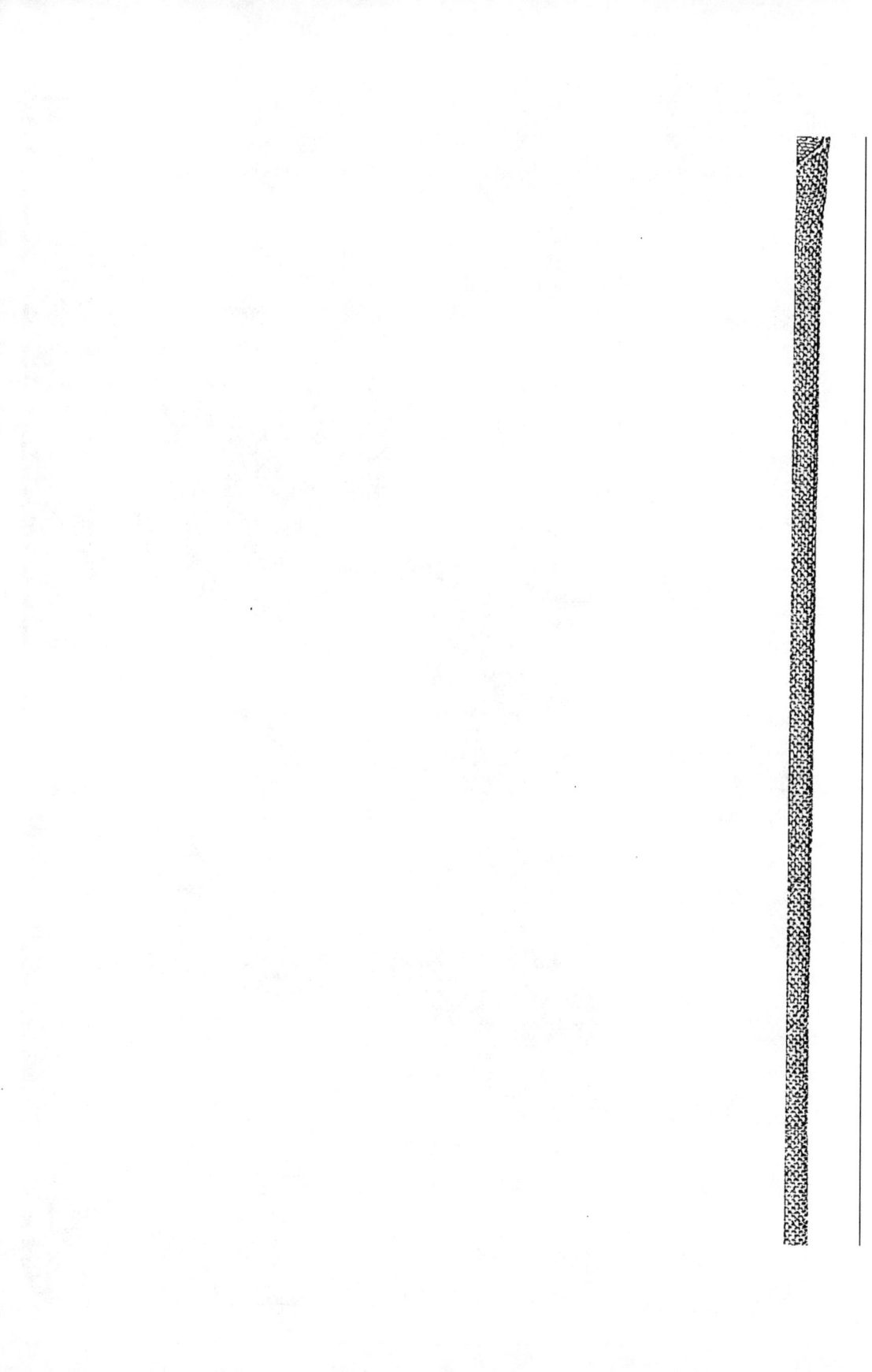